JN209152

中学校・高等学校 スポーツ指導叢書

Ⅱ　個人スポーツ

解説　祖山　桜・石井　隆憲

協力　民和文庫研究会

クレス出版

中学校・高等学校
スポーツ指導叢書
Ⅱ

個人スポーツ

東京大学教授　加藤橘夫
東京教育大学教授　前川峯雄　監修

世界書院

は　し　が　き

　スポーツ指導叢書の第2輯として，個人スポーツ篇を刊行する運びとなった。これは第1輯チーム・スポーツの姉妹篇である。

　本書に採択したスポーツ種目は，徒手体操，巧技，陸上競技，水泳である。これらのスポーツだけを個人スポーツの名のもとに採りあげたことに対してはもちろん異論のあるところであろうが，特に本書においてその種目を選んだのには，理由のあることである。

　人類の歴史をふりかえってみると，体操，陸上競技，水泳等の運動は文明初期の時代から存在していた。おそらく，それは原始時代から文明の時代に移るにつれて，人間の生活の必要から生れたものであろう。そして，その後，幾千年もの間，それらは体育として，或はスポーツとして長く人間生活の中にしっかりと根を下ろしてきたのである。このことは，これらの運動が人間の生活において重要な意義をもっていたことを意味するものと思う。

　走ること，跳ぶこと，投げること，身を曲げたり捻ったりすること，手足をあげたり振ったりすること，物を運ぶこと，泳ぐことなどは，明かに運動の基本的なフォームである。身体的な労働やレクリエーション等はすべてこれらの運動が基本となって組合わされている。しかも，これらの運動は，健康を維持してゆくためにも，体力を強くするためにも，必要不可欠なものである。おそらく，このような理由が，体操や陸上競技や水泳を，近世初期の時代まで，体育の主流としたものと思われる。

　その後，体育観の変化に伴って，いろいろなゲームやスポーツが考案され，現代においてはそれらが体育の授業の中に新しい地位を占め，体操，陸上競技，水泳などを追いやろうとする傾向をみせている。

　しかしながら，如何に人々の興味を惹くゲームやスポーツが盛んになってきても，体操や陸上競技のもつ価値が変るものではない。それらは依然として，新しく生れたゲームやスポーツの基本となる運動であり，且つわれわれの生活に欠くことのできない諸能力の育成の糧なのである。

けれども，ここに注目すべき重要な点がある。それは，如何に重要な存在理由があっても，それが人々の心を惹くだけの力をもつものでなければならないということである。そのためには，なんと言ってもこれらの種目の指導ということが重要な点である。良い指導は若い生徒の動機付けとなり，それに没頭するまでに誘い込むものである。実際，どれほど興味のある新しいゲームやスポーツが考案されても，依然として，体操や陸上競技や水泳の信奉者が存在していることは，この事実を物語るものであろう。

これらのスポーツの単純素朴な運動は，体育指導者を常に当惑させている。どうしたら興味をもつような指導ができるかということは，事実われわれ体育指導者の悩みであろう。

この悩みに答えることが，本書のねらいとするところである。例えば，体操をどのような時にどのような方法で指導してゆくかの教案を示したこと，無味乾燥といわれる陸上競技の指導をリードアップ・ゲームから入ることや運動能力テストと絡み合せて指導してゆく教案，初心者の水泳指導の方法や水泳可能者の指導に関する教案などは，それである。

チーム・ゲーム篇と同じように，技術に関する指導書はあっても，これらの種目の指導計画に関する書物は内外に殆んど存在しないので，各スポーツを担当執筆された方々は，非常な苦心を払われた。その跡は本書の中に歴然と現われている。このことは編集者の誇りとするところであると共に，この種のスポーツの技術指導に新生命を開いたと秘かに思うのである。

昭和33年4月　日

加　藤　橘　夫

前　川　峯　雄

西　尾　貫　一

目　　次

徒手体操

陸上競技

水　泳

中学校・高等学校
スポーツ指導叢書
II

個人スポーツ

総　　論

Ⅰ　学校体育と個人スポーツ

1.　学校体育とは何か

　いまさら「学校体育とは何か」と尋ねることは，意味のないもののように考える人もあろう。しかし，この判り切っているようなことをはっきりさせることが，本章の全体を理解して貰うために必要と考えるので，簡単に，これにふれておく。学校体育は，家庭，職場，地域社会などの体育とはちがって，学校の責任において，学徒（児童・生徒など）を対象としておこなわれる教育の一領域である。ところが，学校が，責任をもつということは，どんなことであろうか。まず，これらの対象が学校教育領域間で生活をしているときは，当然学校の責任の範囲内にある。したがって，校内の生活はもちろん，学校が教育上必要と認めて行うところの校外の観察，遠足，旅行のほかに，学校の許しをえて参加する競技会，スポーツ・デーなどは，すべて学校が責任を負わなければならない。したがって，家庭の責任において行われる家庭体育は，一応学校体育とは無関係である。また，かれらが卒業して，職場の体育に参加することがあっても，それは，同様に学校体育とは一線をかくしている。しかしながら，ここでいう学校の責任とは管理的な責任のことであって，これに関する限り，家庭や職場および地域社会とは関係がないということである。もし，かれらが卒業後職場スポーツに参加しようとするとき，それに対する技術や態度などが形成されていないとすれば，学校は必要なことをしなかったという点で責任をとわれることであろう。

　この意味で，学校体育は，学校における学徒の運動生活を充たし，その安全をはかり，すべてこのものの運動要求を満たすために，学校の体育施設を整備し，用具をととのえるなどの管理上の任務を果していなければならない。しかし，これと同時に，学校は国が規定するところの体育学習の内容上の基準に対して，かれらの現在ならびに将来にとって必要な内容を学習させておかなけれ

ばならない。そして，学校は，この意味で，体育の内容に関する責任をも十分
に負うことができるようにしなければならないであろう。

　学校の体育責任を以上のごとく考えると，学校体育の重要な分解は，(1)管理
的分野と(2)指導的分野にわけることができる。安全な清潔で十分の広さをもっ
た運動場で，生徒たちが活動し，生活するのに必要な施設用具，職場の障害な
どをととのえることは前者に対し，学校における運動生活に対する直接的，な
らびに間接的な指導，適切な学習内容をかくとくさせる指導などは後者に属す
る。

　ことに，後者については，直接正課時の指導を通して，また自由時，クラブ
活動，校内競技，対外試合などの指導を通して，かれらの発達を促し，運動生
活にとって必要な経験（学習内容）を与えなければならないのである。

2.　学校体育の構造

　上述のごとく，学校は，学徒の心身の発達の促進と，運動生活にとって必要
な経験を与えることをかってその教育的ねらいとするものであるが，そのため
には二つの機能をもっていた。すなわち，管理的な機能と指導的な機能がそれ
である。この管理的機能は，結局のところ，学習者（学徒）の学習環境を望ま
しくするためであった。したがって，それは指導的機能をはたすためのものと
も考えることができる。しかし，この指導的機能は，学習者自身の発達の促進
と，運動生活の充実，これによって，かれらの生活を豊かにすることであると
すれば，結局，学校体育の仕事は，学習者1人1人の上に密着していなければ
ならい。そこで，学校体育の構造を，学習者に即して示めすと，次頁のような
模型がある程度それを表わすことになるであろう。

　学徒は，それぞれ発達の可能性をもち，かつ程度の差はあれ固有の運動生活
をもっている。もちろん，それらは，個人によってそれぞれ違いがあるが，と
にかく共通にこの両面をもっている。体育は身体活動（physical activity）によ
ってかれらの発達を促し，生活を豊かにする教育であるが，そのためには，す
でに発達の可能性がなければならないし，豊かにするための生活の分解がなけ
ればならない。

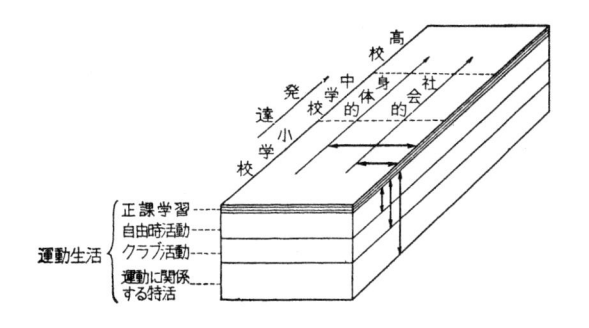

　またこの発達を促すためには，さまざまな要素を考えなければならないが，運動との関係において期待しうるものには限界がある。その限界内で，最大限の好影響を与えるようにしなければならない。ところがこの運動は，いわゆる運動生活において行われることが多い。もちろん，この運動生活の影響は，成長発達に対して，二つの意味をもつ。一つは発達上に運動効果として現われるものと，他の一つは，障害として現われるものとである。そこで，発達上に対する障害を除きながら，むしろ効果を与えるように生活をコントロールする必要があろう。かくて生活と発達の関係を考えながら，それを調整するところの役割をもつものがなければならない。何となれば，このような生活は，自由に自発的に行われるが，それをプラスに方向づけるためには十分な指導を必要とする。しかも，このような指導は，基本的には正課学習に期待しなければならない。

　しかし，この運動生活の内容は，中・高校生ともなれば，われわれが行っている各種のスポーツとか，ダンス，体操，などいわゆる「運動文化」によって満たされることが多い。この文化には，それぞれの体系がある。この体系をよ把握し，それを自分のものにしなければ，運動生活を十分にみたすことができないし，それによって，生活のよろこびを味わい，かつ生活を豊かにすることができないのである。ここにおいて，運動文化を基本的に獲得するためには，順序を追って，能率的に，正しく学習していく機会がなければならない。この機会を与えるものは，実は正課体育である。

　したがって，正課体育は，本質的には，運動文化に対する基本的，体系的学

習を通じて，かれらの現在ならびに将来の生活を豊かにするところの能力を与えることであり，同時に，この学習を通して，一方では直接，心身の発達に対する刺激を与え，間接的にはかれらの自由で自発的な運動生活から，発達に対するよい影響を与えることを期待しているのである。

3. 学校体育における個人スポーツの位置

以上の説明によって，学習者の立場から，学習体育の性格を明かにした。この場合，個人スポーツは，どのような意味をもつであろうか。

個人スポーツとは，個人が単位となって行うスポーツである。スポーツ生活の単位としては，個人と集団とがある。後者の集団が単位となって行われるスポーツは「チーム・スポーツ」ともよばれる。バスケットボール，バレーボールなどは，チームが単位となって行われるスポーツである。これに対し陸上競技や巧技などは，個人を単位として行われるスポーツである。

もちろんこの本が取り上げているところの「個人スポーツ」というのは，必ずしも通常の定義にあてはまるスポーツではない。通常のスポーツ概念は，「勝敗を争う」という内容が必ず入っているのであるが，ここで取り上げた「個人スポーツ」は個人を単位として行うことのできる「運動競技」という程のものである。それには，次の項で取り扱うであろうように，いろいろの種類があるが，この本では，その主要なものとして，巧技，徒手体操，陸上競技，水泳を取り扱うことにしている。これらは，それぞれ，運動文化のうちの重要な部門となっている。

これらの運動の主な特色としては次の諸点をあげることができるであろう。

① 個人を単位として行われる身体活動である。

② この運動の成果は，個人個人ではかることができる。

③ したがって，自己の力を試めす（self-testing）のに適している。

とくに，陸上競技，水泳などのようにこれらの運動能力を，長さ(cm)，重さ（g），時間 (s), (C. G. S) の単位で正確に はかることができ，その結果をもって，他人と比較することができることは重要な特色といえよう。

④　個人の心身の状態によって，自由に速度，強さ，リズム・ペースなどを調節することができる。すなわち，自分の調子によって，運動を調節することができる。

⑤　大勢のもので一斉に同じ運動をすることができる。

その他の各種目の特色は，それぞれのところで述べられるであろう。

個人スポーツは，このような特色をもち，チーム・スポーツをもってしてはおきかえることの出来ない点があるので，学校体育では，その主要な教材の一つとなっている。ことに，他人に拘束されることなく，自身の能力を自らの努力によってのばすことができるので，自分の体力のコンディショニングをはかるには最も適している。

個人スポーツは，誰でもある程度までできるが，しかし，それをもって楽しむ境地にいたるには可成り困難である。それ故，これを自分のものにして，生活の中に取り入れるには余程強い意志が必要である。

また，個人スポーツでは，その業績が誰の目にもはっきり判るので，個人的評価に適しているが，それだけに，能力の優劣を他人の前で示めされることに対して抵抗を感ずるものがある。ことに，女子は中学校の後期から，高等学校にかけて，このようなことに対して非常な抵抗を感ずるようである。

学校体育の一分野として，このような個人スポーツを学習させるのは，以上の諸特色からもわかるように，個人個人の力を十分に伸ばしていく為にある。この本であげている陸上競技，水泳，巧技の各種目は，自己の力をテストすることによって，それぞれのものがもっていた運動能力を一層高めるために，それぞれのもつ限界努力をして，いわゆる最高作業を現わすための努力が必要である。そして，この過程に，身体発達に対する十分な刺激を与えることができる。しかし，それには，つねに自分の身体の調子をととのえて，合理的な殊習をしなければ十分な効果をあげることができない。それ故身体の conditioning の力と，合理的な練習法を獲得するのに適しているともいえよう。（これについては，各項で詳述されるであろう。）

Ⅱ　個人スポーツの類型

1.　身体活動（運動）の類型

　体育は，それがもっている目的を達成するために，運動文化の中から一定の身体活動を選んで，それを学習させる。そのために，運動のプログラムを用意し，能率的に，かつ効果的に学習をさせる必要がある。これらの身体活動は一定の基準にしたがって分類することができる。これがいわゆる運動の類型である。

　ところが，このような運動分類の基準には，いろいろの立場があって，必ずしも一定していないのが現状である。参考のために，これらの二，三を次に示めしてみよう。

　アメリカの体育学習ウイリアムズは，その著「体育原理」において，次の 6 ^{（註1）}類型を設定していた。すなわち，

　①　治療的活動（adapted activity）

　②　ゲーム，スポーツ，陸上競技，プレー，馬術，水上運動（games, sports, athletics, play, equitation, aquatics）

　③　ダンス（Dance）

　④　力試しとしての格技と自己防衛運動（self-testing combat anb self-defense activity）

　⑤　基礎技能（fundamental skills）

　⑥　戸外活動（outdoor activity）

　これが，どのような基準によって分類されたかは，これだけでは明かでない。しかし，①は矯正や治療のための運動　②いわゆる競技的なもの　③リズミカルな運動　④攻撃，防禦の格技　⑤いわゆる体操的なもの　⑥戸外活動一般というように，カリキュラムのスコープを立てる便利から，このような分類が行われているように考える。

註1　J.F.William : Principles of physical education. 1954. p9. 243〜48.
　　　（詳しいことは　川村英男，ウイリアムズ，体育の原理，参照）

（註2）
また，体育のカリキュラム研究で有名なラポートは，「体育カリキュラム」の本の中で，とくに，中・高校の運動分類として，次の五つをあげている。

① 水上運動（aquatics）——水泳，跳込，人命救助

② 個人スポーツ（indivuidual sports）——弓術，ゴルフ，ハンドボール，テニス，陸上競技，軽スポーツ

③ 体操（gymnastics）——徒手体操，巧技，行進

④ 格技（combative activity）——けん闘，フェンシング，レスリング

⑤ チーム・ゲーム（team games）——スピードボール，バスケットボール，サッカー，ソフトボール，フットボール，バレーボール，フィルドホッケー

⑥ リズム（rhythm）——フォークダンス，クログダンス，ジムナスティックダンス，モダンダンス

これは，運動文化のうち，性格のちがったものをそれぞれ項目に入れたので，いろいろの基準が入っているようである。

さらに，いま一つ違った分類をしているものとして，コッエルたちが「体育（註3）におけるカリキュラムデザイン」の本の中で示したものをあげよう。これによると，いろいろの運動文化を5つに分類している。

⑴ 遊戯，チーム・スポーツ，陸上の競技（games, team sports, athletics）

② 水上運動（aquatics）

③ 力試し運動（self-testing activity），器機運動，マット運動

④ キャンプ及び戸外運動（camping and outdoor activities）

⑤ ボディビル運動と矯正運動（body building activities and corrective exercises）

これらも，運動文化の性質のちがったものを，それぞれ類型化したものであって，分類基準には一貫したものがないように思われる。

以上の外国，とくにアメリカにおける二，三の例をみたのであるが，直ちに判るように，それらに統一的な基準をもっていない。そこで最後に，わが国の場合についてみることにしよう。わが国にもいろいろの分類を試みたものがあ

註2　W, H. Laporte : The physical education curriculum. 1951, P.31
註3　C. C. Cowell, H. W. Hayelton : Curriculum designs in physical education 1955. pp. 73〜74.

（註4）

るけれども，ここでは，昭和31年文部省編高等学校学習指導保健体育科篇の分類をみることにしよう。

これによると高等学校期に適する運動を身体的目標，社会的目標，レクリエーション的目標の三つの「目標に関連する度合」によって分類し，それぞれ個人的種目，団体的種目，レクリエーション的種目にわけている。したがってこの場合の分類基準は一応「体育目標」をもちいているといえよう。

しかし，これについては，運動の種目を以上のいずれか「一つの目標に決めてしまうには無理がある」ことを十分に認めているのであるが，「高校期の発達や卒業後の生活との関連を考えて指導計画をたて，また学習計画をたて，また学習活動を展開する」ための便宜を考えたとしているので，必ずしも目標の立場からのみ規定したものでないことは明かである。

指導要領では，このような分類によって，それぞれの教材（または運動文化）を次のように示めしている。

①　個人的種目——徒手体操，巧技，陸上競技，柔道（男），剣道またはしない競技（男），すもう（男）

②　団体的種目——バレーボール，バスケットボール，ハンドボール，サッカー（男），ラクビー（男）

③　レクリエーション的種目——水泳，スキー，スケート，テニス，卓球，バトミントン，ソフトボールまたは軟式野球，ダンス

このような分類を見ると，二つの大きな基準があるようにみえる。一つは，運動文化が，いつ活用されるかという，時期に関係するもので，上記の①，②はほとんど在学中の心身の発達のために行われるべきものであり，③は，卒業後の運動生活において行われるものというようにみることができよう。次ぎにこの分類は運動の人的構成の面から取り上げられている。すなわち，その運動文化が，本来個人を単位とするものであるか，団体を単位とするかによって，個人的種目，団体的種目にわけられているのである。しかし，この基準からすれば，③のレクリエーション種目も，これをもって通すことができるように思

註4　文部省　高等学校学習指導要領　保健体育科篇　昭和31年　P.9

われる。したがって，(1)高校期の発達のために用意するものと，卒業後の運動
生活のために用意するものによって，運動をみること，(2)　個人的か団体的か
という立場でみたことの，二つの基準を併用しているように思われる。何とな
れば，指導要領でもことわっているように，個人的種目は，身体的目標のみに
かかわりをもつものでもないし，団体的種目は社会的目標のみにかかわりをも
つということができないとすれば，結局，それらの運動文化が，個人を単位と
して，構成されるものであるか，団体を単位として構成されるかのいずれかに
ならざるをえないのである。したがって，もし表示の枠但を示めすならば，次
のようになるであろう。

運動構成の 個人的単位	高校期の発達に必要な種目	卒業後の運動生活に必要な種目 （主としてレクリエーション的）
個人的		
団体的		

2.　個人的種目の種類

　上のような基準にしたがって，中・高校期に個人的種目として学習が予想さ
れるものには，①徒手体操，②巧技，③陸上競技，④水泳，⑤スキー，⑥スケ
ートのように純然たる個人的なもの，個人的にも団体的にも可能である　⑦テ
ニス，⑧卓球，⑨バトミントンのようなもの，いわゆる「格技」とよばれてい
る　⑩柔道，⑪剣道またはしない競技　⑫すもうのようなものが含まれている。

3.　本書で取り扱う個人的種目

　個人的運動種目を上に 12 あげたのであるが，この本では，とくに，①徒手
体操，②巧技，③陸上競技，④水泳の四つをとり上げることにした。将来の運
動生活において必要とするいわゆるレクリエーション的なものについては，別

に出版する意図があり，また格技系統のものに対しては，運動の構成，伝統な
どからみて別に取り扱うことが適当であると考えたので除去した。また，純然
たる個人的種目としてとりあげることのできないスキー，スケートも，地域的
に制限されるので，全国の中・高校において，どうしても欠くりとのできない
種目とはいえないので，これまた本書から割愛することにしたのである。

　なお，本書で，以上の四つの種目を個人的種目といわずに，「個人スポーツ」
としたのは，それほどの意味があってではない。スポーツという言葉が，今日
では運動競技一般をさすような場合もあり，いわゆる純然たるスポーツすなわ
ち競技的なものでなくとも通用しているので，そのような表題を出しておいた
までであって，「個人的種目」とよんでも支障はないのである。むしろ，現代
人には個人的種目とよぶよりも，個人スポーツとよんだ方が親しみがあるので
はないかという気持も手伝っている。誤解を起さないためにことわってお
く。

4.　個人スポーツの発展性と系統性

　最近どの教科でも「系統学習」ということの主張が強くなっている。これは
「生活学習」に対抗しようとする意図からでている。周知のように，戦後の新
教育では生活学習が全盛をきわめた。それは，文部省の指導要領一般篇「地域
の社会生活に即して教育の目標を考え，その地域の児童や生活を考えて教育課
程を定めるべきである」という主張にあらわれている。また，教育課程の構成
にあたって，かれらのもっている経験の拡大と再構成という立場をとろうとし
ている。すなわち，「既往の知識，経験を生かし，さらに他の知識を求めるこ
とによって環境に働きかけるようになる。このような環境との相互の働きかけ
合いによって，他の知識は自分のものとなり，新たな経験が，自己の主体の中
に再構成され，児童，生徒は成長発達する」という建前に立って，児童生徒の
発達段階に即して，かれらの現在もっている経験を発展させ，それを豊かにす
る」ことを教育課程の構成の立場としている。

註5　　文部省　学習指導要領一般篇　昭和26年　P.17
註6　　　　同　　　　上　　　　　　　　P.79

　したがってこのような経験主義の立場では，かれらが行動に よって 経験する」こと，しかも，その経験は，試行錯誤すなわち自らなすことによってえられ，しかも，かれらに「成功経験」をもたせようとする。この方法として，第3に問題解決の学習法を尊重したのである。このことは，いわゆるアカデミズムを無視して，むしろかれらの生活において見出される諸問題を自ら解決し，その過程において働くところの能力を発展させようとするのであるから，いわゆる文化や科学を系統的に学習する方法ではなかった。

　ところが，このような教育方法に対して，批判が起ってきた。それは，このような経験学習または生活学習の成果は，いちじるしく基礎学力の低下をまねくという批判である。学習は，単なる試行錯誤の連続ではなくして，ちゃんと科学の系統性に従って発展的になされなければならない。無駄な経験をして，廻り道をするよりも，望ましい筋道を確実に通ってこそ，かれらの学習はつけられるのであるというのである。

　かくて，生活学習または，経験学習が系統学習かということが，教育上の重大問題になってきたのである。このことについて深くふれる余地はないので，ここでは，体育に関して一応はっきりした立場を概説しておこう。

　運動文化——一例を陸上競技にとると——の学習は，それぞれのまとまりのあるものの積み重ねによって，それにいたることができる。そしてまた，それを身につけることができる。それらは一足跳びに出来るようになるものではない。一定の順序を追って学習していかなければならない。もちろん，発達段階を無視するわけではないが，何を経験してもよいというのでなく，必ず，前段の学習をへて後段にいたらなければ，後の段を十分に理解することが困難である。すぐれた運動選手になるには，長い期間，それを系統的に学習しなければ，1年や2年ですぐに，達人にはなれない。したがって，運動文化の学習も，文化の系統性をおって段階的に学習しなければ，真の意味の学習能はついて来ないであろう。また生活の経験も大切であるが，これを系統的にのばしていかない限り，文化を生活に取り入れ，楽しみをますことができないというのである。したがって，体育学校と，各運動文化の後段について，系統的に，段階をへて（発展性）進めていかなければ，何年経つても，その文化を獲得すること

ができないというのである。

　そのためには，また「運動を手段とする」という立場では不可能である。それを文化とし，それをめざして，体系的に獲得していく。そのために，力をつけていくという逆の考え方もでてくる。とにかく運動文化をどのように生活に位置づけるかは，文化の獲得の後に出てきてもおそくないというのである。

　しかし，体育学習がこのような立場だけで割切れるかどうかは疑問である。他教科における議論を，体育の本質をわきまえることなく，そのまま導入することはむしろ問題である。上述の体育の構造からいえば，体育は，運動文化そのものの獲得という点で系統性を支持しなければならないが，現在ならびに将来の生活をどのようにするかは，生活の知恵や技術として経験されなければならない。したがって，それは二者択一ではなくして，両者併存の立場でなければならないと考える。

Ⅲ　個人スポーツの学習内容

1. 体育における学習内容の意義

　中学校や高等学校の体育ならびに体育科では，それぞれ固有の目標をもっているが，これは直ちに達成されるものではない。生徒達が学習経験をつみ，それを通してこの目標に到ることができるのある。ところが，かれらが，運動場での経験には，目標に照して望ましいものとそうでないものとがある。学校では，これらのうち望ましいものだけを経験させるようにしなければならない。体育における学校内容というのは，かれらが達成し成就すべき目標に照して，必要な経験をさしているのである。

　しかし，正課体育において期待している内容と，広い意味で学校体育として期待するものとを比べてみると，部分的には共通のものをもってはいたが，また相互にちがったものがあり，したがって特に正課に特有のものがある。ここでは，主として，正課時に期待するところの内容についてふれることにする。

　さて，正課体育における学習の方向はもちろん，その目標によって決められるのであろう。それが望ましいか，望ましくないかは目標に照してみたときに明かになるであろう。したがってこの目標の達成に対する有効な手がかりとなるものが，いわゆる学習内容となってくるのである。

　しかし，その内容は，学習者の学習能や場の条件によって規定される。学習者の学習能が，学習内容を決定することはいうまでもない。またその条件のうちには，物的環境としての運動場，そこにあるところの施設用具などがあげられよう。これに加えて，季節的関係なども入ってくる。すなわち，温度，湿度，日光などの気候的条件も加わってくる。しかし，ただ単にこのような，地理学的，物理的環境のほかに，学習する場合の仲間や指導者のような人的関係，それらがかもし出す学習集団のふんいきのようなものによって規定されるであろう。それらは，学習内容を規定するところの場の条件とみてよかろう。

　しかし，最も，直接的には，体育科において取り上げられるところの教材の条件によって学習内容は規定される。ここで教材というのは，もちろん，運動

文化としての身体活動すなわち運動である。したがって，これが，直接，学習者に対して，何を経験させるかということを決定する重要な契機となってくるのである。教材としての運動文化の学習においては，当然，身体の活動を規定する。またそれは心理的な活動をも規定している。あるときには，人間関係を規定するものもあろう。

　したがって，学習内容は運動文化のもつ特殊性によって，それぞれ規定され，それらが，学習経験の可能性を示すことになる。「個人スポーツ」には，それ自身の独自な性格があり，したがってまた他の運動群とはちがった学習内容を予想することができ，さらに個人的種目に含まれる個々の運動によって特有な内容を予想することができるであろう。

2. 個人スポーツの学習内容

　文部省が種目別の学習内容を示したのは，昭和31年の高等学校学習指導要領保健体育科篇においてである。この点では，同指導要領は全く劃期的といえるのであるが，そこに示されているものは「運動群」につい一括したものであって，それぞれの運動については示していない。結局，運動の一つ一つについて示めしたのは，技術学習（motor learnitg）に関係するものだけであって，この点画龍題晴をかくうらみがないわけではない。

　この本では指導要領が十分に示していない点を取り上げたいと考えているのであるが，それらは，各種目毎の説明のところにゆずって，ここでは，総括的な学習内容を取り上げてみたい。

　上述の高校保健体育科指導要領における「体育」の学習内容は，「目標と学習活動との関連を図るために，学習のねらいの形で示した」（註1）と断ってあるように，すべて，身体的，社会的，レクリエーション的目標との関連において示している。そこで，一応，個人的種目と関連をもつそれぞれの内容がどのようなものであるかを次に示してみよう。

　まず，身体的目標に関連して次ぎの項目があげられている。（註2）

　註1　　文部省　　高等学校学習指導要領保健体育科篇　P.19
　註2　　　　　　　　　同　　　　　上　　　　　　　　P.10

① 　個人的種目の特性や方法を理解する。

② 　よい体格をつくる。

③ 　正しい姿勢をつくる。

④ 　身体的固癖を予防きょう正する。

⑤ 　徒手体操をつくり，活用する。

⑥ 　走力，跳力，投力，懸垂力その他の基礎的な運動能力を高める。

⑦ 　筋力，持久力を強める。

⑧ 　身体をよく支配できる。

⑨ 　自己の体力を判断出来る。

⑩ 　正しい練習法を身につける。

⑪ 　個々の技能について，要点を評価できる。

また「社会的目標に関連する」内容としては，次の項目があげられている。[註3]

① 　他人の健康や安全に注意する。

② 　他人の立場を尊重して，礼儀正しく行動する。

③ 　正しい権威に従い，規則を守る。

④ 　勝敗に対して正しい態度をとる。

⑤ 　集団行動が自主的にできる。

さらに「レクリエーション的目標に関連する」内容としては，次の2項目がある。[註4]

① 　体力に応じて，レクリエーションとして活用する。

② 　競技会を計画し，運営できる。

これらは，たしかに学習内容の現わし方の一つの方法を示すものではあるが，われわれが，実際の学習指導において，学習者に経験させたいとき考えるものは，直ちにでていないのである。したがって，実際家は，これをさらに学習者に経験させるべき内容として再構成しなければならない。ここではそのための手順の一，二の例を示めすにとどめて，他は，それぞれの運動群のところで評述することにしたい。

註3　　文部省　高等学校学習指導要領保健体育科篇　P.11
註4　　　　　　　　同　　　上　　　　　　　　P.11

3.　個人的種目の学習内容はどのようにして導き出すか

　まず，身体的目標と関連する個人的種目の学習内容として，「よい体格をつくる」ということがある。この場合，「よい体格」というのは，すべての学習者に成就，到達してほしいとき考えるところの目標である。その目標に向って，一定の個人的種目を学習させようとしている。してみると，この目標のために，ある運動で，どのようなことを学習させなければならないかが明かになっていなければならない。もし，それが明かになれば，これこそ学習内容とよんでよいものではないかと考えるのである。

　そこで，試みに，次のようなことを考えてみたい。「よい体格を」個人的種目によって「つくる」ためには，少なくとも，

　①　よい体格とは何をさしているのか。自分の体格はこれとくらべてどのような水準にあるか。（知識理解）

　②　それはどのようなものによって作られるか。（知的理解）

　③　そのために，身体運動はどのような関係をもつか。（知的理解）

　④　よい体格，とくに，自己の具体的な体像から，個人的運動をどのように選び，練習すればよいか。（知的理解）

　⑤　日日の運動実践……実践計画をたてそれに従って運動実践をし，その結果（training effects）を正しく観察し，要すれば，実践計画を修正しながら目標に近づきうるようにつとめる。（実践的活動）

　これは，ほんの思いつきにすぎないので，さらに，詳細な科学的研究を必要とするのであろうが，とにかく，このような知的理解や運動実践の内容こそは学習内容としてふさわしいものでないかと考えるのである。

　身体的目標に関しては，①「よい体格」の他に，②正しい姿勢，③高い筋力，持久力，④よき身体支配，⑤すぐれた基礎的運動能力などがある。これらは，学習によって成就し，到達しようとする目標であるが，そのために，個人的種目で何を学習しなければならないかを考えることが，実は「学習内容」を導き出す方法とみてもよいのであろう。

　それには，一般的に，①自己の体格や体力を判断すること，②個人的種目の特性や方法を理解すること，③正しい練習法を身につけることのように，指導

要領の示しているような内容が考えられるのであろうが，これをもっと具体化しなければ，学習内容を構成することが困難である。

　また，社会的目標に関連しているものをみると，上述の指導要領が示した5つの項目は，ほとんど目標そのものといってよい。例えば，①他人の立場の尊重，礼儀，正しい行動，②正しい権威に対する服従，規則を守ること，③勝敗に対する正しい態度などは，そのままが望ましい目標であり，学習者をして到達させたいと考えていることである。しかし，個人的種目によって，どのようなことをすればこの目標に到達することができるかが明かにされていない。目標を大切にしようとすればするほどそこに学習すべき内容が大切になってくる。それでは，このことを実現するには，何を学習させたらよいか，これこそは個人的種目が，社会的目標をねらいとするときに考えなければならない学習内容であるが，それは，どのようにして構成すべきであろうか。全くの思い付きの程度にすぎないが，またその試案を示してみよう。

　指導要領で示されたものは，ほとんどすべて，人対人関係の望ましいあり方である。そこで，当然，人対人関係を予想している。一例を「規則を守る」ということでみるならば，まず学習者を規則を守るということの経験を含んでいるところの場におかなければならない。（場面設造）試合に直接参加させることもあれば，試合場面を観るということも考えられるであろう。次に，これらがどのような規則やきまりで行われたかという「規則づくり」や，「規則を知る」ということもなければならないであろう。さらに，規則に対して正しい態度をとるような個人や集団のふんいきを作ることもあろう。最後に，きめられた規則にしたがって，どのように自己ならびに他人が処理しなければならないか，ということも学習すべきことになるであろう。要するに，みんなで，規則を大切にしていくような機会，反応の場面をつくり，そこで，展開される行動を目標にあうように，自らコントロールしていることを学習しなければならない。したがって，規則に関することだけからいっても，一応個人的種目で，どのように学習内容を構成しなければならないかが明かになるであろう。他のことについても，同じことがいえる。

　最後に，レクリエーション的目標に関係する学習内容を考察してみよう。

　真のレクリエーションが何を意味するかは，すでに判っているものと仮定しよう。そこでレクリエーションのために，個人スポーツの学習をしようとするとき，どんな内容が考えられるであろうかを考察してみよう。

　一定の活動で，レクリエーションの目標を達成しようとすれば，①その活動をすることが好きであり，楽しみであることを前提とする。よし，外面的には，若しそうにみえても，本人の欲求が，そのわざや能力の上達を目ざしているときには，つねに，よろこびやたのしみ，あるいは希望のようなものがあるといえよう。②一定の活動が，レクリエーションの意味を十分にもつためには，他からの承認をうけ，自分の満足するだけの技術的水準に達していることを必要とする。人前に出て恥かしい思いをするような技術的水準では，レクリエーションの目標を満たすことが困難である。このようなことを考えると，学習内容としては，

①　自己表現をするのに十分なだけの運動文化を理解し獲得すること。

②　自己の欲求を満たすことのできる程度の技術水準をもつこと。

③　レクリエーションの場の一つとしての競技会などを設定すること。

④　生活において，仕事と仕事から解放された活動のバランスを考える必要な場面にさらし，生活設計と生活実践をする。

　以上は，一例にすぎない。個人的運動種目から，学習内容をそれぞれ計画するための参考にしていただきたい。

Ⅳ 個人スポーツの計画

1. 単元計画の基準

中学校・高等学校では，単元のとりかたは，一応「生活単元」の場合と，「教材単元」の場合とをあげることができるが，ここでは，教材としての個人スポーツの各種目を単元として取り扱うことにする。

ところが，このような教材を配列するには，単に，個人スポーツだけでは考えられないので，全教材との関係において単元計画を立てなければならない。

このためには，後述の施設の利用状況，用具のこれまでの学習経験，発達の段階などを考えなければならないのであるが，これは一応基準通りのものとすることにして，他の重要な諸条件をあげてみたい。

指導要領では，個人的種目（徒手体操，巧技，陸上競技，すもう，柔道，剣道またはしない競技）に40％の比率を与えるよう示唆している。(註1) したがって，この基準をそのままうけ入れることにする。ただし，すもう，柔道，剣道またはしない。競技を含んでいるので正確なことはいえない。そこで，種目別指導時間数をみると，次のように示している。（男子の場合）

徒 手 体 操	9〜18 時間
巧　　　技	18〜27 〃
陸 上 競 技	18〜27 〃
水　　　泳	36〜45 〃

これをもとにして，この本で取り扱う個人的種目をそれぞれ一つの単元として，学年配当を考えることにした。詳しいことは，各論にゆずることにして，これらの単元計画についてとくに考えなければならない実際的問題にふれておくことにする。

2. 徒手体操の単元計画

註1　文部省　高等学校指導要領保健体育科篇　P.39

　徒手体操は，ある学年またはある学期で定められた時間やればそれでよいというものではない。他のスポーツの「準備および補助運動」として常時行われる。またときとしては「矯正補償」の目的のために行われる。それから，特定の行事例えば「集団体操またはマスゲーム」を目的として行われることがあるとすれば，同じ徒手体操といってもそれが，日常のスポーツ活動に前後して，自立的に行うことができるように指導しておかなければならない。また，身体の固癖は，日常の活動によっていつ現われてくるかも判らない。したがって，そのようなことが現われたときに，十分に適用することができるような能力をつけておかなければならない。してみると，徒手体操の学習指導においては，①準備補助運動としての基本の能力をつけること，②矯正補助のための基本能力をつけること，③さらに，いわゆる合同体操の能力をつけることを考えて，中・高校の3年間に，分散して学習されるように計画を立てることが必要になる。しかし上の三つの分節については，それぞれのまとまりをもつように，一定の時間まとめて学習し，これをスポーツなどの学習において常に応用するように考えなければならないであろう。

3.　巧技の単元計画

　文部省で示した基準は，決して多い時間ではない。しかも，他の運動種目をも学習しなければならない中・高校においては，鉄棒，転廻，組体操，スタンツ，跳箱などをどのように排列するかはなかなかむずかしいことである。しかし，それらを小単元と考えて3年間に配列するときには，自から，そこに原則があろう。

　①　小学校時代との連絡を十分に考える。

　②　一つの小単元は，なるだけまとめて学習させそれが出来るようになれば，応用として他の活動のときに練習させる。

　③　発達の段階や，他の同系統の種目と重複しないようにする。たとえば，陸上運動の「跳」があるときには，巧技の「跳」に関係する内容は，他のシーズンにまわす。

　このようにみると，巧技だけを一つの学期または学年にまとめるよりか，3

年間を一つの単元期間とし，小単元は，他の教材とにらみ合わせて，適当に配別をすることが計画上必要になるであろう。

4.　陸上競技の単元計画

　専門家でないところの中・高校生に，1時間中「走」を学習させることは困難である。むしろ，そうさせるより多少の重点の違いはあっても，他の類型の種目また陸上競技内の種目を混合して，学習させることが実際的である。したがって，ある時間またはある期間，陸上競技のうちのある種目のみで終始するような方法はさけなければならない。むしろ，団体，レクリエーション的種目あるいは，走，跳，投のいずれかをだき合わせるように排列すべきであろう。ただし，小単元の重点を失わないように，学習の中心をここにおき，他の種目は復習的に配するようにすべきであろう。すなわち，小単元については，一応のまとまりをもつように学習させ，その体系を把握させて次に移るようにし，中学3年間で，一応，その内容の全体を把握し，それについての技能ある程度まで獲得させ，そのうちで，興味をもち，生活化するためのきっかけを作るように計画すべきであろう。詳しいことは陸上競技のところで詳述する。

5.　水泳の単元計画

　水泳の単元は，季節と設備とに関係するところが多い。プールのあるところでは，適当な季節をとらえて，学習させることができよう。しかし，それのないところでは，数日間一定の場所で，寄泊しまたはまとまった時間をかけて，学習させるようなところもある。後者の場合は，単に水数の学習ということだけでなく，それに附ずいした集団生活に必要なさまざまな内容の学習をするようになり，従って単元の計画もおのずから異ったものとなってくるであろう。

　さらに，水泳は他の種目とちがって能力は，学年に応じて進歩するのではなく，まず初めは「泳げるもの」と「泳げないもの」がある。これがまず与えられた条件として受けとられなければならない。この基礎に立って，学習能に応じた計画を立てない限り，それは机上のプランにすぎないものとなるであろう。また，厳密には他の種目も同様であるが，水泳においては，生命の危険に

出くわすことが多い。したがって，水泳をしてもよいかどうかについて厳重な身体検査をもするということが計画の中に入れられるであろう。

このようにみてくると，それぞれの単元は，種目によっていちじるしい特色があるので，これを無視してはならないのである。細かいことについては，それぞれ種目別に詳述してあるので，それを十分に検討してほしい。

6.　学習能とコース別

小学校時代は，学習能の個人差はそれほど大きくない。中学以上になると，身体発達の個人差が生じてくる以上に，学習能において差異が生じてくる。この事実を無視しては単元計画も具体的なものとはならない。

したがって，各単元の計画において，能力別のコースを予想して学習の展開をはかるようにすべきではあるが，中学校期のはじめにおいては，いわゆる入門的な取り扱いをし，同じ単元が，高校で行われるようになると，一応，入門コースよりも進歩したものをねらいとして単元計画をなすべきであるしかし，その時でも，入門期の程度から余りに進んでいないものがある。体育としてはこのような生得的な因子のあることを考えて初歩的なもの，やや進んだものという二本建てのコースを考えなければないであろう。さらにすすむと（A）初歩的なもの　（B）やや進んだもの　（C）いちじるしく進んだものが考えられる。それぞれ，その能力に応じて，満足を与えさせることが，新しい体育の基本方針とすれば，学年の進むにつれて，高い程度の内容を学習させる，所謂直線的な計画は無理である。

したがって右図のようにA→B→Cの一本のコースだけではなく，A′とBの2本建，A″とB′の3本建てのようなコースを予定して計画を立てることも一つの方法である。技能に関する限りコース別に，学習の内容，程度を異にするような工夫をすることが望ましい。本書では，このような意図のもとにA，B，Cの3つのコースを例示した。

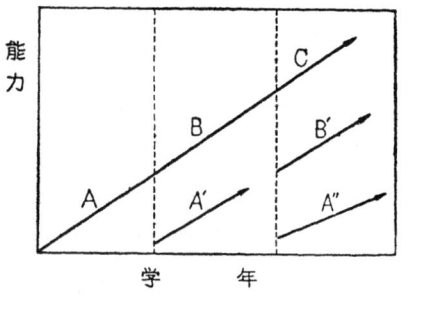

V 個人スポーツの指導

1. 個人スポーツの学習と指導

　個人スポーツは，体育目標からいえば手段または教材である。すなわち個人スポーツは，身体発達，社会性の発達のために必要な経験を与えさせるための素材とみなければならない。

　ところが，体育科において，個人スポーツを学習させる重要なねらいの一つは，個人スポーツという文化を，学習者自身の身につけさせるということである。すなわち，運動文化のうちの個人スポーツの技術的，精神的体系を理解し，それを獲得し，そのための能力を発達させるということにある。かくて，個人スポーツそのものは，学習の目標となるのである。

　このように，身体活動は手段であり，同時に目的であるという二重の性格をもっている。そして，この二重性の故に，学習指導の困難さがあった。たとえば，個人スポーツの体系を理解し獲得することをねらいとして指導していると，それはある程度可能であるが，結局，運動技術学習（motor learning）の指導に終って，他の重要な目標をかえりみないことになる。反対に，身体的，社会的などの目標のために学習経験を与えようとすれば，個人スポーツそのものの体得という点で問題がある。しかも，原理的には，いずれをすててもならないとすれば，学習指導は如何にすればよいかという問題にぶつかるであろう。

　しかし，従来の経験からすれば，すぐれた指導者は，個人スポーツの運動技術学習の指導をしながら，その学習の間に，偶然的にまたは必然的にでてくる諸他の経験をとらえて，これらを目標に即して指導し，その成果をあげているので，われわれは，運動技術学習（motor learning）を中心にして，さらに目標の立場から，その学習をみ，運動学習の間に目標との関連においてあらわれ経験を適切にとらえて指導する，いわゆる同時または随伴学習（concomitant learning）の指導を考えるようにするのである。

　例えば，学習者は，個人スポーツにおける技能の上達，レコードの上昇を何よりも強く望んでいる。このことは，運動学習をすすめる上で，何よりも有力

な動機づけとなる。したがって，学習の指導は，この推進力を失わないように，段階を進って，技能の上達を図るようにしなければならない。ところが，そのためには，様々な問題に出くわすであろう。練習の量や時間が，かれらの健康状態を台なしにする恐れがありそうだと思われたときは，技能の上達からみて，身体の諸状態をつねに練習にミートするように調整させる必要があろう。これを通して，常時，自己の身体の状態に応じて活動をし，健康水準を高める態度へと一般化（generalization）すべきであろう。しかもこのように学習を一般化することによって健康習慣の形成をその結果としての「健康の推持」「健康の増進」という目標に近づくことができるであろう。

その他の身体的目標や，社会的目標や生活的目標などについても，同じことがいえる。この際重要なことは，「説教」に終らないことである。あくまで，学習者の最も欲しているものの実現を妨げるものとして，それぞれの随伴的経験を取り上げ，しかも，十分な知的理解を伴わせるようにしなければならない。したがって，運動学習を条件づけていく刺激として，適切な経験の機会を指摘し，「条件反射的」に形成していくようにすることが大切ではなかろうか。このような研究は，今後の問題であるが，やはり現場からの資料が大切なものとなろう。

2. 学習組織

ここでいうところの学習組織というのは学習のための集団組織のことをさしている。一般に，徒手体操などは学級を一つの集団としていることが多い。教師の号令のもとで，一斉に指導していくのには便利な集団組織であるが，このような活動の体系を自分のものにし，自己の身体的状態に応じて，それを習慣化していくための能力の形成という点で重大な障害となる。したがって，運動体系を理解し，その方法を正確に獲得させるために一斉にこん切な指導をし，それらを習得したとき，適切な機会をとらえて，自発的に練習するような小集団をつくることが望ましい。

陸上競技において，いくつの種目を同時に平行して行う「1セット」の学習では，活動に応じて練習のための小集団を形成し，自主的に学習をすすめるよ

うな組織を考えるべきである。

　また，巧技のようなものも，会員が，同じ種目を同時に行うことのできない学校が多いので，学習の能率から考えて，適当な小集団で学習をさせることが望ましい。

　このような集団組織には，能力別集団と能力の違ったものでつくる異質集団がある。いずれも，学習の能率の立場から考えることを原則とする。

　集団組織ができると，集団で学習することになるので，グループ学習の原則を十分にわきまえて学習させなければならない。しかし，グループ学習は，学習を能率的にかつ組織的に営むためであるから，グループ学習そのものを目的とするように考えることは望ましくない。

　男女間の運動の能力差は，小学校時代にはあまり顕著でない。巧技のうち，鉄棒運動や跳箱の運動で女子が男子よりもはるかにすぐれた業績を示めすような場合をしばしばみることがある。ところが，中・高校生では個人スポーツに関係をもつ運動能力では平均してみるとあきらかに男子の方が女子よりも高い水準を示めす。しかも，女子は，個人的能力の優劣を示めすような活動に対して抵抗を応ずるようになるので，小学校のように男女を一つの学習集団に入れることは好ましくない。そこで，この種の運動の学習においては，男女別の集団組織をつくるようにしなければならない。

3.　生活指導

　個人スポーツが，正課以外の時間に，グループやクラブなどで行われ，また自由時，特別教育活動などの時間で適切に行われるというところに運動生活の展開がある。

　正課の学習指導は，このような生活展開をはかるための基本的知識や技能をつけることを目ざしている。さらにかれらの運動生活が健全で，楽しく，豊かになるように指導をしなければならないのであるが，あくまで，自主性，自発性を建前とし，できる限り大ぜいの学生の運動生活の充実をはかるように指導すべきである。そのためには，生徒会などにおいて全員の運動生活の問題を取り上げ，これを全体的立場から解決していくように仕向けるべきであろう。

Ⅵ 体育の施設

1 施設の重要性

今や学校は，単なる学習学校であってはならない。教室が十分にととのっていると同じように，あらゆるスポーツの設備を十分にそなえなければならない理由については，もはや説明する必要がないであろう。

個人スポーツがどんなに価値のあるにしても，また，それらのスポーツ技能を身につけることがどんなに大切であるといっても，それを学習する場を設定することなしには，画餅にすぎないのである。したがって，これらの種目を学習させようとすれば，何よりもさきに，十分な施設を用意しなければならない。

それでは，学校はどの程度の施設をもっていなければならないであろうか。それはもちろん，学校の大きさによる。学級数の大きいところでは，同時に数クラスの体育の時間を予想しなければならないので，それだけ広くなければならないことになる。しかし，規模の小さい学校でも，個人スポーツをしなくてもよいわけではないので，そこに一定の基準が必要になる。

2 屋外運動場の基準

屋外運動場については，文部省が発表している「校地面積基準案にもとづく学級数別屋外運動場面積一覧表」は，一応参考にしなければならないものといえよう。（次表参照）

校地面積基準案にもとづく学級数別屋外運動場面積一覧表

（単位m²）

区　　　分	3 cl 150人	6 cl 300人	9 cl 450人	12cl 600人	15cl 750人	18cl 900人	21cl 1050人	24cl 1200人	27cl 1350人	30cl 1500人
中　学　校	4,800	6,600	8,400	9,300	10,200	11,100	12,000	12,900	13,800	14,700
高 等 学 校	8,400	8,400	10,050	11,700	13,350	15,000	16,650	18,300	19,950	21,600

屋 外 運 動 場

中 学 校　{
3学級以下……4,800m²
3〜9学級……4,800m²+600m²（学級数－1）
9学級以上……8,800m²+300m²（学級数－9）
}

高 校　{
9学級以下……8,400m²
〃 以上……8,400m²+550m²（学級数－6）
}

（註）

中 学 校　6学級以下では，運動器具スペースのほか，60m直線コース（地形によっては80mコース）がとれる。

　9学級以上では，100m 直線コースがとれるが，200m トラックがとれるのは，地形にもよるが15学級以上になる。

　18学級以上では，このほかに，バスケット，バレーのコート各1〜2面と25m水泳プールをとることができ，配置をうまく考えれば 200m トラックを兼用して野球場がとれる。

高 等 学 校　6学級以下では100mコースがとれるが，200mトラックはとれない場合が多い。

　9〜15学級では，以上のほかバスケット，バレーのコート各1〜2面とれる。

　18〜21学級では，さらにテニス・コート1〜2面と25m水泳プールがとれる。

　24学級以上では，300m トラックとそのフィールドに重ねてサッカー・コートがとれる。

　野球場はトラックに重ねて配置すれば，12学級以上ではとれるが正規の試合はできない。

3　屋内運動場（体育館）の基準

　昔は，屋内運動場は寒冷積雪地帯に限られていたが，屋内スポーツが普及するにつれて，これらの地帯以外でも，体育館をもつような傾向になりつつある。冬季霜柱がたち，または砂ぼこりのするところでは，屋外運動に適しない。しかし，冬季の運動練習を中止することは望ましくないので，体育館に対する要求は益々高まりつつある。また雨天のときには，教室で講義をするというのもあまりよい方法ではない。青年期にはできるだけ，雨天でも，冬季でも，運動に対する欲求を十分にみなすことができるように用意することは学校の任務であり，したがって体育の教師はそのために努力しなければならない。

　戦後二部教授を行わなければならなかった時代は止むをえないが，校舎も一応整ってきた今日では，屋内運動場は是非とも作らねばならない学校施設といってよいであろう。

　体育館の広さの基準については，次のような文部省基準案がある。これから作ろうとするところでは，参考にしてよいものである。

屋内運動場の最低及び適正面積基準案の算定礎表

（単位m²）

学　級　数		3		6		9		12	
生　徒　数		150		360		450		600	
		最低	適正	最低	適正	最低	適正	最　低	適　正
中	体育館兼講堂	224	225	294	330	416	468	480	540
学	付属室・廊下 etc	34	51	43	64	60	92	72	108
	小　　　　計	258	302	337	394	476	560	552	648
校	1 人 当 り　m²	1.72	2.02	1.12	1.31	1.06	1.24	0.92	1.08
高	体　育　館	280	315	432	486	440	496	532	600
等	付属室・廊下 etc	42	63	64	97	66	99	81	122
学	小　　　　計	322	378	496	583	506	595	613	722
校	1 人 当 り　m²	2.15	2.52	1.65	1.92	1.12	1.32	1.02	1.20

学　級　数		15		18		21		24	
生　徒　数		750		900		1050		1200	
		最低	適正	最低	適正	最低	適正	最　低	適　正
中	体育館兼講堂	496	496	558	612	630	700	630	700
学	付属室・廊下 etc	182	302	216	302	260	346	352	453
	小　　　　計	678	798	774	914	890	1,046	982	1,153
校	1 人 当 り　m²	0.90	1.06	0.86	1.02	0.85	1.00	0.82	0.96
高	体　育　館	628	708	720	814	814	920	908	1,028
等	付属室・廊下 etc	95	140	108	162	124	184	140	205
学	小　　　　計	723	848	828	976	938	1,104	1,048	1,333
校	1 人 当 り　m²	0.96	1.13	0.92	1.08	0.89	1.05	0.87	1.03

4　体育科における個人スポーツのための用具の基準

　個人スポーツのために必要な用具教量は正課時と課外時とではちがっている。正課外の自由時活動やクラブ活動については，学校の方針によって，用具整備の基準がちがうので，それぞれの学校できめるべきであろうが，正課時の指導のためには，学校の特殊事情よりも，むしろ，文部省の基準を参考にすることが望ましい。32頁の基準は，学級の授業をするのに必要な最小の数量を示しているものとみてよい。

体育科用器具基準

	5学級以下		6～17学級		18学級以上		備　考
	中学校	高等学校	中学校	高等学校	中学校	高等学校	
バスケットボール	5	5	5	10	10	10	
バスケットゴール	1	1	1	2	2	2	（組）
バレーボール	5	5	5	10	10	10	
バレー用ネット	1	1	1	2	2	2	
バレー用支柱	1	1	1	2	2	2	（組）
ハンドボール	2	5	2	5	3	5	
サッカーボール	2	5	4	10	6	10	
サッカー・ハンドボール用ネット	1	1	1	1	1	1	（組）
〃　　ゴール	1	1	1	1	1	1	（組）
ソフトボール	4	5	4	—	8	—	
バックネット	0	1	1	2	1	2	移動式を含む
バット	4	5	4	10	8	10	
グローブ	8	8	8	16	16	16	
ミット	1	1	1	2	2	2	
野球用ベース	4	4	4	—	8	—	
ラグビーボール	2	5	2	7	3	7	
テニス用ラケット	4	—	8	—	12	—	
〃　　ネット	1	—	1	—	2	—	
〃　　支柱台	1	—	1	—	2	—	
ピンポン台	1	4	1	5	2	6	
〃　　ラケット	4	10	4	12	8	14	
〃　　ネット	1	4	1	5	2	6	
バー用支柱	6	—	6	—	12	—	
高跳用丸柱	1	3	1	1	1	1	
砲丸	1	2	1	6	2	9	
跳箱	3	2	4	4	4	4	
踏切板	3	2	4	4	4	4	
マット	6	5	8	8	8	8	
高鉄棒	5	4	4	5	4	5	
平均台	4	4	4	5	4	5	
笛	2	5	5	5	10	5	
メガホン	2	—	4	—	4	—	
体育用腰掛台	10	—	20	—	30	—	
審判台	0	1	1	2	1	2	球技用
巻尺	—	2	—	2	—	3	20～50m
ストップウォッチ	—	2	—	2	—	3	
ロープ	—	1	—	1	—	1	
ライン引き	1	2	1	2	2	3	
ボール用ひもとおし	1	1	1	2	2	4	
ボール用空気入れ	1	2	1	2	2	4	
実技用掛図	4	5	4	4	4	5	
スライド	3	5	3	5	3	5	（組）
レコード	5	20	10	20	10	20	主にダンス用

- 中学校は，指定統計第74号学校設備調査報告書（文部省調査局統計課；29年10月現在）による各器具の基数。
- 高等学校の各器具の基数は，指定統計第74号を参考に，文部省初等中等教育局中等教育課において作成されたもの。

したがって，いずれの学校でも，このような基準に達し，さらにそれ以上の数量をもちうるよう予算措置を講じ，生徒の学習の障害にならないようにしなければならない。

5　施設用具の管理

運動場，体育館の施設ならびに，そこで使用される用具については，学校で十分な管理方針を定め，その使用をできる限り能率的にすることが必要であろう。すなわち，できるかぎり，これらの施設用具が十分に使用されることを第一の原則としなければならない。

しかし，この原則とともに，使用の公平ということも忘れてはならない。小数のもの，または限られたものだけが公共施設を独占するというのは，望ましいことではない。そのために，週間の使用計画をはっきり立て，生徒達が，それにしたがって公平に使用できるようにしなければならないであろう。

これらの施設用具はいずれも公共施設であるかち，その使用については，私物以上に大切に取り扱うような習慣をつけさせる必要がある。ところが，中・高校期は，公共物の使用については，余りにも無関心であるのが現状である。したがって，生徒達に，これらの施設用具の手入れをさせ，また，実際的要求の手助けをさせるような組織をつくるのも一つの方法であろう。

なお，教師は，これらの一切の施設用具が，いつでも安全に，かつよろこんで使用できるように用意しておくように心がけねばならない。つねにトラックのラインをはっきりと引き，こわれたものを機を逸することなく修理し，使用できなくなったものの処分をすばやくすることなど，教師の管理活動は，体育指導とならんで重要な任務といわねばならないであろう。

しかし，施設用具の管理は，教師の手によってのみなしうるものではない。むしろ，体育学習の内容として，生徒たちが，直接これに当るような組織をつくり，管理活動の責任を果していくように指導することこそ，新しい体育のありかたではなかろうか。

巧　　技

日本体育大学助教授

浜　田　靖　一

I 巧技の性格とその歴史

巧技は体育運動の中で特に器用さを必要とし，またその運動を行うことによって，巧緻性が養われると思われる種類の運動を一括した名称である。

これは勿論，実施する生徒側よりも，指導する教師の立場から教材の性格と系統を考えて戦後つけられた教材群の名称である。さてその括弧の中の種目には懸垂・跳躍・転廻・歩行・平均・組立が含まれており，それぞれの特徴を持っている。従って，巧技全体に共通する歴史というものはない。しかし巧技の中核をなす器械使用の運動は，他のスポーツと同じように，われわれの先祖の生活の中から自然的に発生したもので，子供の遊戯の中に，或は曲芸，芸能等の職業，または武芸，国防能力に必要な体力として軍隊教育等の中にも生かされて来たものもある。これらを体育の教材として活用しはじめたのは，17世紀の終りから18世紀に登場した体育の先駆者

バゼドウ (Johann Bernhard Basedow, 1728—1790)

ザルツマン (Christian Gotthief Saymann, 1744—1811)

グーツムーツ (Johann Christian Friedrich GutsMuths, 1759—1839)

ヤーン (Friedrich Ludwing Yahn, 1778—1852)

等の人達によってである。彼等が従来のものを改造したり，工夫創作したりした体操のための器械は，現在われわれが使用しているものの先祖に相当するもので，文化の進展や生活用式の変革，思潮の流れに伴って陶汰変遷して今日に至ったものである。

今日器械体操の器具として使われているのは，①鉄棒，②跳馬，③平行棒，④鞍馬，⑤吊環，⑥平均台，⑦跳箱，⑧肋木，⑨横木，⑩スプリングポール等である。そのうち①〜⑥は体操競技の種目にもとりあげられている。普通中学高校では，鉄棒，跳箱，平均台が最も多く使用されるが，近年平行棒と鞍馬等も設備する処が多くなった。肋木や横木は，大正から昭和の初期にかけて，何処の学校にも設けられてよく行われたが，昭和11年の要目改正以後あまり使用されなくなった。なお，その頃よく使用されて現在使用されないものに，バッ

ク，腰掛，窓梯子，吊縄等を挙げることが出来る。

　また，固定施設の器械として小学校，幼稚園では，ブランコ，辷り台，シーソーメリーウエーブストランド，ジャンギルジム，水平梯子，太鼓梯子，キャットウォーク（**Catwalk**）低鉄棒などがある。

　組立運動も転廻運動も，遊びや曲芸としての歴史は古いものがあるが，これを近代的な体育の教材として脱皮させたのはアメリカである。わが国では器械体操の派生的な種目として，あいまいな教材分類の立場にあったが，戦後中学では巧技という名称で一括され，器械体操，組体操，転廻，スタンツという内容をもつようになった。しかし，昭和31年に改訂された高等学校保健体育の指導要領では，巧技の内容を懸垂，跳躍，転廻，歩行，平均，組立とし，スタンツという名称を使用せず，スタンツは歩行，平均，組立，跳躍等の中に分散させた形がとられている。

〔註〕　**スタンツについて**

　スタンツ（**Stunts**）は，主として自己の能力をテストしようとする欲求から行われるプレイ形式の運動で，自試運動という名称をあてはめている人もある。その内容は個人で行うものと，グループで行うものとに分れ，自己（或はグループ）のもつ巧緻性，機敏性，柔軟性，強靱性等を自己（グループ）でためしてみる運動として扱われている。人によっては器械を使う運動も組体操もスタンツとして扱っている人もあるが，一般にわが国では器械を使うものは器械体操として，組体操は転廻運動と共に別に扱われている。また，素質検査や運動能力の検査に用いられるスタンツもある。

　本書では所謂，中学校のスタンツ形式の教材を主として，歩行，平均，組立の中から選らび，これと組立と組合せて1単元として扱うことにした。その理由は，組立は静的努力的な運動で体の使い方がかたより易いので，一番動的な歩行と組合せ，興味と動きの上からのコントラストを考えたものである。なお平均運動と組合せた意味は平均運動のうち平均台を使用するものは女子のみが行い，それ以外の運動は組立運動の基礎的準備運動的な種目として一緒に行うことにした。

Ⅱ　巧技の指導目標

　巧技の特徴とその性格を生かして教育効果を挙げるためには，次のような面から狙いを導くのがよい。

1.　身体発達の面

（1）　器官

　　　器官組織に健全な刺戟を与える。

（2）　神経，筋肉

　　①　身体支配の能力の発達

　　②　筋力を強める。

　　③　軽快，敏捷，可撓，柔軟性を養う。

　　④　動作の正確さを養う。

　　⑤　コントロールとタイミングの能力を養う。

2.　情緒面の価値

　　①　身体的勇気，決断，勇気，自信の徳性を発揮させる。

　　②　適応感を与える。

　　③　達成，成功の経験と満足感を与える。

　　④　周到，着実な態度を養う。

　　⑤　自己の能力を知る機会を与える。

　　⑥　緊張からの解放と美の表現のよろこびを与える。

3.　社会性の面

　　①　協力の態度と真理を愛する態度を養う。

　　②　他の者に対する援助の態度を養う。

　　③　公共的に対する尊重心を発達させる。

　　④　リーダシップを養いグループ意識を発達させるから，教師と生徒間の
　　　よりよい関係を作るのに役立つ。

Ⅲ　巧技の指導計画

　指導計画の立案の骨子をなすものは，①狙い（目標）　②その狙いに達するのにどれだけの時間を当てるか（時間の配当）　③それに応ずる学習内容　④指導法，評価ということになる。

　このうち特に巧技という教材の性格から，指導計画立案に必要な事項を挙げてみる。

　（1）　巧技は教材群を一括した名称であるので，その内容の一つ一つを教材単元として扱う。そして各教材の特質を考え，その技術をマスターするだけでなく，その教材を通じて前述のさまざまな目標を達成させるのである。

　（2）　巧緻，機敏，正確という面から，各スポーツや日常生活において関連が深いことを考えて，教材の配列上に考慮を要する。

　（3）　季節に関しての考慮

　実施の時期は春季か秋季が一般的に望ましいが，巧技の中にはあまり季節を考慮に入れなくても よいもの もある（スタンツ形式，転廻，跳箱等）。むしろ体育館のない場合に気温よりも晴雨の関係を考慮する場合が多い。

　（4）　時間配当

　単元学習として教材を中心に一つの問題をもち，まとまった学習経験をさせるために，単元ごとに一定時間継続した 6〜9 時間の学習時間が配当されるのを本態とする。但し教材によっては1時限を半分し，他の教材（巧技以外）とコンビにして実施した方が効果的であると考えられる場合もある。

　また，同じ巧技の中に含まれる教材でも，1回だけの学習経験で終ってもよいと思われ直進的な教材をとるもの（スタンツ的なもの）と，良好な発育刺戟を毎年継続させたいという見地から循環的なもの（懸垂運動）とがある。跳箱による跳躍運動も，循環的に取り扱ってもよいが，性質は異っても跳躍運動は，陸上や球技等にも多く含まれているので，直進的な扱いでよいと思う。

　（5）　グループ編成

　巧技の指導は，示範されたものを各個人がただ練習するという形式が従来多

くとられて来たが，巧技もグループによって練習する方がより有効である。

　巧技のグループは，大体10人前後で等質グループがよい。但しリーダー，副リーダーは体操部或は技術の優秀なものを当てる。

　グループを作る手順は，最初に体操部とか明らかに上手なものを引抜いて置き，残りをテスト又は技能の程度を聞いて別ける。

　例えば　①逆上り脚懸け上りが漸く出来る程度のもの　②脚懸け廻り，背面逆上り出来るもの　③腕立後方廻転，腕立前廻りが出来るもの等。

　なお，記録係1名を置き，各人の進歩の記録，実施，種目，欠点等を記録して置くようにする。出来たらグループリーダー及び副リーダーを配属させる。教師はグループの編成には直接，間接にタッチして，片寄ったグループの編成にならないように注意することが肝要である。出来上ったグループは，技術は等質であるが，性格は世話ずきの者，積極性のある者等が適当に配置され，グループとしての練習能率があがるような組合せを考えることが大切である。主としてリーダー及び副リーダーは，指導補佐をするが，お互いに幇助し合うことによって運動のコツを会得する機会にし，グループとして学習がスムースに進むように協力し合う態度を養成する。

（6）　施設・用具

　巧技の中でも器械を使用するものは，施設や用具がなければ実施は不可能である。また，用具施設の如何が学習効果に大きくひびくことはいうまでもない。

　①　鉄棒　高鉄棒5欄，低鉄 3〜5 欄
　　　　　　バーの太さ……28〜30mm（直径）
　　　　　　バーの高さ……2m〜2.40m
　　　　　　バーの巾　……2m〜2.40m

低鉄棒の場合は高さは 1.30〜1.60m位がよい。

低鉄棒は小学校専用のように考えられ，中学・高校にはあまり施設されていないが，中学・高校でも利用価値は非常に多い。

高鉄棒は腕木のないもので，踏切台も不用。バーのすぐ下から砂場になっているようなものが好ましい。（砂場の中に鉄棒があるようなのが理想的である。）

② 跳箱　5〜6台（スエーデン形の下の広いのがよい。なお，高低の調節も
　　　出来るものがよい。）

　　　高さ　1.10m前後（最高）

　　　長さ　1.00〜1.30m

　　　短辺　40cm

③ 平均台　5〜6台（競技用の高さの

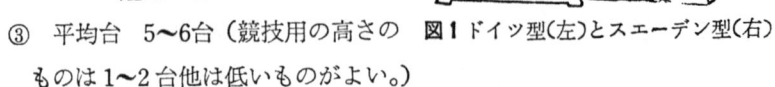

図1 ドイツ型（左）とスエーデン型（右）

　　　ものは1〜2台他は低いものがよい。）

	低いもの	競技用
高さ	30〜40cm	120cm
巾	15cm前後	10cm
長さ	——	500cm
厚さ	——	16cm

④ マット　ロング　4枚，ショート　3枚

（7）　天候その他の考慮

　マット運動，スタンツの一部をのぞいて，なるべく屋外を使用する。風が強
かったり，雨後で足場の悪い場合は屋内がよい。

　マットは真にやむを得ない場合の他は，屋外で使用しない方がよい。湿気が
マットの保存上一番有害である。用具の出し入れ，運搬，砂場の管理等はグル
ープごとに責任をもたせるとよい。

　なおマットに裏表の印をつけたり，中央や横に線を入れて置くと使用に便利
な場合が多い。同様跳箱の上部のマットにも線を入れるとよい。

Ⅳ　単元の扱い方と組み方

1　単元の扱い方

　高校の指導要領P.15〔内容の説明および取扱上の留意点〕（5）「同一類型の種目を長時間連続的に指導するよりは，適当に間隔をおいて長期にわたって指導するほうが有効である。」の線にのっとり，次の方法をとった。

　懸垂運動の鉄棒は3ヵ年にわたり巡還漸進的に行い，20〜30分扱いの授業とし，他の種目（球技，陸上等）とコンビにしても扱えるようにした。

　従って，配当された時間数はかなり多いが，1時間授業ではないので，時間数は指導要領に示されたものよりも超過しない。なお，その他の種目で平均台は2年で巡還式に，その他は1ヵ年に1回で並列法をとったが，何れも鉄棒運動と同様20〜30分授業とし，他の種目とコンビにして行うことを考えたものである。

　また指導要領P.15「（6）　テストや競技により進歩の状況を自覚させる。」の線に沿い，また現在のスポーツ界における体操競技の関心を考慮し，3年時に巧技総仕上げの意味において試合形式をとることにした。

　同じく指導要領P.13「（4）　体力に応じたものを選択する。」の項を考慮しまた一般中学校生徒の巧技，技能の実力を考えると，一般には，ともえ，振り上がりは，なかなか手がとどきにくく，あつかいにくいと思ったので別に挙げ，特に技能の進んだグループの者のための参考にした。

　鉄棒運動や組立運動は，一般的には女子に不向きな種目であるが，懸垂移行や，低鉄棒を使用してのもの，女子に適した組立はやはり効果的であると思ったので参考にあげることにした。

2　単元の組み方

　巧技の内容は指導要領では次のように分類されている。

懸　懸	1.	懸垂移行，△2. け上がり，△3. ともえ，△4. 振上り，△5. 二，三種目の連続
跳　躍	1.	各種片(両)足とび
	2.	跳上下（各種姿勢）
	3.	各種腕立跳越し
	4.	単なわとび，複なわとび
転　廻	△1.	各種前転△2.　各種後転△3.　腕立側転
	△4.	腕立前方転廻△5.　走り前宙返り
歩　行	1.	倒立歩行　2.　よつあし歩，走（巧ち性の高いもの）
平　均	1.	片足立（各種姿勢）
	2.	平均立および歩（台上）
	3.	腕立片足旋回
	△4.	腕立水平　△5 倒立
組　立	△1.	肩上水平
	△2.	やぐら倒立
	△3.	ピラミッド

△印は男子のみに適するものを示す。

　しかしこの分類をこのまま単元として取扱うことは，実際問題としては適当でないものもあるので，次のような組方にした。

　懸垂運動は1単元として鉄棒を使用する。

　跳躍運動のうち 2，3 は1単元とし，跳箱を使用して行う。4は縄を使用し1単元とする。

　転廻運動は1単元として，マットを使用して行う。

　歩行は組立運動とくむ。

　平均のうち2は平均台を用い，女子が行う。他は組立とくむようにした。

　組立はスタンツ形式を一括したものと一緒にして1単元とする。

　以上全部の評価の方法を一つの競技の扱いとして1単元とし，これを表にすると次のようになる。

単　元	内　　　　　　　　　　　　　　　　容					
懸　垂	1.懸垂移行　2.け上り　3.ともえ　4.振り上がり　5.二，三種目の連続					
跳　躍	1.跳上下　2.各種腕立跳越し					
転　廻	1.各種前転　2.各種後転　3.腕立側転　4.腕立前方転廻　5.走り前宙返					
平　均	平均立及び歩行					
組　立 その他	組立 { 1.肩上水平　2.やぐら倒立　3.ピラミット	平均 { 1.片足立　2.腕立片足旋廻　3.腕水平　4.倒立	歩行 { 1.倒立歩行　2.よつあし歩　3.走			
なわとび	単なわとび（長　短） 複なわとび（長　短）					
巧技の試合	懸垂　跳躍　平均　転廻					

V 用具と服装

1. 用 具

器械体操は，その器械に全身をゆだねて動作をするので，運動の前に器械を
よく点検整備し，器械を信頼してのびのびと行うようにしなければならない。

（1） 鉄 棒

① バーに弾性があって振動するのがやりよいが，バーが少しでもまわる
のは困る。移動式の鉄棒の場合にはほとんどないが，固定式の場合は事
前に一応点検した方がよい。

② 着地の衝撃を緩和し，事故を防止するために，室外の場合には砂場を
十分やわらかく堀返して置き，室内の場合にはマットを用意する。砂場
には石，釘等の危険物が混入し易いので堀返す時に除去し，マットは敷
合せ目に注意し，破れ目やフェルトのかたまりがないようにする。

③ サビたバーは掌をいため易く，脂のついたバーは滑って握力が不十分
になるので，事前にサンドペーパーをかけて置くようにする。なお，**滑**
らないようにするために，**赭**土の乾いた粉か炭酸マグネシウムの灰を用
意し掌につけて実施するようにするとよい。戸外の低鉄棒には砂場のつ
いていないものが多い。これも砂場があるにこしたことはないが，低鉄
棒の場合にはそのまま実施出来る。

（2） 跳 箱

① 上部の布が破れていると，足先をひっかけたり，指をさしこんだりす
る場合がある。（図2）

図 2   図 3

② 枠を重ねるための四隅の支柱がゆるんでいる場合は，腕をついた場合
ずれて危険である。

③　踏切板は強烈な力が加わるので，釘がゆるむ場合が多い。

④　室内の場合には，踏切板や跳箱がすべったり，移動したりして不安全になり易いので，下に部分的にでもゴム板をはりつけるとよい。なお出し入れの場合，おしたりひきづったりするといたみ易く，結合がしっかりしなくなる原因を作る。踏切板も跳箱もしっかりと持って運ぶべきである。

（3）　平均台

①　台がぐらつかないか。

②　上面やかどがささくれたり，特にすべったりしないか。

③　着地するところに危険なものや不齊地はないか等をしらべる。

④　平均台は倒したり，ほうり出すように置いたりすることがいけない。これが支柱と台との結合点をグラつかせる原因を作る。

（4）　マット

固い床に身体が接触した時に起きる傷害や衝撃を緩和するためにマットが使用される。即ち室内におけるマットは，室外における砂場と同じ役目をするわけである。

①　マットに一番禁物なのは湿気である。雨にかけたり，湿気のあるところに置くと，水分を海綿のように吸いこんで重くなり容易に乾かない。そのうちカビ臭くなり布がもろくなってくる。常に乾燥したところに置き時々大掃除の時の畳のように棒でたたいて，埃を出すようにするとよい。

②　次に大切なことは，裏表をはっきりとして置くこと。新しいうちに印をつけて置くとよい。

③　マットは布が破れる場合より縫目がほころびる場合が多い。畳針を使用して素人にも修理出来るが，早いうち専門家に修理してもらった方が結局得なようである。

④　次にフェルトが1ヵ所にかたより，厚いところと薄いところが出来る場合がある。これも早目に専門家に修理させるのがよい。

⑤　最後に使用後マットをしまう場合，ショートマットはたたみ，ロング

マットは巻いて置く。一番よいのは掛けて置くことである。

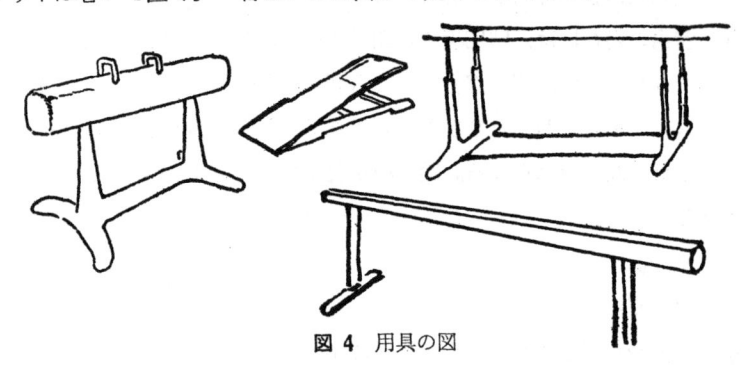

図 4　用具の図

2　服　装

巧技用の特別な服装というものはないが，次のような事項に注意して実施したい。

① なるべくボタンの少いもの。

② 簡単に洗濯出来るもの。

③ 女子の場合もスカート形式なものでなくズボン形式のものがよい。

④ 通学服と区別すること。

⑤ ポケットに物を入れていないこと。（小銭，靴ベラ，ナイフ等を必ず出してから行う。）

⑥ ズボンやパンツはバンドよりゴム紐でとめるものの方がよい。

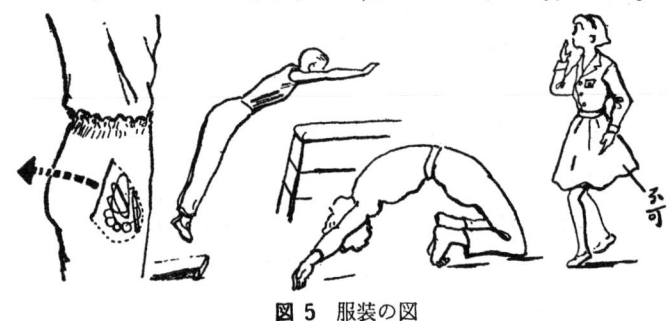

図 5　服装の図

Ⅳ　単元の展開とその方法

単元Ⅰ　鉄　棒　運　動

1　Aコース（初心者……初級程度）

Aコース　学習指導計画案

主　教　材	指　導　の　着　眼　点	4時間30分時間配当	備　　　　考
ふ　り　跳　び	手を離す時期のつかみ方，手を離す時の体の形が成功不成功の鍵となる	30分ずつ回行う	静止の状態から下りる練習からはいり，少しずつ振動を大きくしていく。
脚かけ前後まわり	脚の振動，上体の重さとはずみを利用してまわる。	30分ずつ回行う	鉄棒に近づいてまわろうとせず，遠くをまわるようにする。最初は廻転の終りを補助してもらうようにする。
腕立後ま わ り腕立前ま わ り	前まわりの場合，腕で鉄棒を上下に押し，上体をのりだすようにする。はじめから上体を丸くしないこと。	30分ずつ回行う	最初低鉄棒を利用し側面から幇助してまわる膝をまげて行い，要領がつかめてから膝をのばすようにする。

第1週・第1〜3時限

（1）　本時のねらい

発展性のある正しい振動について研究練習し，その振動を使って振り跳びを行う。

（2）　指導方法

A　指導の進め方

（a）　準備運動

（b）　振り跳び

ただ振動の練習をさせるだけでは興味が乏しいので，振り跳びからはいる。振り跳びで一番問題になるのは，鉄棒から手を離す時期がつかめなくて不安定

な着地をすることである。そこで柔道の練習が先ず受身の会得からはじまるように，鉄棒でも安全な振動と着地からはいることにする。

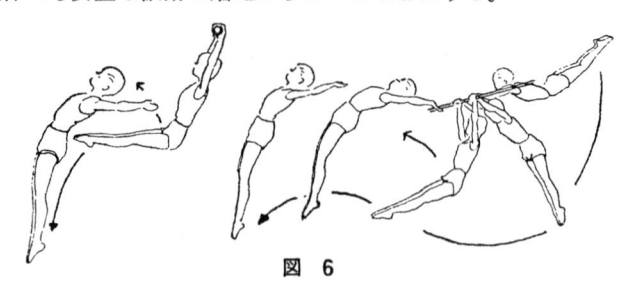

図　6

　鉄棒の真下に立って，順手でバーに懸垂する。次に図6のように両脚をそろえて前に挙げ，体を「くの字型」に屈げるや，次の瞬間腰を伸し下りる。勿論最初は振動は使わないで下りるだけにする。

　これで安全着地の第一段階は出来たわけである。次にごく少し前後に振動をつけ，振りが前に来た時に「くの字」にまげかえる瞬間に腰を伸して下りるのである。もしこの振り跳びで失敗するものがあるとすれば，この振動のかえるのがまてないで手を離した場合である。そこで前に振動された体が，後方に振りかえるその瞬間振動の限界をつかませること，その時に腰をまげのばして下りることを身につけさせることが大切である。

　はじめから大きく振って跳ばせないで，小さい振動から徐々に大きな振動に移るようにさせる。

　はじめのうちは足先の方から先に振動するようになりがちであるが，胴体が中心になって振動がなされなければならないことを知らせる。

　（c）　振り巾跳び

　大体要領のつかめたものは振り巾跳び競争をさせてみる。

　（d）　振り跳び（高さ）

　次は巾でなく高さを要求する。なるべく高く体を浮かせて着地する練習に移懸垂する。

　（e）　後方振り跳び

　普通の前方への振り跳びとは逆の方向に向って立ち，鉄棒に跳ぶ方向が見えないため，始めは恐ろしいような気がするが，安全度はむしろこの方が高い。

振動の仕方は前と同じで，後方への振動の限界に来た時に腰を後上に引きあげるようにして体をくの字形にし，手をつき離し体を伸して下りる。

図　7

（f）　後方振り跳び転向（むきかえ）

　後方に振り跳びながら向きをかえて下りる。後方えの振り跳びの要領が一応のみこめたならば，鉄棒から手を離す時に自分が向きをかえようとする方向に顔をむけながら，先ずその方の手を離し，次の手でバーを突くように離して下りる。はじめは¼ぐらいに向きをかえ，次に他の手を離して下りる。徐々に転向する角度を大きくし180度，即ち前むきになって下りるところまで進む。

B　技能の要点

　①　昔は長懸垂というのが非常に問題にされた。今でも勿論注意しなければならないが，あまりこれにこだわると，肩や胸に力がはいりすぎてよい振動が出来ないので，極端なのは注意するようにし，あまりこだわる必要はない。懸垂した場合の握りの巾がせますぎると，長懸垂になり易い。やはり肩巾がよい。

　②　脚は力を入れずに軽くそろえて足先をのばす。これは見た目が美しいばかりでなく，振動をまとめて有効にするため大切であることを知らせる。脚を揃えないで前後に動かしながらの振動は，上体がよぢれたりしてやりにくいことを実験させてみてもよい。

第2週・第1〜3時限

（1）　本時のねらい

脚掛上りを中心にして，その上り方と前後に廻転する時の要領をつかませる。

（2）　指導の方法

A　指導の進め方

（a）　準備運動

（b）　振りとびを１人回程度軽く行わせる。

（c）　脚懸け上り

図　8

　先ず片脚をまげてかける。かける位置は，懸垂した両腕の間からでもよく外がわでもよい。外がわの場合が多く行われるが，かけた時に体が鉄棒に対して直角の位置にあるように保つことが大切である。次にかけてない方の脚を振って上る。かけない方の脚は膝をなるべく屈げないように足先を遠く通して弧を画くように振るとよい。脚懸上りがスムースに出来ない原因は，この脚をかけた場合の体と鉄棒の関係が悪いことと，かけない方の脚を振らないで腕で上るとするところにある場合が多い。従って幇助してやる場合に背中を押してやらないで，かけてない方の脚をもってあげてやるか，この脚を振ってやった方がよい。なお幇助してやる場合には，実施者がその技を行うのに足りないだけの最少の力をかしてやるようによるのが秘決で，幇助者の力だけであがるようにしてやるような方法は最上のやり方ではない。

　こうしてかけてない方の脚を振ることによって鉄棒の上にあがる要領がつかめたならば，次は，脚を懸けて一旦休んで他の脚を振ってから上る二段の方法をとらず，一度に脚をかけながら上る方法を練習する。即ち懸垂して前後に振動し，振動が前に行った時に腰をまげて両脚を鉄棒に近づけ，脚をわずかに前後に開き，前の脚は鉄棒に懸け，他の脚はそのまま大きくふりかえして上体を鉄棒の上にあげる。

　脚懸上りでバーの上にあることが出来たならば，姿勢をととのえてみる。ただ上ることが出来たということを頂点としないで，美しい余裕のある技を目標にしなければならぬ。

（d）　脚懸け後まわり

脚懸けで鉄棒の上にあがることが出来たならば，そのままの姿勢で後方に転廻してみる。手のもち方は勿論順手である。この後方に転廻する場合にもかけない方の脚を十分に使うことが大切である。先ず腕をのばし，鉄棒の下の砂場（マット）を見るようなつもりでのぞけるように顔から胸をそらせながら，足先を遠くえ通すようなつもりで，後方から前にふる。体が鉄棒の下を通過してあがりかけたならば，腕をまげることによって角速度をはやめ，その勢いで鉄棒の上に上る。出来たら2回連続させてもよい。

（e）　脚懸け前まわり

脚懸けで上った姿勢で，今度は手を逆手にかけた脚をはさむようにもちかえる。要領は前と同じように前にのりだすようにしながら前へまわる。かけてない方の脚は，後上にふりあげるようにする。

（f）　脚懸け上り横下り

脚懸上りから下りる場合は，懸けた方の脚をのばしてはづして，後に下りるか，前まわり，腕立からのふり跳び下り等の下り方があるが，ここでは横下りを実施してみる。

先ず脚懸けで上った姿勢から，懸け方の脚が中央になるように手をもちかえ，且つその手を逆手にもつ。懸けた脚を逆手にもった腕に体重をのせながら他の脚はよこからバーをこえさせて前に下りる。

（g）　中脚懸上り横下り

中脚懸上りと横下りとを結合した運動である。片逆手にもって懸垂し前後に振る。振動が前に行った時，片脚を懸垂した両腕の間をとおして膝をまげてから，他の脚を振りながら懸けた方の脚を逆手にもった方の脚はバーの横から上をこして前方に下りる。

B　技能の要点

①　まわる時のはじめは，腕をのばして頭の位置がなるべく遠くを通るようにし，後半は腕をまげ上体をバーに近づけるようにする。即ち慣性能率を小さくして角速度を大きくする方法をとる。

②　中脚懸け横下りは，中脚懸けで上っ時にはバーを膝の後がわよりも腿の

方に少しずらして体重をのせるようにし，片腕をはなしながら逆手に握った方の腕に体重をかけるようにして下りる。

第3週・第1～3時限

（1）　本時のねらい

腕立後まわりと前まわりの要領を会得させる。

（2）　指導の方法

A　指導の進め方

（a）　準備運動

（b）　既習の脚かけ前まわり，脚かけ後まわり，中脚かけ上り，或は振り跳び等自分のやりよい種目を2種類位各自に練習する。

（c）　腕立後方廻転（うしろまわり）

逆上り，脚かけ等，上り方は何でもよいから鉄棒に腕立懸垂の姿勢をとる。その姿勢から一時腹筋をゆるめて両脚を前にふり，その反動でかえるのを利用して体を僅かに後上にはね上げ，体が鉄棒の上に落ちてくるのを両腕でうけ，そこを軸にして下肢を前にふるようにしながら後方に廻転させる。はじめはまわる時膝をまげるようにする。

体を後にはねあげて落ちてくるはづみを使って後方の廻転力にきりかえるところがカギである。要領がわかったら数回連続して行ってみる。

（d）　腕立前まわり

これは前方廻転よりも要領がつかみにくいが，一度要領がわかると非常に面白い種目で利用範囲も広い。丁度連続技を一つの文章に例えれば助詞に相当するような性質の技である。先ず鉄棒上に腕立懸垂の姿勢をとる。膝を屈げて腿をあげ胴体と直角になるようにする。腕をのばして鉄棒を下に押し上体を上にのばすようにしながら前にまわる。頭が鉄棒の下にくるまでは背柱をなるべくのばすようにはじめから背中を丸くしない。体が鉄棒の下を通過し終ったころから背を丸くして鉄棒の上に上るようにする。

低鉄棒があったらこれで最初練習するとよい。その要領ははじめ腕立懸垂の姿勢から前にまわって下り，両脚の地面をけってまた腕立懸垂になる。のり出

すようにして上体をのばし前にまわり前にまわって上るようにする。前方への廻転力がつかず上れなかったならば，素早く足まで地面を蹴って上るようにする。この動作を繰返すうちに要領がつかめてくる場合が多い。

　腕立前まわりの要領が会得出来ないならば，膝をのばして，くの字型になってまわれるよう練習する。また2.3回連続してまわる練習もしてみる。

B　技能の要点

　①　腕立前まわりの場合

　この運動で陥入り易い欠点は，まわるということにこだわりすぎて，はや目の上体を丸くしてしまうことである。鉄棒にしがみつくようにせず，逆に鉄棒を下に押し上体をのび上らせるようにし，その上体をまかすというよりも斜前下方に落すようにのりだすようにする。その体のつくりが大切である。幇助する場合は，はじめから手をつけず，後半体が鉄棒の上にあがりかけるところを背中を押しあげるうにしてやるとよい。

　②　腕立後方転廻の場合

　体を後上にふりあげその落ちてくる力を握った腕のところでうけ，廻転力にかえるところがカギである。はじめは膝をまげ腿と腹とで角度をつけくの字型になるようにしてまわるとまわり易い。要領がわかったらだんだんと体をのばし廻転ごとに手首をかえすようにする。腹部が鉄棒にふれないようにまわることが出来れば理想的な腕立後方廻転である。

2 Bコース（やや経験ある者……中級程度）

Bコース　学習指導計画案

主　教　材	指 導 の 着 眼 点	4時間30分時間配当	備　　　考
下　り　方	腕に体重をのせる時期 脚に体重をかける時期を確実につかませる。	30分ずつ 3回行う	低鉄棒があったら，これを利用して行うのがよい。側に立って幇助してやる。
背 面 逆 上 り　 肘 立 上 り	①体を鉄棒から離さないで，十分に体をそらせる。 ②体に鉄棒をつけて，鉄棒に対し前腕が垂直になるよう肘をたてる。	30分ずつ 3回行う	①振動を使わないで静かに行う。 ②瞬間的にはづみを利用する。 ③出来ない人は上る前にだけ幇助するようにする。

蹴　上　り	○懸垂して足先を鉄棒のところまでもっていけるだけの腹筋力を養う。 ○ける時期と方向を会得せよ。	30分ずつ3回行う	け上りを出来なくしている欠点をみつけてやる。 ける時期に腰を支えて幇助してやる。

第1週・第1～3時限

（1）　本時のねらい

　腕立懸垂の姿勢からの下り方のうちバーを跳んで下る方法と，バーを跳越して下りる方法の要領をつかむ。特に腕に体重をしっかりのせて体を処理する時の感覚をつかませる。

（2）　指導の方法

A　指導の進め方

（a）　準備運動

（b）　懸垂振跳びを各目2，3回楽な気持で行わせる次に腕立後方廻転と腕立前転を同じく3回実施する。

（c）　踏み越し下り

　①　鉄棒に足裏をかけ，鉄棒をふむようにして越えて前方に下りる方法である。腕立懸垂の姿勢から足の蹠あしうらをバーにのせ，その足と反対側の腕とに体重をかけ，片腕をはなし，他の脚を引きあげてバーを越して下りる。

　②　今度は足裏をかけることを両腕の外側にしないで，両腕の間に足を踏んで下りてみる。即ち腕立懸垂の姿勢から，片膝をまげて両手の間のバーに足をのせ，それに体重をかけて両手を離し，踏み越して下りる。

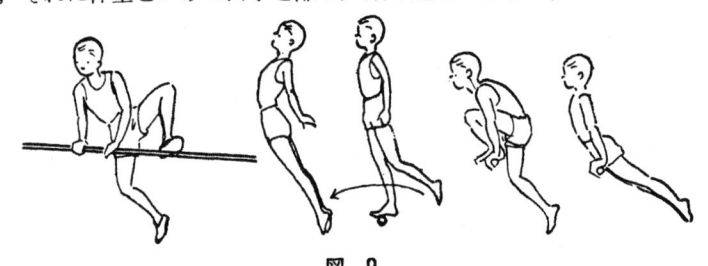

図　9

（d）　よことび越し下り

腕立懸垂の姿勢から瞬間的に腹筋をゆるめて両脚を前にふり，その反動を利用して後上に片腕に体重をのせて，腰を折りながら両脚をそろえてよこにまげバーを越して下りる。

（ｅ）　腕立懸垂から背面腕立懸垂（腰かけ姿勢）

腕立懸垂の姿勢をとる。片脚を半旋廻して前にかけ，反対側から他の脚をまわして腰かけ姿勢になる。

（ｆ）　背面腕立懸垂（腰かけ姿勢）から両脚半旋廻後下り。腰かけ姿勢をとる。

脚をあげて軽いＶ字型を作りながら片腕に体重をのせ，向きをかえて後に下りる。

（ｇ）　背面腕立懸垂から正面腕立懸垂

背面の腕立懸垂の姿勢をとる。その姿勢から右又は左に体重を移しながら片腕をはなしむきをかえる。

Ｂ　技能の要点

①　踏み越し下りの際蹠をかける位置は，土ふまずよりも親ゆびに近い方がよい。

②　腕立懸垂から腰かけ姿勢になる場合には，膝をのばしなるべく深くかけるようにする。

第２週・第１〜３時限

（１）　本時のねらい

背面逆上り肘立上りを中心に練習。二つの内どちらか一つは確実に要領をつかませ，他一つは7,8分位までもっていきたい。

（２）　指導の進め方

（ａ）　準備運動

（ｂ）　既習教材のうち，前後のふりとび，腕前まわり，後まわり，中脚かけ上りの中から種をえらび各人で2乃至3回行う。

（ｃ）　背面逆上り

鉄棒に順手で懸垂し，両腕の中へ両脚を通す。鉄棒に脚のうらがわ（三頭股

筋のところ）がふれるようにしながら体をのばし逆懸垂の姿勢になる。そこで体を十分にそらせながら徐々に体をひきがけて，鉄棒に背懸垂の姿勢をとるようにする。逆懸垂になって体をひきあげる腕の力と後方への柔軟さがあれば出来る種目である。

図　10

（c）　肘立てあがり

順手で懸垂する。腕を深くまげて体を引きあげる。ひきあげたところで図11のように片肘をたて上から掌で鉄棒をおさえるように懸垂する。この時体重はほとんどこのたてた方の肘にかかっている。次に頭と胸を鉄棒にかぶせるようにしながら，他の肘もたて体をバーの上に引きあげ腕をのばして腕立懸垂の姿勢になる。

図　11

B　技能の要点と幇助

①　背面逆上りは一名背すり上りという名前がある位の技で，鉄棒から体を離さないことが大切である。次に体を十分反らせることになって，重心は已に鉄棒のこちらがわに来ているわけで，要するに十分体をそらせることが出来るということがポイントの一つである。

逆懸垂から徐々に体をひきあげる途中で鉄棒から体が離れてしまうと失敗する。尻が鉄棒をこえると下肢の方に重心が移って下肢がさがり，上体があがっ

て腕立背面懸垂の姿勢になる。要点は体を十分にそらせること，バーから体を離さないことになる。

②　肘立上りは，懸垂から腕を深くまげて体を上に引きあげる。間を置かないで一気に肘をたてることが大切である。

③　幇助の時期と方法

背面背上りの場合には，尻がバーを越える時バーから離れないように脚の方をおさえてやるとよい。またバーを中心にして体がブリッヂに反った場合，足の方を両手でおさえてやることは，はじめて背面逆上りをやる者にはよい幇助法である。

肘立上りの場合は，腕をまげて肘をたてる瞬間に下から両脚をもって上に押しあげるようにしてやるとよい。

第3週・第1～3時間

（1）　本時のねらい

蹴上りに必要な要素を挙げて部分的に練習し，それを総合して蹴上りの要領をつかませる。

（2）　指導の方法

A　指導の進め方

（a）　準備運動

（b）　振り跳びと脚懸上りを2，3回ずつ各目で行う。

（c）　補助運動

①　マットによる練習

先ずマットに臥仰する。両脚をそろえて上に挙げ，腰を深くまげて膝が顔の上にくるまでまげる。次に急に腰をのばして両脚を上方に蹴る。その際脚はまげないよう

図　12

にする。この上方への蹴りによって背中がマットから浮くが，蹴る要領と方向はよいわけである。

②　懸垂跳び上り

低鉄棒を使用して行う。先ず懸垂立の姿勢で立ち，跳び上って腕立懸垂の姿勢になる。この運動を行うのであるが，跳上る時の足の位置をだんだん鉄棒の前方の方にもっていくようにする。

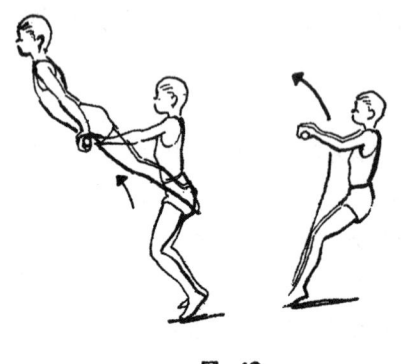

図　13

③　足を支持蹴上り

これも低鉄棒がよい。図13のように鉄棒から位離して跳箱を縦に置く。両腕で鉄棒をもち両足を跳箱にかけ蹴って上る。

（d）①　蹴上り

大体以上のような補助運動で基礎的な運動と要領を身につけたならば蹴上りを実施してみる。低鉄棒があったならばこれを利用するのがよいだろう。鉄棒に両手をかけて立つ（懸垂立）。腕を伸したまま懸垂しながら前に歩くようにし，体がのびきって後に引きもどされようとする時に，両足を鉄棒に近づけ上方に蹴って上る。幇助する場合は蹴った瞬間に腰を支えて鉄棒の上に体をのせてやるようにするのがよい。

②　高鉄棒に懸垂して前後に振る。振動が前に行った時に腰をまげて足を鉄棒に近づけ，振動がかえる時期をつかまえて上方に蹴って上る。

B　技能の要点

蹴上りの運動は鉄棒運動の最も代表的な技の一つであり，また基礎的な技でもある。鉄棒運動にかぎらず巧技の運動は特に段階的に系統的に煉瓦をつむように練習すべきであるといわれる。しかしその段階の高さは必ずしも一様ではない。ごく低く非常に上り易い段もあれば，同じ一段でもかなり上りにくい高い段もある。この蹴上りは階段にすればかなり高い，上りにくいその一段かも知れない。けれどもこの蹴上りが出来るようになると興味もわくし，いろいろ応用範囲も広く発展性がある。

従ってこの蹴上りが出来るかどうかということは，鉄棒運動が好きになるか

ならないかの別れ目であるといっても過言ではない。たしかに蹴上りが出来るようになると鉄棒運動も面白くなってくるのである。蹴上りはそう力のいる技ではない。しかし最少限度懸垂して腰をまげ，足先または足首を鉄棒のところまで近づけ得るだけの腹筋力は必要である。これが出来なければ如何に要領がのみこめても出来ない。あとはタイミングの問題である。そのタイミングとは懸垂して振動し前方に体がふれ，その前振の限界点で腰をまげ，足首をバーに近づけ，振れがかえる瞬間をつかんで上方に蹴るのである。

　蹴上りは脚懸けや中抜き下りと同じ系統の運動である。即ち腰をまげ足を鉄棒に近づけて蹴る時に，両脚の間にバーを入れたのが蹴上りで，両脚をそろえてこちらがわに抜いたのが中抜下り，向がわにそろえたのがこの蹴上りである。従って脚かけから脚を伸したまま入れる中腿かけ上りをよく練習することは蹴上りへの近道ということになる。

3　Cコース（経験者……上級程度）

Cコース　学習指導計画案

主　教　材	指　導　の　着　眼			備　　考
A，Bコースで行った既習	教材の復習　既習教材の中から自分の出来る得意な技を選び，これを準備運動的に実施し，次にBコースまでに完成しなかったものや不得のグループごとに集って練習する。 　どこが悪いから出来ないかを考えさせる。 　どの技を練習すれば今実施している技が出来るようになるかを指示してやる。			
個々の技を結合して一連の技を作る。	結合して連続させようという個々の技がよくマスターされていなければならない。 　前の技の終りが，次の技の始めになるような連続の仕方がよい。			簡単な結合の例を教師又は出来るものが示してやるとよい。 　前もって図解や，スライド等で示してやることが出来ればなおよい。

第1週・第1〜3時限

（1）　本時のねらい

本時は，いままで練習して来た技のうち，まだ完全に要領をマスターしていない技及び不得手な練習不十分なものを選んで，これを主として補う練習をする。お互いに幇助し合い指導し合って練習する。

（2）　指導の方法

A　指導の進め方

（a）　準備運動

（b）　既習教材を挙げその教材に対し練習しようとする者が集合してグループを作り練習を行う。

振り跳び，腕立後まわり，腕立前まわり，脚かけ上り，踏みこし下り，とび越しよこ下り，背面逆上り，腕立懸垂，背面腕立懸垂

B　技能の要点

自分の未完成の技或は不得手な技の練習する時には，自分は何故この技が出来ないか，その原因を先ずつきとめることが大切である。その方法は，その技をやってみて指導者か，或は既にこの技をマスターした人に見てもらうことである。そしてタイミングのズレであるとか腹筋の弱さにあるとかの原因がはっきりしたら，その弱点を補う練習をするのが手順である。

もう一つの方法は，この技を完成させるためにはその前に何を練習したらよいかを考える事である。例えば不案内の土地を歩いて道がわからなくなったら，わかっていたところまでもどってそこからもう一度出直すようにするのに似ている。系統的に考えて練習することである。

また，人の技の幇助をしてやることもその技の要領をつかむ一つの方法である。どういう時にどうしたらよいかということは，案外の技をみて目から要領をつかむ場合が多い。

第2週・第1～3時限

（1）　本時のねらい

今までマスターした既習教材を結合して一連の技を作る。即ち技の結合の仕方の要領を会得する。

（2）　指導の方法

A　指導の進め方

（a）　準備運動

（b）　今まで各人が練習した技のうち，得意なもの，或は十分に要領の体得出来た技を自由に 2，3 回練習してみる。

（c）　簡単な技の結合の例を教師又は出来る者によって 2，3 例を示し要領を説明する。

（d）　各人の出来る技を 2 ないし 3 を挙げさせ，その技をどういう順序でならべたらよいかを考えさせる。

（e）　自由に練習させ，その間欠点や結合の良否を指示，指導する。

B　注意事項

（a）　指導者は簡単な連続技 2，3 の例を用意しておき，それをそのまま実施させてもよい。

（b）　能力のある生徒には自分で選び自分で結合させる。

（c）　前の技の終りが，次の技の始りになるような結合方法を知らせる。

図14　連続技の例

単元Ⅱ　転　廻　運　動

1.　転廻運動のねらいと分類

　ころがるという運動は，子供の時から生活内容の一つとして，芝生，砂浜，畳，マットの上などで誰が教える ともなく嬉々として 行われて来た運動である。

　それを運動量，練習順序，難易の度等によって系統だて，一層興味的にし，練習の範囲や発展の領域をひろめ，しかも教育目的をもたせたものが転廻運動である。

　重心移動に脚がついていけなくなった場合，われわれはころぶか倒れるかしなければならない。倒れることは体 が 直 線的に地面や床と衝突することであり，ころがるという動他は，衝突する力の方向を次々とかえて，円運動的にして衝撃を少くする運動である。したがって怪我はころんだ時より倒れた場合にするものである。さて，われわれは日常生活でも又スポーツをやる時でもころぶことがある。特にラグビー，サッカー，バスケット等の球技にはころぶことが多い。何れの場合も怪我をしないように上手にころぶ，ころんでもすぐ起きて次の動作に移れるような体のこなしは大切なことである。そうした面から転廻運動は安全教育の基礎的な一面になっていることになる。要するによく利く器用な体の養成ということが大きな狙いとなってくる。

　以上の内容をまとめてみる。

　①　身体活動中スピード，距離，時間力の加減等に対する判断が正しくなる
　②　外部よりの刺戟に対して身体的処置の反応が敏速になる。
　③　目と腕脚の協応性がよくつくようになる。
　④　平衡感覚が訓練され，ボディコントロールがよくとれるようになる。
　⑤　めまいのしない生徒をつくる。

2.　転廻運動の分類

　ころがることが主である転廻運動を行うために，われわれはいろいろな形を

とって数多い転廻運動を行うが，本書ではこれを次のように分類し，中学高校で行う運動の系統とその難易の程度をつみたいと思う。（太字は中高校で行うのに適当であるとし，本書でとり上げたもの）

（1）　胴体をマットにつけて転廻する運動

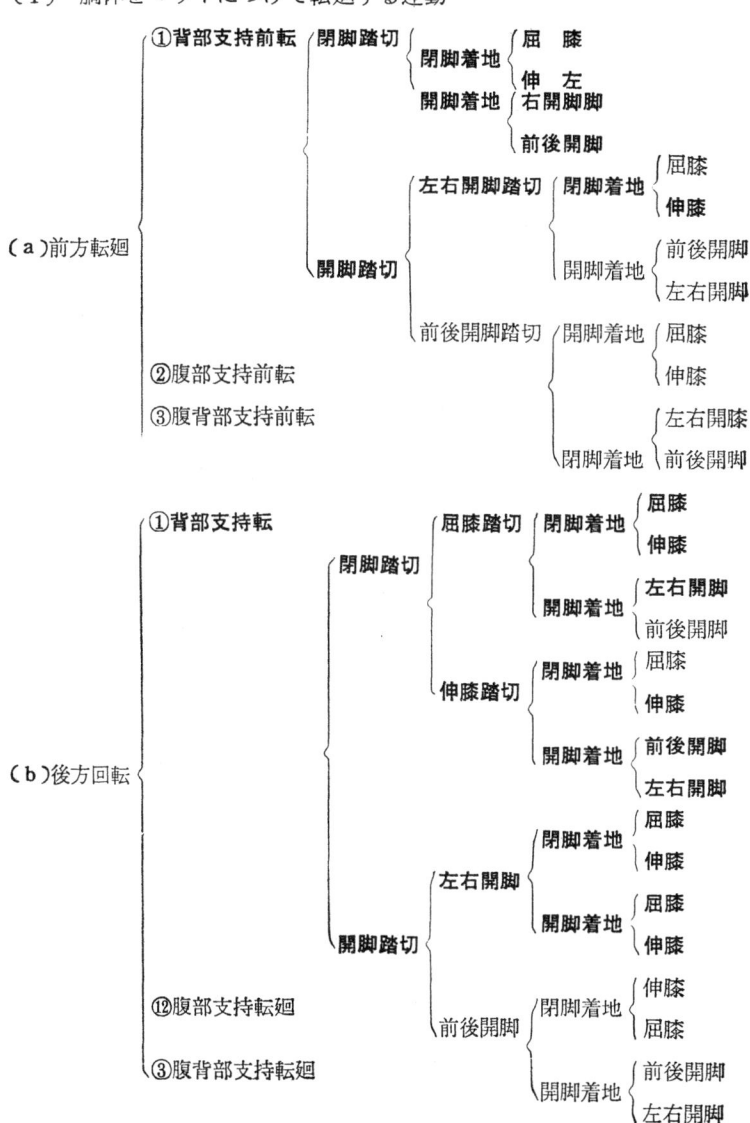

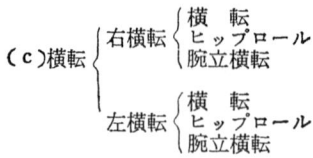

（c）横転
- 右横転
  - 横　転
  - ヒップロール
  - 腕立横転
- 左横転
  - 横　転
  - ヒップロール
  - 腕立横転

（2）　手と足をマットにつけて転廻する運動

（a）前方腕立転廻
- ネックスタンド
  - 片足着地
    - 片腿着地
    - 両足着地
  - 両足踏切
    - 片足踏切
    - 両足着地
- ヘッドスタンド
  - 片足踏切
    - 片足着地
    - 両足着地
  - 両足踏切
    - 片足着地
    - 両足着地
- ハンドスプリング
  - 両手
    - 平行
      - 片足踏切
        - 片足着地
        - 両足着地
      - 両足踏切
        - 片足着地
        - 両足着地
  - 片手
    - 右手
    - 左手
      - 片足着地
      - 両足着地

（b）側方腕立転廻
- 左方側転
  - 閉脚踏切
    - 閉脚着地
    - 開脚着地
  - 開脚踏切
    - 閉脚着地
    - 開脚着地
- 右方側転
  - 閉脚踏切
    - 閉脚着地
    - 開脚着地
  - 開脚着地
    - 閉脚着地
    - 開脚着地

（c）後方腕立転
- 片脚踏切
  - 片足着地
  - 両足着地
- 両足踏切
  - 片足着地
  - 両足着地

（3）　宙返り，空中で転廻する運動

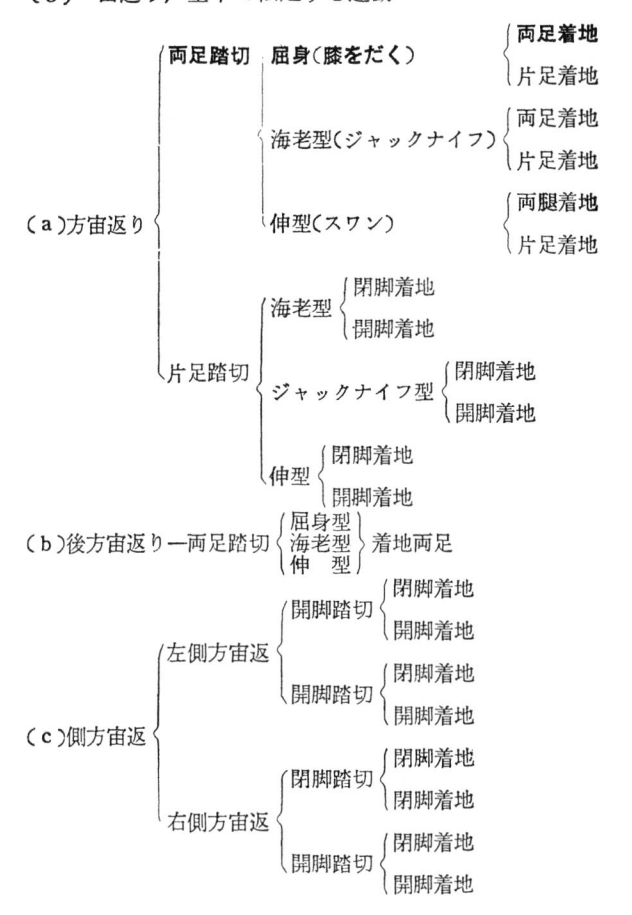

転廻運動の学習指導計画案（女子は側転まで5時間）

主　教　材	指　導　の　着　眼	8時間配当	備　　考
前転後転と跳上りの結合	うさぎ跳びの練習からはいる。 スピードに変化をつけてまわる。手をつく位置を足に近づけたり，離したりしてみる。 前転と跳上りと結合する場合には，前転の終りに静止することなく，前転の終りが跳び上りのはじめになるような要領がよい。	1	

開脚前転，閉脚伸膝後転，伸膝前転	開脚で前転，後転を行う場合には膝をのばして脚を十分に開くことが大切である。 伸膝後転の場合，はじめは開脚でまわり，だんだん脚をせまくして閉脚にまでもっていくようにする。 伸膝前転，片脚だけまげての前転からはいるとよい。	1	起きあがる時に腰を押してやるか，前から手を引いてやる。
跳込み前転	前転を発展させる。足から手に体重を移して前転に移る。先ず両手で第一の衝げきをうけ後頭部背中へと流していくようにする。	1	はじめはロールマットをこせる。伏臥した人体をこさせる。障害物をだんだんと高くする。
倒立前転	倒立のバランスを前方にくずしながら肘をまげ，頭を入れ，背中をまるくし，前転に移る。	1	3人1組となり左右から幇助して行う。
側転 側転と前転，後転の結合	頭の上に腰をもってくるようにする側転，前転，後転の3つをいろいろ前後に組合せて実施する	1	マットをよこから手だけついて越すようにする練習からはいる
ヘッドスタンドネックスタンド	はねる時期をつかませる。時期がつかめたら思いきり体をそらせる。	1	ロールマットか跳箱にマットをかぶせたものを用いる。
ハンドスプリング(腕立前転廻)	腕をマットにつけた時に胴体の延長線上に腕があるようにする。十分に体をそらせること。前方に突くようにすること。	1	幇助によるスキップから倒立の練習を先ずするとよい。
前返り	手をマットにつかないで行う前転を発展させる。踏切りは前方にとばないで後上にとび上るつもりで踏切る。空中では頭を前にまげ背をまるみて体をまきこむようにする。	1	ロールマットか低い跳箱にマットをかぶせて行う。幇助は自信が出来るまでやってやる。

第 1 時 限

(1)　本時のねらい

　前転，後転の動作中の欠点を除去し，正しい要領をつかみ，それを跳上りの動作を結合させる。

(2)　指導の方法

A　指導の進め方

（a）　準備運動

（d）　用具配置

（c）　うさぎ跳び

　マットを縦に使って，大体1人3回位，うさぎ跳びを行う。うさぎ跳びは腕を肩巾に開いてつき，その腕に一時体重を全部かけて，両足を後上にはねる。次に両脚をついて両腕を前方に出して同様な動作を繰返えして前方に進む。この運動は勿論転廻運動ではないが，転廻運動に必要な重心の移動の基本的な動作が含まれているので，補助運動として行ったのである。即ち足で蹴って跳んで両腕でうけるところが大切である。はじめからあまり距離や高さを跳ぶと両腕が体重にたえきれずつぶれてしまうので，はじめは手をついてから，両脚をはねあげるようにした方がよい。

（b）　前　転

　連続してこれも1人3回位順番がまわってくる位まで行う。はじめはゆっくり，なれたらスピードを出してまわってみる。

（e）　前転跳上り

　前転がスムースに出来るようになったならば，跳上りを結合してみる。即ち前転の終りに体重が足にかかったならば，すぐ上方に高く跳びあがる。腕は上方にふり上げた方がよい。着地と同時にまた前転に移る。これを交互に行う。前転の終りが跳上りの始になるように，きれぎれにならぬように行うのがよい。

（f）　後　転

　後転は前転ほどよろこんで実施されないので下手な者が多い。前転と同様大切なので敬遠しないように練習させたい。出来ない人は後転に移る際に顎を出し体をそらせてしまうからで，自分の腹，バンドのあたりをみさせるようにすると頭も背も丸くなる。次は手のとり方の問題であるが，ただまわるだけなら手の甲をつくようにしても横にしてもまわることはまわるが，これでは発展性がない。そこで肘をまげて掌を上にむけ耳のところにもってくるようにしてかまえた姿勢から，後転に移るようにするとよい。これも1回ごとに体力がのびてしまわないように腿を胸によく引きつけるようにして後転する。

（g）　後転跳上り

後転の終りに上方に跳り上る。結合方法は前転跳上りの場合と同じである。

（ｈ）　後転と前転の結合

前転の動作が終って立ち上りかける時に180°むきをかえて後転に移る。向きをかえる場合には片脚に重心をのせて爪先でまわるようにしてもよく，脚を図15のように交叉して踵を挙げながらまわるようにしてもよい。

図　15

B　技能の要点

①　うさぎ跳びによって，腕に体重をのせること。脚だけで支えていた体重を一旦腕にきりかえる動作をしっかり身につけさせる。

②　前転の基本が出来ているかどうかをたしかめると同時に転廻になれさせる。

③　前転の時，手のつき方は肩巾につき，中指が平行になるようにする。従って掌も平行になる。足のすぐそばに手をつかず20〜30m位はなすのがよい。先ず両手で支え頭を前にまげ，後頭部をマットにつける。ここまではゆるやかに，その後ははやく脚を胸にまきこむようにスピードをつけてまわる。

④　後転の時，手の甲でマットを支えるものが何人かいるが，掌を上向にして頭の近くで掌でマットを支えるようにする。

第　2　時　限

（1）　本時のねらい

前時間にひきつづき，前転，後転を発展させ，開脚，閉脚等で行う要領を体得させる。

（2）　指導の方法

A　指導の進め方

（a）　準備運動

（b）　マットを用意する。

（c）　前運，後転，前転跳上りを各人で一通り行わせる。その間に欠点の矯正や要領会得の不十分なものを指導する。

（d）　開脚後転

マットにしゃがみ両腕をまげて耳のところにとり，掌を上に向け，指は後方に向けるようにする。首を前にまげて自分の腹をみるようにしながら，尻をマットにつけ，背をまるめて後転に移る。脚が上に来た時，大きく左右に開いて足をマットにつけ手でマットを押して顔を起す。

次に尻をマットにつき，つづいて後転に移る。開脚のまま後転をつづけてもよく，一旦閉脚になりマットに足がつく時に開脚に移るようにしてもよい。膝を屈げないで出来るだけ脚をひらく。

（e）　伸膝後転（ひざのばし後転まわり）

前と同様な要領で脚をとぢたまま膝をのばして後方にまわる。はじめは膝をまげてまわり，後転の終りマットに足がつくすぐ前に膝をのばすようにする。これが出来たならば立った姿勢から体を前に深くまげ，腕を後ななめに伸し，手でマットをおさえるようにしながら膝を伸ばしたまま腰を下し後転に移る。

（f）　開脚前転

①　マットにに出来るだけ脚を側に広く開いて立ち，手を前につき前転を行う。腿のつけねに出来るだけ近く手をつき尻をあげ，もとの開脚姿勢になる。

②　しゃがんだ姿勢で前に手をつき前転に移る。前転の終りに出来るだけ広く脚を開き，体に近く手をついて尻をあげ，開脚姿勢になる。その姿勢から前転に移り，一旦脚がマットを離れたところで閉脚になり，マットにつく時にまた開脚になる。手を体前につかずに起きることが出来る者は手を使わずに行ってみる。

股関節の可動性を大きくすることも考えてゆっくり十分に行ってみる。

（g）　伸膝前転（ひざのばし前まわり）

①　伸膝後転は割合楽に出来るようになるが，前転を出来る人は尠い。そこで本時は大部分片脚だけの伸膝前転の要領がつかめたら可とする。

最初普通の前転の要領ではいり，終りに片脚の膝だけ伸ばして立つ。他の膝をまげた方の脚も少しずつ伸ばすようにする。そのためには前転の終りにスピードをつけることが大切になってくる。

② 図16のように跳箱の上部或はマットの一方を高くして伸膝前転を行うとたやすく出来る。この方法で徐々に要領をつかむ。

B　技能の要点

図 16

① 開脚前転では膝をのばして脚を十分に広く開くこと，閉脚，伸膝の前転では前転よりも後半にスピードをつけ，その勢を利用することが大切である。

② 幇助する場合，開脚の場合は前に居って前転の終りに手を握って引いて腰をあげてもよし，側面から腰に手を当て押してやるのもよい。開脚の伸膝前転の場合は，腰を押し上げるようにしてやる。

第 3 時 限

（1）本時のねらい

前転を徐々に発展させ，能力に応じたスケールの跳び込み前転を行う。

（2）指導の方法

A　指導の進め方

（a）準備運動

（b）マットの用意

（c）前転，後転，前転跳び上り，後転跳び上り等の既習教材を準備運動の延長として実施する。

（d）① 両手をなるべく遠くについて前転を行う。即ち，先ず手をつき両足でけって両腕に体重をのせ，頭を入れて前転に移る。

② 同じような要領で障碍物を越して前転する。障碍物はマットを小さくまるめても，またお互が伏

図17　この姿勢から両
　　　脚で前転に移る。

臥の姿勢をとるようにしてもよい。

図　18

③　障碍物を少しずつ高くする。例えば人が障碍物になっている場合は腕立伏臥に，ロールマットの場合はそのまき方を徐々に大きくする。

④　障碍物が大きくなるつれて，2，3歩軽く走ってから跳び込み前転を行うようにする。

⑤　次は少し距離を跳ぶ練習をする。伏臥の姿勢（はらばい）を2人にし，4〜5m位助走する。4〜5人位迄跳ぶことが出来ればよい。

B　技能の要点と注意

①　跳込み前転で陥り易い欠点は，高く跳んだり，距離を跳んだりする場合，恐怖のため早く体をまるくし背中から投げられたようになることである。この欠点をなくするためには，先ずしっかり両手で受けて第一の衝撃をゆるめ，ついで後頭部，背中，腰，踵の順にマットに触れていくことが大切である。

②　興味と競争心にあおられ，実力以上の高さや距離を跳ぼうとするものが出てくることも考えられるが，陸上競技のように高さや距離を競う競技ではないので，美しいフォームで余裕のあるのびのびした動作をするところに重点を置くことを知らせなければならない。

従って距離は実施者の身長か，腕を上挙した場合の指先から足先までの長さ，高さは腰か腹ぐらいの高さを跳ぶことが出来ればよい。

第　4　時　限

（1）　本時のねらい

倒立前転の要領を体得する。特に倒立（経過）からスムースに前転に移るところに重点を置く。

（2）　指導の方法

A　指導の進め方

（a）　準備運動

（b）　マットを用意し，前転，後転，前転跳上りを2，3回ずつ行う。

（c）　3人ずつ組み，向き合う。1人は倒立し他の1人は脚をもって幇助してやる。もう1人は倒立した場合の姿勢を矯正してやる。（手のつき方体重ののせ方等につき）交代して，1人3回位ずつ行う。

図19　倒立前転

（d）　3人組倒立前転

　1人は縦のマットで倒立する。他の2人は両わきから両手で足をもって幇助してやる。倒立をすることが出来たならば，実施者に先ず腕をまげ顎を引き後頭をマットにつける。次に背中，腰，踵の順にマットにつける。この倒立前転を2回ないし3回つづけて行い交代して行う。幇助する両者は足首を握り，上にもちあげるような感じで支えてやる。倒立は最初片足踏切りで倒立し，なれたら両脚同時にふみ切ってやってみる。要領がつかめたら幇助は1人にして実施する。だんだん幇助を少くし遂に1人で実施出来るところまでもっていく。

B　技能の要点

　倒立し，そのバランスが前方にくづれる瞬間に腕をまげ，後頭部，背中をマットにふれて前転していく。この順序を間違えないこと，倒立のバランスが前方にくずれると，体をまるくして前転するタイミングを合せることがスムースな倒立転廻の要領である。なお，出来た者には倒立前転跳上りを実施させる。即ち，倒立前転の終りに上方に跳躍するのである。

第　5　時　限

（1）　本時のねらい

最初に側転を練習し，次に，前転，後転，側転を結合して練習する。

（2）　指導の方法

（a）　準備運動

（b）　マットを用意する。

（c）　前転，後転，うさぎ跳び，伸膝後転，開脚前転，倒立前転の練習。

（d）　側転を実施させ能力別にA，B，Cの3班に分けて，班別練習。

A 班

①　マットを横に使う。マットの横の立ち，マットに腕だけついて越す練習をする。

②　地上または床の上に直径2m位の円を各人ごとに画く。円の内側の立ち，

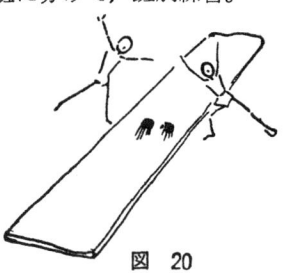

図　20

図21のように円周上に手と足がつくように転廻する。要領が会得出来たら徐々に円を大きく弧にして方法をとる。

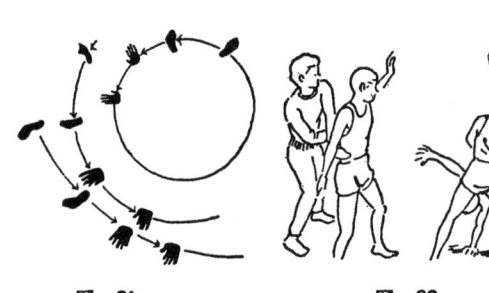

図　21　　　　　　図　22

B 班

①　2人組側転を実施する。先ず実施する人の背後に立ち，図22のように腰を支持してやり，両腕がマットについた時に腰の位置が頭の上にくるように補助してやる。

②　4人で2本ずつの紐をもち，その紐の中を脚がさわられるように側転する。紐の間は，はじめはマットの巾とし，だんだん狭くまっすぐに側転出来るようにする。

C 班

腕脚をしっかり伸し，はずみのついたスピードのある側転が出来るように練習する。右からも左からも練習してみる。

（e）　技を結合して連続技として行う練習

転廻の要領がつかめたものから実施してみる。結合して行う種目は，既習の前廻，側転，後転，倒立前転ぐらいが適当であろう。

例1，　前転，側転，後転

前転して立ちあがる時に片脚を前に出して側転を行い，側転の終りに¼向きをかえ，助走して来た方向にむいて両脚をつきその姿勢から後転に移る。

例2，　後転，側転，前転

後転の終りに前後開脚となる。¼向きをかえて横むきとなり，側転を行う。側転の終りに再び¼向きをかえてもとの方向にむき前転を行う。

例3，　側転，後転，前転

最初側転して¼向きをかえ後転に移る。後転の終りに½向きをかえて前転を行う。その他，倒立前転も交えて各自がやりよいように組合せて実施する。

第　6　時　限

（1）　本時のねらい

既習教材の復習をしながら前転の発展として，ネックスタンドとヘッドスタンドの要領を会得する。

（2）　指導の方法

（a）　準備運動

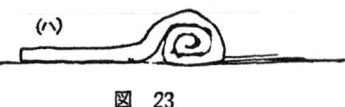

（b）　マットの準備

最初は2ないし4のマットを平行にしき，既習教材の練習を行う。次に低い跳箱に図23のようにマットをかぶせるか，

図　23

ロールマットにもう1枚マットをかぶせる。或は最下図（ハ）のようなまき方をする。

（c）　既習教材の練習

①　ロングマットを縦に 3〜4 枚敷き，既習教材のうち前転，倒立前転，後転伸膝後転，側転等を一通り復習する。

②　次にロールマットになおす。（図解参照）

③　ロールマットのところに 3 人ずつ幇助者がつく。この幇助者はグループのリーダー或はネックスタンドの出来るものがあったらそれをつけるとよい。先ず実施者はロールマット（または跳箱にマットをかぶせた）の前に立ち，両手をその上につき，頭を前屈して後頭部から首のところをマットにつけ前転に移る。前転の終りに，（そのまま前転をつづければ尻からマットに落ちるわけであるが）逆に急に体をそらせ，同時についた手でマットを押すようにして柔かく着地する。幇助者は側面から実施者の手首と腰に手を当ててやるとよい。

〔注意〕　陥り易い欠点

はねかえることが出来ないで，ただ前転だけで終るもの。この生徒達は仰臥で脚をあげた姿勢，即ち頭が下で脚の位置が上の場合の状態で，急に腰をのばしてはねかえるという動作の感覚がつかめない状態にあるわけである。そこでこれ等の生徒には先ず平なマットに仰臥させ，腰をまげて脚をあげ，膝が顎のあたりに来るようにまげ，上に蹴ってマットから背中を浮かす練習をする。そして体自体で**ハネル**という動作の感じをつかませる。これが出来たものからまたもとのロールマットに帰って行うとよい。

体をのばす時期がはやすぎるものと遅すぎるものがある。これが大体一番多い欠点になる。はやく反りすぎるものはロールマットの上に背から落ちる，もっとはやすぎるともとにもどってしまう結果になる。

反るのが遅い場合は，足から

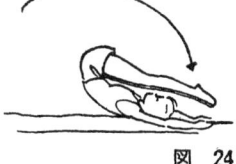

図 24

着地出来ないで腰や尻から落ちることになる。こうした生徒達には反る瞬間を幇助者が合図し，実施者に知らしてやるのがよい。例えば前者の終り，そるのに丁度よい時機をとらえて「イマ」とか「ヨシ」とかいってやるのである。

④　要領がわかり実施出来るようになったものは，2,3 歩軽くはしり逐次ロールマットを低くして実施し平らなマットでも出来るようにする。

⑤　ネックスタンドも要領は殆んど同じなので，ネックでもヘッドでも生徒の好むものからはいらせたらよい。ネックスタンドの要領はマットについた両手の間のわずか前方に額には頭上をつき，両足で踏切り，胴体と脚がくの字に

なるように腰をまげる。そのまま前方に体を倒し，そのバランスの崩れる**瞬間**急に蹴って体を大きくそらせて着地する。陥り易い欠点，その他はネックスタンドは同じである。

第 7 時 限

（1） 本時のねらい

今まで練習した技術を綜合的に生かして腕立前方転廻の要領を会得する。

（2） 指導の方法

（a） 準備運動

（b） 前転跳上り，側転，ヘッドスタンド，ネックスタンドを2,3回ずつ練習する。

（c） 補助練習

① スキップして両腕を上にふりあげる練習。1, 2歩いて片足で小さくホップし両腕を前から上にふりながら他の脚を前にふりあげる。

② スキップから倒立に移る練習をする。2人組むか或は，はめ板，肋木等に向ってスキップから倒立に移る練習をする。肩を十分に入れて体をそらせて倒立する。

図 25

③ 次に①②と同様な要領でスキップし，ロールマットまたは跳箱に背をもたせかけて前転する。手は支持するものになるべく近くつき肘をのばす。

④ 腰ぐらいの同じ高さの跳箱を2台縦にならべ，その上を2,3歩あるき，前端に手をつき前転する。幇助はこれを両わきから背を支持してやる。

（d） 練習

以上の練習で一応の要領がわかったから，たいらなマットで実施してみる。やはりはじめは補助してもらうとよい。腕をつく時，胴体の線に腕をしっかりのばすこと，体を十分そらせることはいつもこの運動で心がけねばならぬことである。

第　8　時　限

（1）　本時のねらい

既習の前転を徐々に無理なく発展させて前宙返りまでもっていく。

（2）　指導の方法

A　指導の進め方

（a）　準備運動

（b）　前転，後転，側転，跳込み前転等
を2．3回行う。

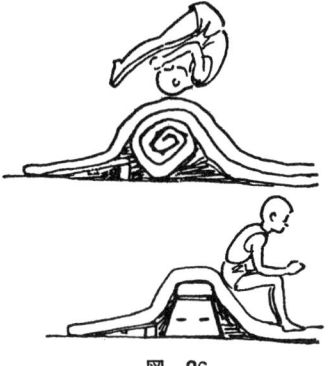

（c）　宙返りを実施するため，図26のよ
うにネックスタンド，ヘッドスタンドの場
合と同じように器具を配置する。

　高さは膝から腰ぐらいの高さがよい。

図　26

　（d）　跳箱に向かって 5〜6 歩あるき，両足で軽く踏切り，手をマットにつ
かずに前転する。即ち両足で軽く跳躍するや，腰の位置を高くとり頭を深く前
にまげ，後頭部か，うなじをマットにつけ前転する。この練習を繰り返してい
るうちにマットにふれる体の部分がだんだん少くなり，軽くなり，ついに足か
ら着地出来る者が多くなる。助走
もだんだん長くする。

　（e）（d）の方法で一応宙返
りが出来たものは次のような幇助
法で実施してみる。幇助者2人が
図27のように両わきから腕をまげ

図　27

てだし，実施者は助走してから両足踏切りで跳躍し，腕を幇助者の腕にかけ宙
返りで体が空中に浮いた時に，うなじまたは背中を手で幇助してもらうとよい。
幇助によって技を会得したものは急に幇助者を除外しないで少しずつ幇助の動
作を少くするとよい。

B　技能の要点

　この走り前宙返りで成功不成功を決定するものは踏切りの動作である。はじ

めはあまり助走を強くしないで，後上に跳び上がるつもりがよい。ダンピング
のよい前上方に跳んだのでは転廻力がつかない。

図　28　　　　　　　　　　　　　図　29

　踏切る場合には深くしゃがんでから跳上るというつもりでなく，膝はほとん
ど屈げずに足くびを使ってつっぱるようなつもりでよい。

　跳躍したならば，腰の位置を高く引きあげるつもりで背を丸くし，頭を前に
まげて体全部を転廻する形にもちこむことが大切である。

　なお，廻転性をもった踏切りが出来るようにマットによって踏切り板に角度
をつけて実施するとよい。

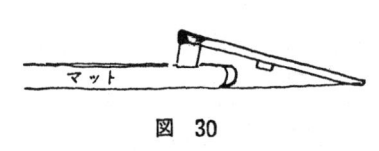

マット

図　30

　　　　　　　　　　　　　　　　室外においては，砂場を十分やわら
げ，体育館の場合には，踏切り板の滑ら
ないような処置をとることが大切であ
る。（腕立前方転廻と前宙返りは，時間が
都合がつけばもう１時間位実施したい種目である。）

単元Ⅲ　組　立　運　動

1　組立運動の性格と取扱い方

　組立運動はスタンツ・ピラミットとかピラミット・ビルディングとかいわ
れ，お互いの体を組合せていろいろな形を作る運動である。この運動を行うの
に必要なのは次のようなことである。

　①　他人との協力

　②　自分の身体的特徴即ち体格の大小，強靱性，柔軟性の有無等により，そ
のポジションに応じた協調や奉仕をする。

③　互に相手の力を信頼し，各自の責任を果すこと。

④　ただ模倣するに止まらず，自ら工夫考案する態度で創造性を発揮すること。即ち幼時行った積木の個々の立場であると同時に積木を積む立場にも立つこと。

⑤　美の共同感をもち得ること。

⑥　基本的な能力を養い，組立に必要な根本的な原理を身につけ，整然と行いうる気構えをもつことである。

2.　組立上の注意

①　衣服は握らないようにする。

②　組立てる時は中央から，また下から組み，解く時は外から，また上から解く。

③　よく指揮者の合図に従う。

④　出来上った形だけにとらわれず，組立てる手順のよさ，解く時の一致乱れない整然さも組立運動の中の重要なポイントである，という考えで行うこと。危険は組立てる時よりも解く時に生じ易いものである。

⑤　ポケットの中にナイフ，靴ベラ，定期入れ，小銭等を入れて置かないこと。また，ボタンの金具類の多い服装はさける。

⑥　準備運動を入念にする。

⑦　組立はかなり努責作用を伴うので，構成されたものを長時間そのまま置くのはよくない。長くも 5〜7 秒位で解くようにする。

⑧　奇異な組立や軽わざ的なものにはしり，体育に背馳するような傾向になってはならない。整理運動を行う。

3.　歩行へのねらい

巧技の中の 1 種目として歩行が挙げられており，その中には走（巧緻性の高いもの）というのも含まれているが，この歩行の中には二つのねらいがあると思う。一つはリズムウォーキング，またはリズムランニングともいわれる形式のもので，リズミカルに歩いたり，走ったり，とんだりしているうちに下肢や

巧緻性を養う運動である。他はアメリカの軍隊などでゲリラウォークと呼んでいる匍匐型の歩行である。ゲリラとはスペイン語で「小さい戦争」という意味であるが，匍匐して敵に近よるような動作からの連想によってつけられた名称であろう。

　下肢だけでなく上肢も身体を運ぶ運動に加わる動作があるので，上肢のつけね（胸，肩）の筋肉の発達と腹筋の強化，巧緻性を養うのに効果的である。なお下垂しがちな内臓の位置の安定をはかるという意味から女子にもすすめたい種目である。幾分稚気的な運動も多いが，他の競争的な競技の組合せて行えば気分転換，レクリエーション的なものにもなるし，筋力を徐々に強めるためにはよいと教材である。

スタンツ・組立運動の学習指導計画案

主　教　材	指　導　着　眼　点	5時間配当	備　　　考
(1)　柔軟型のスタンツ (2)　組立運動の基本姿勢	(1)　徐々に行う。前屈と後屈を交互に，得意のものだけでなく，むしろ不得の方を入念に行うようにする。 (2)　重さにたえ得るためにどんな形がよいか。	1	はじめは幇助してもらって行う。
(1)　歩行型のスタンツ (2)　2人組の基本的な形	ピードの変化 (1)距離の調節　｝を考慮して行方向をかえる　｝ってみる。 (2)　どこえ乗ることが安定して能率的か。2人が一つのものの形となるにはどうしたらよいかを考える。	1	
歩，走，跳躍型のスタンツ 3人組の組立	リズミカルに軟かく跳ぶ。順序を考える。（組む時，解く時）	1	マットの巾は30〜40cm位がよい。
5人組の研究	形を考えそれに人間をあてはめる。それを可能な範囲でまとめる。	1	6人1組となり，1人はリーダーとなる。

第　1　時　限

（1）　本時のねらい

柔軟性を養うスタンツの数種を実施して，後に組立運動の基本的な姿勢のとり方の要領を体得する。

（2） 指導の方法

（a） 準備運動

（b） 柔軟型のスタンツの要領を示し，各自に実施させる。

① 前後開脚

直立姿勢より出来るだけ脚を前後に開らく（図31）。

② 左右開脚立

(イ) 直立姿勢より出来るだけ脚を側に開らく（図32）。

(ロ) 脚を伸して坐った姿勢から脚を側に開らく。

図 31

③ 頭つけ

直立姿勢より体を前に深くまげ，前額部（または胸部）を膝につける。または脚を開いて坐った姿勢から体を前に（または斜前方）まげ，頭（または胸）を床（または膝）につける。

図 32

図 33

④ うしろ反り

脚を開いて立った姿勢，または膝立姿勢から体を後方に反らし，手または頭を床につける。できればその姿勢よりもとにもどす（図34）。

⑤ 伏臥姿勢より頭と足をできるだけあげて体を反らす。手で足くびを握ってもよい（図35）。

図 34 図 35 図 36

⑥ 反り橋

仰臥姿勢より手と足で支えて体を反らせる。

（c） 組立運動についての要領，注意事項，運動の性格等について話す。

（d） 組立運動の基本的な姿勢とその要領について指導する。

① 直立姿勢

頭を起し頭を軽く引いて背すじをのばして正しい姿勢で立つ（図38）。

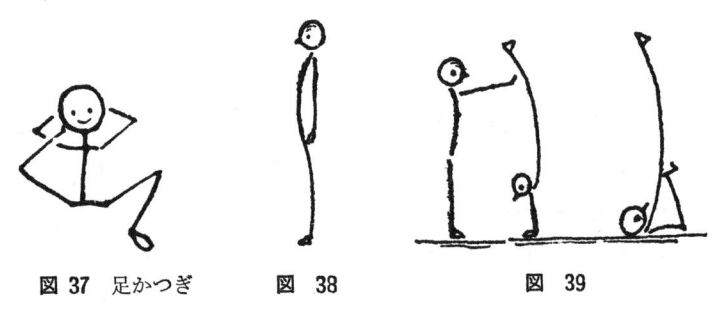

図 37 足かつぎ 図 38 図 39

② 倒立（背面倒立）

幇助による倒立を行う。手は肩巾に中指が平行になるようにつく。背すじと腰をのばし，腰椎を極端にまげないようにする。

③ 水平姿勢（図40〜44を参照のこと）

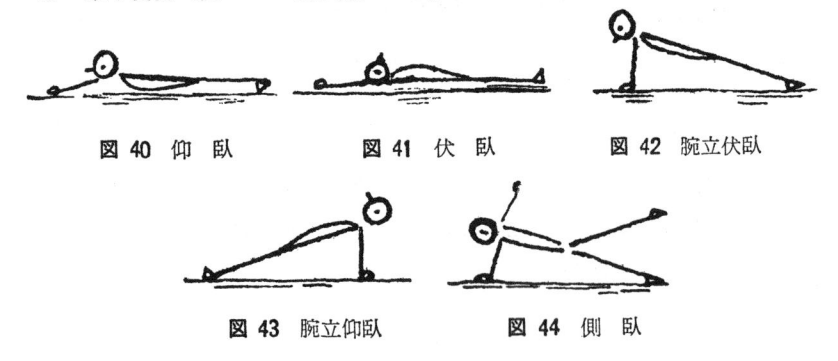

図 40 仰臥 図 41 伏臥 図 42 腕立伏臥

図 43 腕立仰臥 図 44 側臥

④　体を屈げた姿勢（図45～50を参照のこと）

図45　長座姿勢　　　　　図46　屈膝姿勢　　　　　図47　伸臥脚挙げ姿勢

図48　腰まげ姿勢　　　　　図49　膝つき腕立仰臥　　　　　図50　屈膝腕立仰臥

（c）　整理運動

第　2　時　限

（1）　本時のねらい

歩行型のスタンツと2人組の基本的な動作を習得する。

（2）　指導の方法

（a）　準備運動

（b）　各種の歩行を実施する（途中マットを用意）。

①　うさぎ跳び

図　51

両足で跳び両手をマットについて腕で体重をうけて跳ぶ（図51）。

②　屈膝歩

匍匐し膝をまげ，歩いたり走ったりする。また膝をまげ足首をもって歩く。

図 52　　　　図 53　　　　図 54

③　伸膝歩

体を前にまげ膝を伸し足首をもって歩く。また手を床について歩く（図53）。次に同様な体勢で足の拇指をにぎって（図54)歩く。またそれに少し跳躍する。

④　横歩き

足先と踵を交互に軸にしながら足を横に移動して進む（図55）。

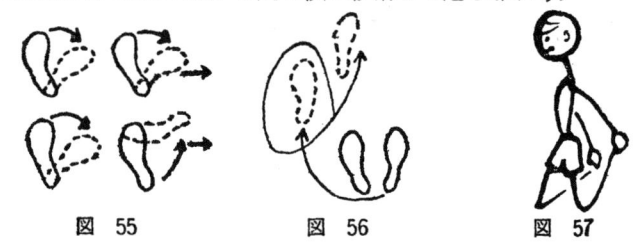

図 55　　　　図 56　　　　図 57

⑤　交叉歩き

片足を交互に他の足の後方からまわし前に出して歩く（図56）。

⑥　膝歩き（マット使用)

マットに膝をつけ足を後にあげ足首を握って歩く（図57）。

⑦　かに歩き

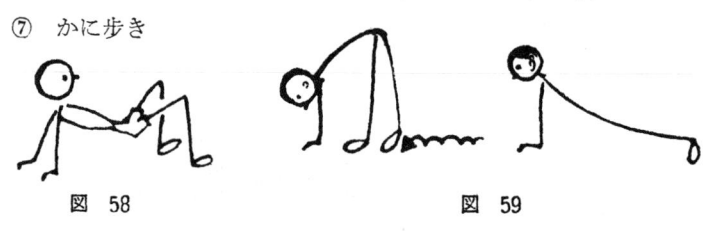

図 58　　　　　　図 59

腕立で仰臥の姿勢をとる。その姿勢で前後左右に歩く（図58）。

⑧　体屈伸歩

腕立伏臥の姿勢から手の位置はそのままにして足くびを使って手の位置まで足を近づける。次に手を前につきもとの姿勢になる。以上の動作を繰返えして前方に進む（図59）。

（c）　2人組による組体操の練習

①　肩　車

　2人で組み，1人が肩の上に腰をかける。先ず同じ方向に向いて立つ。前者は開脚，後者は前者の股の間に頸を入れて立ち，足を背の方にまわす（図60）。

②　膝上立ち

　肩車の姿勢から，台生は膝をまげ，上の者は その 膝に 足をのせて立ちあがる。台生はその膝を支えてバランスをとる（図61）。

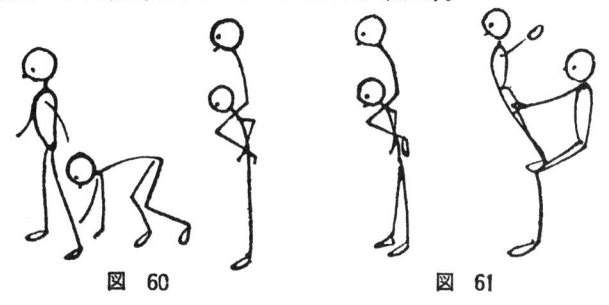

図　60　　　　　　　図　61

③　肩上立ち

　2人組み，1人は台生となり他の1人は肩の上に立つ。要領は，2人向き合って立つ（i）。片手を握手の時のように握り，他の手は掌をかえして上向きに

図　62

握る。片足を台生の膝にかけてのり，他の脚を反対側の肩の上にのせて体重をかけ，肩の上に立つ（ii）。最初は手を握ったまま立ち（iii），安定したら手を離して完全に立つ（iv）。

④　膝上倒立

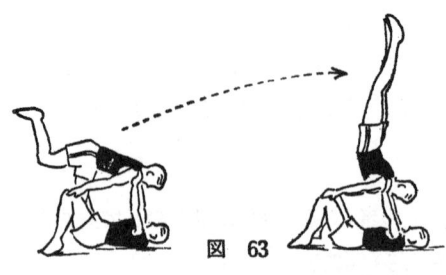

１人は膝立で仰臥し，他の１人はその膝に手をつき，肩を支えてもらって倒立をする。仰臥した台生の脚の方に立ち，その膝に手をつく。体を前にまげて台上の手に両肩をあてそれに体重をかけて倒立する。腕をまげない。最初は３人組で１人に幇助してもらうとよい（図62）。

図　63

⑤　２人組の組立の例を教示し（図64～72）各２人組で実施してみる。

図　64～72

〔注〕　２人で組む場合，ウェイトの同じものと組み，交互に実施してみる。

第 3 時 限

（１）　本時のねらい

緩走，歩行，跳躍型のスタンツと２人組の組立運動の要領を研究する。

（２）　指導の方法

（ａ）　準備運動

（ｂ）　床上または地上に30～40m位の間隔に２本の線を石灰等で引くか，或はマットを２枚平行に30～40m位の間隔に敷き，その間を種々の方法でリズミカルに走り，或は跳ぶ。

①　ジクザクに走る。

②　片足で交互に跳ぶ。

③　両足で交互に跳ぶ。

1回ごとに小さく補助跳躍を入れてもよい。膝を深くまげて両足で交互に跳ぶ。

④　足うち跳び

両側のマットにまたいで立つ。両脚で跳躍し，空中で数回足を打ち，また両マットに開脚で着地する。この動作をくりかえしながら進む(図73)。

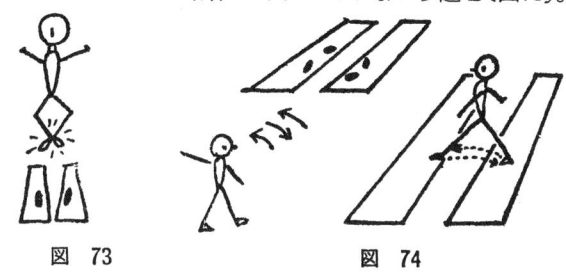

図　73　　　　　　　　　図　74

⑨　開脚むきかえ跳び

前の運動と同様マットにまたがって立つ。跳んで½むきをかえる。この動作を繰返しながら進む(図74)。

(c)　3人による組体操

前時にひきつづき，3人で組む基本的なものを練習してみる。

①　ピラミット

2人は膝つきの腕立伏臥の姿勢をとる。その両者の肩（内側）に手をつき腰に膝をのせて上る。なるべく中心に力を集めるように，爪先をのばし，背中を丸くしない。

図　75

②　倒立支持

中央の1人に向って両側から倒立する。最初の1人が倒立し，中央の1人はその脚を支え，次に他の側の1人がもつようになる(図76)。

③　扇

3人横にならぶ。中央の1人は両側に腕をのばし，両側の2人は腕立側臥姿

勢で中央の者の手を握る（図77）。

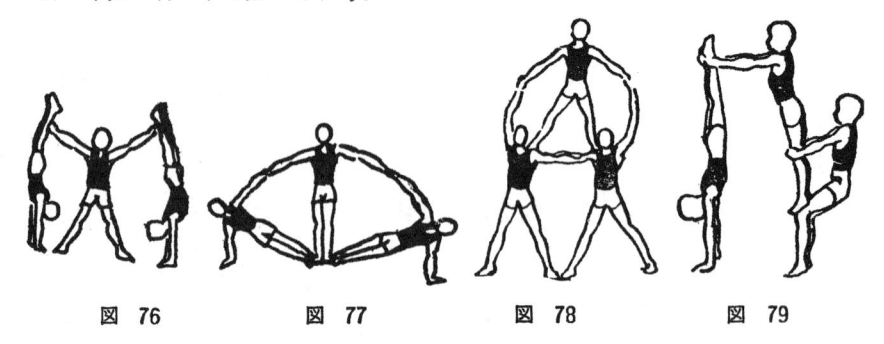

図　76　　　　図　77　　　　図　78　　　　図　79

④　肩のぼり

　2人横にならんで開脚姿勢となり，腕をのばして肩を組む。他の1人はその内側の肩に足をのせ，両腕をのばし手を握って立つ（図78）。

⑤　膝のり，倒立

　前時間の要領で膝のり姿勢となる。それに向って倒立しその足を膝にのった人が支える（図79）。

⑥　その他人組の例（図80〜85）

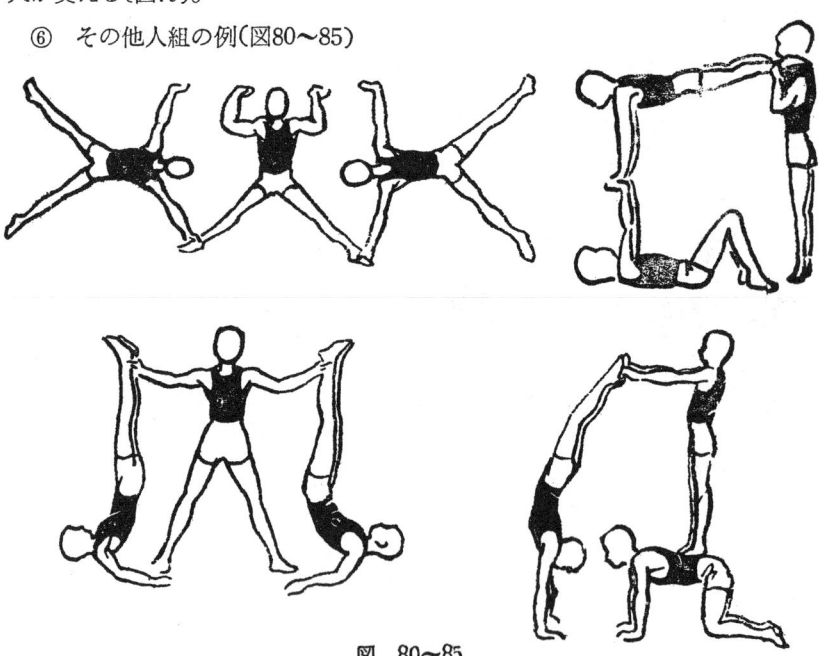

図　80〜85

第　4　時　限

（1）　本時のねらい

前時までの経験を基礎にして5〜8人位の組立運動を工夫考案してみる。

（2）　指導の方法

（a）　準備運動

（b）　5〜8人位のグループに分けリーダーを1人つける。グループは身長体重の差があってもよい。

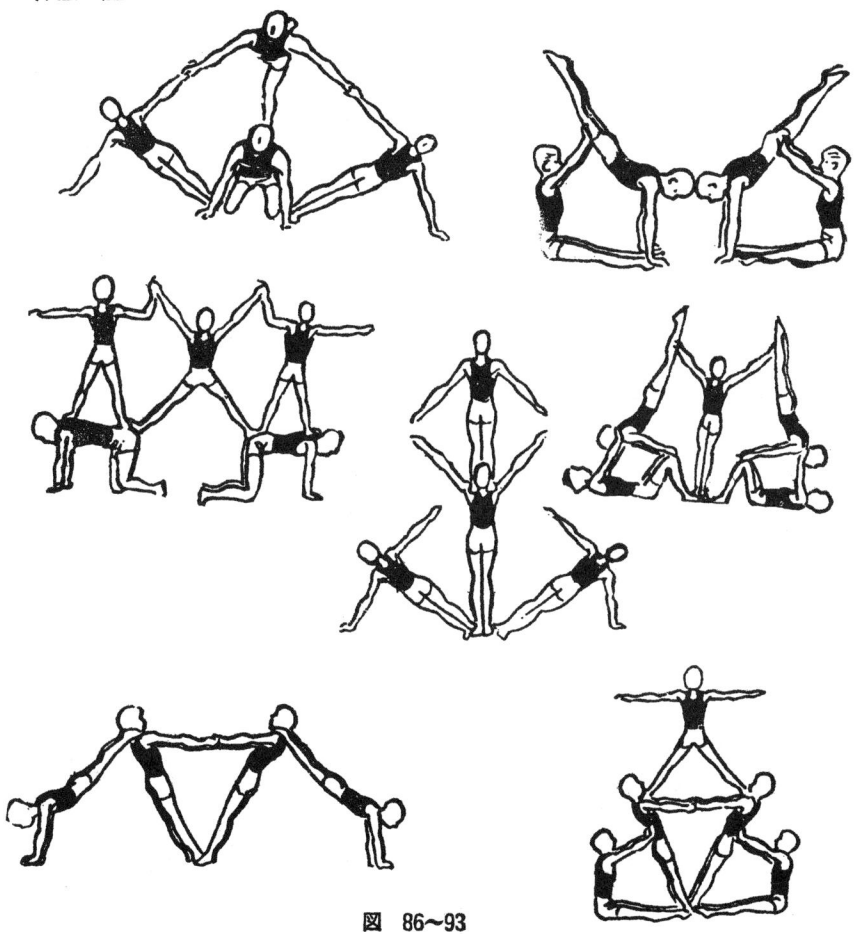

図　86〜93

（c）　今までの経験を基礎にして，各グループごとに組立の構想をねらせる。

（d）　教師は各グループ間をまわり，サディション及び指導にある。

（e）　グループによってはどうにも手のつかめないところも出来てくると思う。教師はそうした場合を予め考え，サンプルを用意し，与えてやるようにするとよい。サンプルとして図86〜93を参照されたい。

〔註〕　各グループは筆記具，またはチョークを用意し，図解しながら構成を考えるとよい。

Ⅳ　跳　箱　運　動

跳箱運動の性格

人が障碍物を越える場合，その障碍物の状態によって越え方にいろいろな相違がある。例えば川とか水たまりのように高さのないものを越える場合は，陸上競技の巾跳びのような跳躍が生れてくる。僅かでも高さのある障碍物に出逢うと，またいで越す，踏み越す，また跳び越す等の動作になる。以上の動作は大体腰から下の高さの場合である。腰から胸位の高さのものになると，最初足で跳び，次に腕の力もりで越える方法が便利である。頭から上の高さになると棒や綱を使ったり，物によっては，よぢ登ったりする動作が適当になる。跳箱の運動は大体膝から胸位の高さの障障物を越える運動で，脚だけで越える運動 JUMP と，腕と脚即ち跳躍の力と腕のつっぱりによる運動の結合　(VAULT) の二つが用いられる。即ち脚の跳躍力による場合は，陸上競技的な跳躍であり，腰から上の高さになってはじめて巧技的な脚と腕を使った特徴ある跳躍がなされるわけである。跳箱を Vanlring box と呼ぶのもこのためである。

従って跳箱の練習過程もこうした考え方から出発するのが自然である。即ち極く低い跳箱をまたぎ越し，踏み越し，跳び越し等の各種の越え方からはいっていく。なおその跳箱に各種の条件をつける。例えば踏切板を離す，跳箱からマットまでを離す，跳箱の数を増す等，また跳箱を縦横に組合せてみる等の工

夫と変化を考える。

図94～98　距離の変化

次にこれよりも高さを増すと腕を跳箱につく形式の跳躍にはいる。これは次のような形式に分れて発展する。

① 両脚踏切　② 片脚踏切　③ 開脚　④ 閉脚

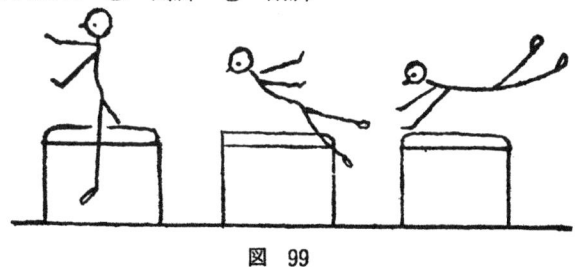

そしてこの③開脚、④閉脚に空中での姿勢（水平、垂直、斜、倒立）が結びついて各種の跳躍の種類が生れる。この空中での各種の姿

図　99

勢のとり方は踏切り方によって決定される。

さて、こうして展開し、多岐に分れて跳箱の運動も、大体四つの運動の要素から成立っていることがわかる。即ち、①助走　②踏切　③腕のつき　④着地

であるが，この何れもがバランスのとれた結びつきによって愉快な跳箱が生れるのである。助走のスピードは踏切りによって跳躍力にきりかえられる。次に腕のつき方によって空中での体勢の安定性が作られ着地によって終る。着地は跳躍の一応の結論である。前にのめった場合には助走に対して腕のつきが弱かったことを意味し，尻をつく場合は逆に助走が弱く腕のつきが強すぎたためである。上手な越し方はこれ等のバランスが十分にとれた場合に出来るのである。

跳箱運動の学習指導計画案

主　教　材	指　導　の　着　眼	5時間配当	備　　考
各種跳び越し跳上下	跳箱という障害物になれるために，低い跳箱を各種の方法で数多く跳ばせる。	1	先ず用具の点検をする習慣を作る。
斜仰向跳び仰向跳び	腕に体重をしっかりのせることに重点を置く。肘はまげないようにする。	1	踏切板の置く位置跳箱との角度，距離を生徒の能力に応ずるようにする
開脚跳越し閉脚跳越し	先ず跳び越すという体験をさせる。そのために各種の補助的な方法が考えられる。	1	能力に応じて高さの違った各種の跳箱を用意する。
跳箱を使用して転廻運動	跳箱のどの辺を利用するか，また踏切りの強さと，転廻のスピードの調節を体得させる。	1	跳箱の上に横に白墨で線を引き，手をつく位置等を明示するとよい。

第　1　時　限

（1）　本時のねらい

先ず跳び越しによる誘導的な扱いから跳上下にはいり，片足踏切りの跳躍に慣れ，跳箱運動の特徴であるボルト（腕と脚による跳躍）にはいり，今後必要な足による踏切りと腕の突きとのコンビの初歩的な素地を作る。

（2）　指導の方法

A　指導の進め方

（a）　準備運動

約400m位緩かに走る。なるべく重心を高く保って走るようにする。走りながら，手首，肩をまわすように準備運動を行ってもよい。走り終ってから一ヵ

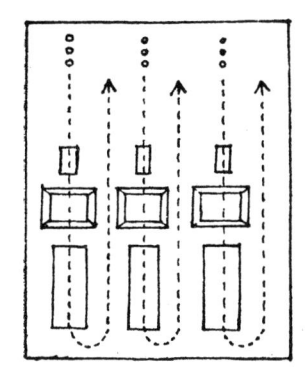

所に集り，足首，膝，腰，肩，手首等の体操を入念に行う。

（b）　膝位の高さの跳箱を3台横に並べ，3組に分れる。

（c）　5〜6m助走してこれを片脚踏切りの跳躍でとび越す。助走をスピードをつけず，3m位の間隔をとり，各組ごとに1列で5〜6回行う。陸上競技で行うハードルを越す動作のように，左足で踏切ってから，右足で着地するようにする。着地は静止せず，そのまま走り抜けるようにする。

図100　用具の配置

（d）　踏切板と踏箱との間を少し離して行う。次も同様片脚で踏切るが，着地は両脚でやわらかく行うが静止しないで連続して行う。

（e）　跳箱とマットの間を2m位あける（図101）。

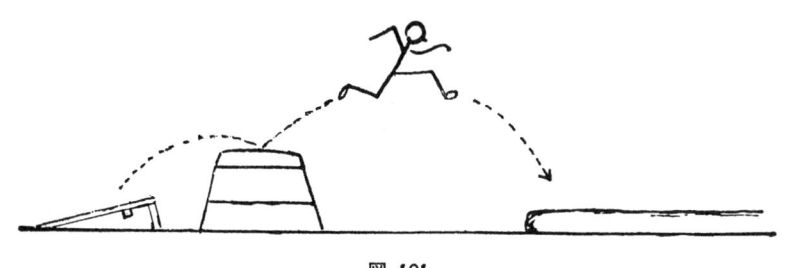

図 101

助走距離を少しのばし，跳箱の上で片脚踏切りで距離2mを跳んでマットの上に両足で着地する。跳箱の上で両脚踏切りになる者もあるが，片脚踏切りで跳ぶようにする。跳箱とマットの距離は実施者の跳躍力に応じて適当に伸縮するとよい。ここでは先ず陸上競技の走巾跳びと同様に距離を跳ぶ練習をする。

（f）　マットを元の位置にかえし，高く上にあがる練習をする。そのためには跳箱の上部の手前側を踏むようにし，踏切板から跳箱に移る足はこびをごく短くすることが大切である。一応踏切の要領がつかめ，空中に体が浮くように

なったならば，空間で各種の姿勢をとったり動作を行ったりしてみる。

(ii)垂直姿勢　(ii)膝だき姿勢　(iii)前後開脚　(iv)転向（むきかえ）跳び

(v)ジヤックナイフ型　(vi)二段の跳上下

等能力に応じて実施してみる。

なお，高く跳躍する要領をつかませるために，ゴム紐，縄，高跳びのスタンド等を使用して行うのもよい方法である。また中学生等は上からボールを吊し，跳んでそれにヘッディングするような練習も興味をもたせるために面白い方法である。

B　技能の要領

（a）　とび越し

①　走る動作の発展と考えごく自然に行う。即ちあまりスピードをつけずに助走を起し，片脚で踏切り，他の脚を前にふり出し，またぐ動作に跳躍をつけたようなつもりで行う。

②　とび越す障碍物が少し高くなったり，或は距離がのびたりすると，片脚の着地は困難になるので両脚で着地するようにする。

（b）　跳上下

①　しっかりと跳箱の上に体重をのせて跳躍する感じをつかませるため，最初は距離を跳ばせてみる。即ち低い跳箱を片足で踏切る。長いマットの場合には2〜3m位のところにチョークで線を引くとか，跳箱とマットの間を2〜3m位離し，その間に落ちないように跳ばせてみる。

②　次は極く高く跳ぶことに重点を置く。そのためには，踏切りにはいる足をごく短く早く運ぶこと。踏切る足の位置を手前にすることである。踏む方向（脚でつっぱる気持）は斜前下の方向，側面からみれ

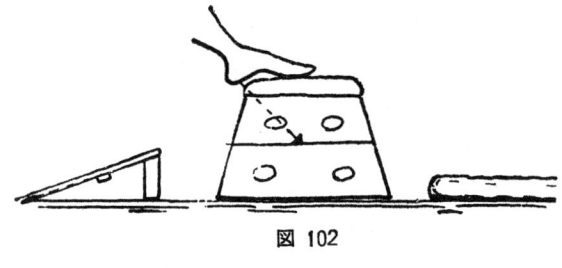

図 102

ば，梯形の対角線の方向がよい。

（c）　垂直姿勢

　助走の後踏切ったならば，踏切り脚を前の脚にそろえながら，空中で顎を引き体を真直にのばして跳ぶ。腕は体側，側挙，上挙等各種実施してみる。

　（d）　膝だき姿勢

　前と同様な要領で助走から踏切りに移り，空中で両脚をまげてだきこむ。その時なるべく上体を起し顔も下を向けた方がよい。

　（e）　前後開脚姿勢

　踏切ると同時に空中で脚を前後に開いて跳ぶ。着地の時には両脚を閉ぢて着地する。空中でのフォームは両脚を伸してもよし，前脚を屈げたフォームも美しい。腕も挙側，斜上挙，後下等いろいろととのえてみるとよい。

　（f）　転向（むきかえ）跳び

　踏切って跳躍しながら，½または1回空中でむきを変えて着地する。最初は助走をして来た方向にむいて下りる。　転向からはいりだんだんと大きく転向するようにするとよい。

　転向する時の姿勢は，顎を引いた真直な姿勢がよい。まわる方に顔を向けながら，胸を中心にしてまわるのがよい。腕は体の前にかいこむようにしてもよいが，上に上げる方がよいだろう。

　普通に踏切って体が空中に浮いてから転向しようとしても無理である。踏切って体を上昇させながらむきをかえるようにするのがよい。

　（g）　ジャックナイフ型

　踏切ってから空中で深く，くの字型にまげ，両手で両爪先にタッチするやすぐ体を伸ばして着地する。前屈するのは勿論瞬間的でよいわけであるが，膝は伸すようにする。

　（h）　二段の跳上下

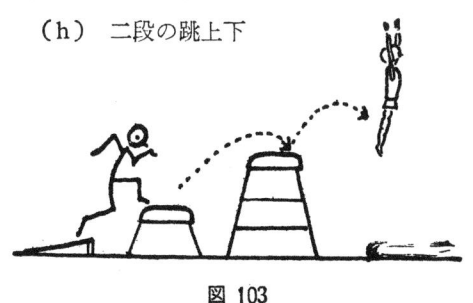

　低い跳箱と高い跳箱を図のように横にならべる。かなり強く助走した後，階段にかけ上るように素早く足を運んで最後に強く踏切ってなるべく高く上って下りる。なかなかスケールの大きい雄大な運

図 103

動であるから，上って下りるだけでなく跳び上って下りるようにしなければならない。普通一段上るとスピードがにぶってしまいがちであるが，最後までスピードをゆるめず，足を早目に運ぶようにする。普通の跳上下（二段でない）の場合には，踏切板は踏切足の反対側の足で踏めばよいわけであるが，二段の場合は踏切足が踏切板に合うようにするとよいわけである。

第　2　時　限

（1）　本時のねらい

斜め仰向跳びから助走の方向を徐々に正面にし，正面の仰向跳び を 導き 出す。ただ跳箱を越すだけでなく，後半腕に体重をのせてつっぱる要領をつかませる。なお対称的な跳び方として伏せ跳びも実施する。

（2）　指導の方法

A　指導の進め方

（a）　準備運動

（b）　用具の配置

跳箱の高さは実施者の腰ぐらいがよい。跳箱と踏切板の関係ははじめは平行

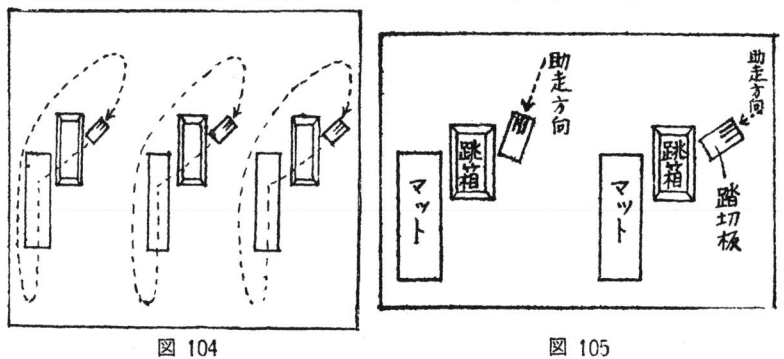

図 104　　　　　　　　　　　図 105

ぐらいか，ごくわずか角度をつける。

マットは跳箱と平行に敷くのがよい。上図は右方向からの助走になっているが，左側からの方がやりよいものがあったら，1台だけ反対側からやるように配置するのもよい。

（c）　斜仰向跳び

最初踏切板の方向から 5 〜 6 m 軽く助走を起し，片脚で踏切りながら跳箱側の脚をふりあげ，跳箱側の腕をついて体を浮かせ，すぐ他の腕をついて跳越す時踏切脚を振上げ，脚がそろってくの字型になり，それを伸して着地するようにするのがよい。恐怖心をもっている者は，一度跳箱上に腰を下してくの字型を作ってから，少し向きを変えて向側に下りるようにするとよい。

（d）　仰向跳び

斜仰向跳びが一応完成したら仰向跳びに移る。その方法は斜仰向跳びから踏切板の方向を漸次正面にかえて行く方法がよい。

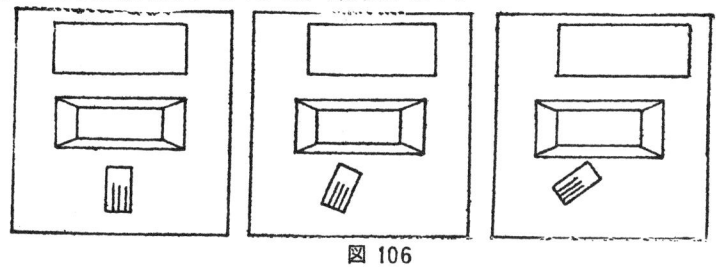

図 106

何回も斜仰向跳びを行いながら気永に少しずつ踏切板の位置を正面にむけていくのである。但し踏切板と跳箱との距離は正面にするほど離すことが必要である。仰向跳びの練習方法としては，以上のように斜仰向跳びを正面になおす方法と，ロールマットを使用する方法とがある。ロールマットは図 107 のようにマットを円く巻いたもので，これを横に置き正面から助走して跳び越し足がついてから腰を下す。次に腕を使用しないで尻からこのマットの上に着地する練習をするのである。この運動が出来るようになったならば，尻がマットにつく瞬間に両腕でつっぱればよいわけである。中学校ではこの方法が興味があって面白く実施出来ると思う。

図 107

（e）　斜伏とび

　跳箱の配置は斜仰向跳びの場合と同じでよい。跳び越す時の体勢だけが逆になるわけである。最初踏切板の方向から軽く助走を起し，両腕を跳箱につきながら，跳箱に近い方の脚を後上に振り上げ他の脚で踏切って腕に体重をのせて箱を越えて下りる。この跳び方に恐怖を感じるものは，図108のように，ごく跳箱の最後部に手をつかせて行うとよい。

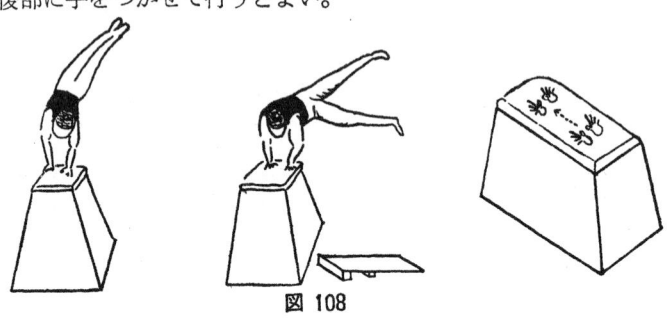

図 108

（f）　斜伏せ跳び½転向

　前に行った斜伏せ跳びと前半はほとんど同じであるが，箱を越す時に，体重を最後の腕にのせて転向し，むきを変えて下りるのである。これは側転跳びにも発展するので要領のつかめない者には側転跳びに近いものを実施させてみるとよい。

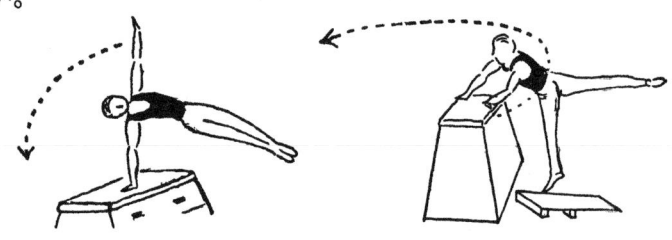

図 109

B　技能の要点

　跳箱運動の大体の形は，背中が上になり，腹部が下になって行われるのが多いのであるが，仰向跳びだけは，文字通り腹を上にして越えるので，はじめは勝手の違う感じがするので，徐々に導くようにすることが大切である。

第 3 時 限

（1）　本時のねらい

閉脚または開脚どちらでもよいから腕をついて跳箱を跳びこすことに重点を置く。跳箱を横に置いた場合は全員が越せる，縦の場合は尠くとも⅔は越すことが出来るようにしたい。なお，楽に余裕をもって跳び越せるものは，腕で突いてから体を斜にして越すことが出来るように指導する。

（2）　指導の方法

A　指導の進め方

（a）　用具の配跳

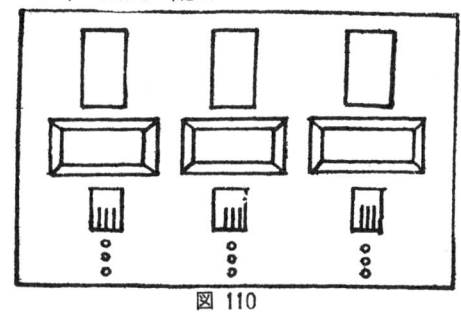

図 110

①　跳箱の高さは実施者の腰か腹ぐらいの高さにする。

②　跳箱と踏切板との間30cm位。

（b）　腕立跳上り下り

横に置かれた跳箱に対し5〜6mの処から軽く助走し両脚で 踏 切り，両腕を肩巾につき両腕に体重をのせてから，両手の間に両足をそろえてつき，すぐ 踏切りながら前上方に高く跳び上る。その際両腕を上方に振りあげて跳躍をたすける。空中では体をきれいに伸すようにする。

（c）　開脚跳越し

はじめから一気に跳び越すことに幾分でも恐怖心をもっている人には，次のような方法からはいることにする。

図 111

サイドに手をついて跳越す法。図 111 のように一番跳箱の端に両手をつき開脚で跳び越す。この方は片脚だけ越せばよいので，たやすく越すことが出来る。踏切板を両サイドに置いて，どちらでも自分の好きな方を選んだらよいと思う。

この方法で跳び越す要領がつかめたら，手をつく位

置を徐々に箱の中央に移して完成させる。

（d）　閉脚の場合

この場合もサイドを使って徐々に手の位置を中央に移すとよい。要領は開脚の場合とほとんど同じであるが，越す時に片手を離し，最初は跳箱の上端の延長線上を越すようにし，それから中央に移動して閉脚で越す要領をつかむ。

（e）　以上の練習で一応の要領がつかめたら，正面から助走して跳越してみる。なれるにしたがって手の突きを短く強くし，体を浮かせるようにする。開脚の場合も閉脚の場合も跳箱を越すのに一旦腰を引きあげて体を前屈するか，手をついた次の瞬間腰をのばすように心がける。

（f）　開脚跳び（跳箱縦）

横の跳箱の場合は跳び越せても，縦の場合は跳び越す距離が長いので一気に跳び越せないものがかなりいる。これは大部分長さや大きさに対する恐怖心が原因で，先ず跳躍力の

図 112

不足ではない。それは跳び越せない人のやり方をみているとよくわかる。十分跳び越せる跳躍力で踏切りながら両手で跳箱をおさえ，脚をせばめてスピードを止めて腰をかけてしまっている場合が多い。こうした人達には次の様な方法からはいるとよい。

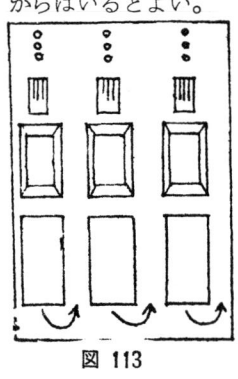

図 113

①　用具の配置

図113のように跳箱の位置を縦にする。高さは横の場合と同じでよい。跳び終ってからもとの助走の出発点の位置まで帰るのはかけあし，一定の方向をかえるように約束する。

②　腕立跳上り，開脚下り

縦の方向から軽く助走し，両足踏切りで跳躍し両手をついて一旦箱の上にあがり，すぐ前端に手をついて開

脚で下りるのである。即ちはじめ閉脚で箱の上にあがり，すぐ手をついで開脚で下りる方法である。この方法は開脚での下り方の要領をつかむ事からはいるわけである。

　③　用具の配置

踏切板の位置を図 115 のように跳箱の側面に少し斜に置く。こうすることに

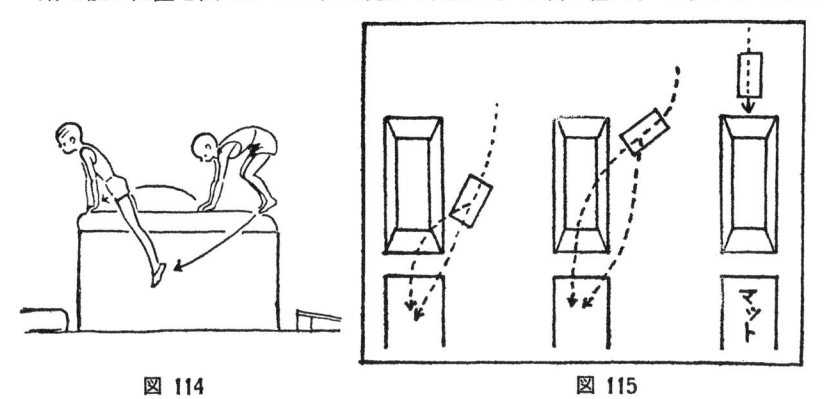

図 114　　　　　　　　　　　　図 115

よって跳箱の長さを短く扱うのである。

　④　斜の方向から助走しての開脚跳び

　踏切板の方向から助走を起し，跳箱の前端に両手をつき開脚で跳び越す。この方法によれば跳箱を越す箇所はごく短くなるし，片脚は越す必要がないので楽に容易に跳越すことが出来る。これで要領がつかめたらば，踏切板の位置をだんだん後方にずらせて跳び越す部分を長くするようにする。一番後方まで行ったならば正面の位置（元の状態）にかえす。

　同様な要領で閉脚も実施してみる。

　⑤　開脚跳び

　開脚跳越しには，体を跳箱に垂直にして越す垂直跳び，斜開脚跳，水平開脚跳等があるが，本時はただ開脚で跳び越せばよい。但し余裕をもって跳越すことの出来る者は，腕をついてから腰をのばし斜開脚跳びを目標にしてとばせたい。

　助走は 7～10m がよい。かなりスピードをつけて走り，両脚踏切りで跳躍し，なるべく前方に両手をつき脚を大きく開いて跳び越して下りる。腕をつっ

ぱることによって腰をのばすようにしたい。

⑥　閉脚跳び

閉脚跳びにも，水平伸膝や水平前屈跳び，腕を手前についた前屈跳び等いろいろあるが，本時はやはり，どんな形でも一応閉脚で越せればよいとする。余裕のあるものは，手を前方についた水平前屈跳びを目標にして跳ばせたい。

この跳び方も前と同様 7〜10m位のところから助走を起し，かなりスピードをつけてから両足で踏切り，からだを伸してなるべく前方に手をつく。手をつくと同時に腰をまげて膝を胸に近づけて体をまとめて跳箱を越し，跳箱を越してから体を伸して下りる。

B　技能の要点

（a）　腕立跳上り下り

両腕をついてから腰を引き上げ，両の腕間に両足をつくや腰，膝，足首を伸し，空中で足首がきれいにのびるように使って跳躍する。

（b）　開脚とび越し

上手に気持のよい跳躍をするためには，助走と踏切りの強さ，腕のつっぱりの調和がとれていなければならない。高校生の陥り易い欠点は，助走や踏切りに対し，腕のつっぱりの弱いこと，腕をつかないで後方にかいてしまうことである。そのために体が浮かず上体も起きず着地も不安になる。腕は前下方に押すように突きはなさなければならない。従ってあまり助走のスピードつきすぎると所謂助走まけがしてツブれた格好になってしまうのである。

（c）　閉脚跳越し

最初は脚を深くまげて体をまとめて跳び越し，跳箱を越えてから体をのばすようにする。余裕が出来たならば跳躍してから一旦体をのばしてそらせ，腕でついた瞬間腰をまげて跳び越すことが出来ればよい。なおその際膝がのびていれば水平前屈とびが出来たわけである。

第　4　時　限

（1）　本時のねらい

跳箱を使用しての転廻運動の練習と倒立からの下り方，そのうち特に

①　ネックスタンド及びヘットスタンドの運動で体を急にそらせる時機と方向をつかませる。

②　倒立から下りる場合の重心の移し方，転廻の時の腕のつき方に重点を置く。

なお，これは跳箱を使っての転廻運動なので転廻運動の指導法と重複しているところもある。

（2）　指導の方法

A　指導の進め方

（a）　準備運動

（b）　用具の配置

（c）　前　転

縦の跳箱の手前の端に立ち台上から屈膝前転して地上に立つ。

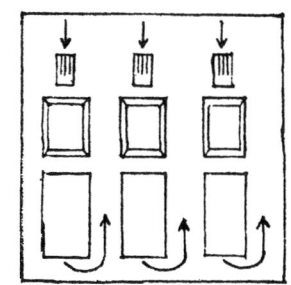

図116　跳箱の高さは膝から腰ぐらい，何れも縦にする

最初手を台の中央部につき，頭を前屈し，後頭部を両手の間につく。手のつき方が前後しておったり，後頭部を両腕の間に入れる時に首が曲っておったりすると，まっすぐにころがらない場合があるので，リーダーに側面において補助，注意させる。腕をつく位置は，はじめは中央とし，練習中にバンドの位置が台の最後にくるような手のつく位置をみつけさせる。そのためには台の中央に白墨などで線を引いて置くのがよい。

（d）　今度は 5〜6m 助走をし，両脚踏切りで跳躍し，あらかじめ目測して置いた地点に両手をつき，その腕に体重をのせながら両手の間に後頭部をつけるようにして前転する。

（e）　ネックスタンドの練習

①　台上での屈膝前転の要領がつかめたならば，膝をのばした前転練習してみる。

②　伸膝でまわることが出来たならば，次に後半スピードをつけてまわってみる。即ち手をついて砂場またはマットに足がふれるまでなるべくはやくまわるようにする。

③　スピードのある後半の転廻が出来るようになったならば，台上に手のつ

く位置を10〜15cm前方に移してみる。そして転廻の後半下半身が落下する時脚をふり下すようにして腰をのばしてみる。丁度跳箱の先端の下に踵をうちつけるようなつもりで行う。

④　用具の配置をかえる。

跳箱の高さは実施者の腰の高さにし，跳箱にはマットをかぶせるとなおよい

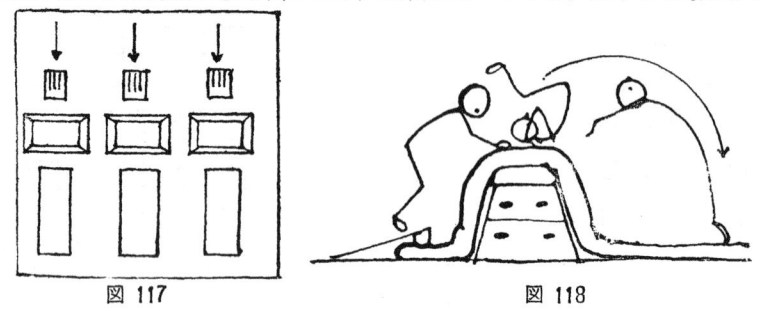

図 117　　　　　　　　　　　　　　　図 118

⑤　この辺まで要領がわかって来たら今度は図 118 のように跳箱を横に置いて行うことにする。

軽く助走して両脚で踏切り台に両手をつき，後頭部を両手の間につくようにし，前転の終りに強くはねて腰をのばし，体をそらせて下りるようにする。はねる時期がはやいと踏切りの方に落ちたり，台上に背中を打つ結果となるし，遅いと尻から落ちるようになる。従って側面にリーダーか補助者がいて，「ヨシ」とか「イマ！」とか云ってはねる時期を知らせてやるとよい。なお反る時に手でつっぱる動作もつけくわえさせる。

B　技能の要点

①　台上で前転を行う場合は足先から手をつく位置までは30m前後がよい。あまり足の近くにつくのはよくない。

②　両手の支えから後頭をつくまでは緩やかに行い，その後はスピードをつけて行うようにする。

③　跳箱を縦に使っての前転から最後に腰をのばす運動を行う時は，手の位置が手前になる腰や背中を打つことがあるので注意を要する。また，この頃にははねる時に幇助を要する。

単 元 Ⅴ 平 均 運 動

1. 平均運動の性格

　男子の鉄棒運動の代りに，女子では平均台を使ってバランスの運動を行う。すべての運動は平均運動であるということが出来るが，平均台は人体の運動に面積と高さの制限を加えることによってより高度なボディコントロールの能力を養うことを狙った器械である。

　女子の身体的な特徴を生かし，また将来生活を考える時に，この運動はかなり高く評価されてよいものと思う。

　平均運動としてこの器械の上で行われる種類は非常に多いが，次のように分類することが出来ると思う。

　① 歩及び走　② 跳躍　③ターン　④ フォーム　⑤ 上り方と下り方
　⑥ 転廻

　しかし授業では走，跳躍，転廻は必要ないので，他の5つを巡還的に2年かかって技の向上をはかるようにしてゆきたい。

2. 平均運動の用具

　体操競技で使用されるものは，長さが5m高さが1.2m, 巾10cmであるが，こうした規格にこだわることはない。授業に用いるも
れのはごく低いのでも巾の広いのでもよいが，新
らしく購入する場合には規格によるものを求めれ
ば，課外のクラブ活動の時にも利用出来て便利で
あろう。但し高低調節のあるものが好ましいう。

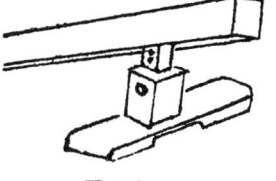

図 119

　平均運動には動的なものと静的なものがあるが，平均台を使用して行う場合の運動は，主として静的なものが多く扱われる。従ってシーズンからすれば冬季以外しかも風の少い季節に行うべきである。

　また，静的な運動であり時間がかかるので器具の数はなるべく早い方がよい。

　2，3人に1台ぐらいは欲しい数である。しかし何処の学校でもそう数の揃わないところが多いので，床上に適当な線を引き平均台の高さを仮想して各種の運動を行うような方法が必要であろう。

　さて平均運動の難易を決定するものには次のような要素がある。支援面の大小（体が地床に接する面）大きければ大きい程易しい。伏臥や仰臥が一番やさしい。逆に爪立ては難しく，跳躍すれば支掌面は零になり最もむずかしい。重心の高低同じ支掌面なら低い程安定する。目標ははっきりして動かないものがよく，ぼんやりした動く目標によるとバランスはとりにくい。眼をつぶって平均がとりにくいのは目標がないからである。頭の位置垂直にある場合が一番バランスがとり易い。水平，側，逆になった場合はとりにくい。支掌面の高低，振動等も影響が大きいことは周知のことである。以上のように条件は平均運動の難度を高める条件であり，これ等を適度に徐々に加えて平均運動の教材は展開されていくのである。

3.　平均運動のねらい

① 　バランスの能力を養う。
② 　よい姿勢を作る。
③ 　落着いた性格の育成に役立せる。
④ 　リズミカルな動きと表現能力を養う。
⑤ 　柔軟さと力を養う。

第　1　時　限

（1）　本時のねらい
正しい姿勢で歩き方と簡単なターンを行う。
（2）　指導の方法
A　指導の進め方
（a）　準備運動
（b）　器具の用意（整備点検はなるべく授業時間中にすませたい。）
出来ればはじめは低いものがよい。高さは膝位でも腰ぐらいでもよい。もし

用具が足りない場合には，地上の石灰，白墨等で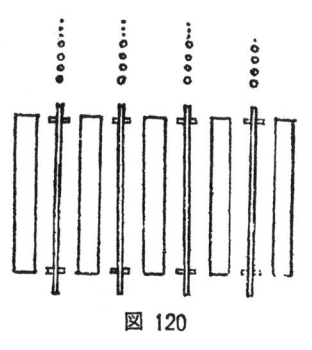
位の直線を引きそので練習する線を作ってもよ
い。

（c）　①前方歩行

　先ず平均台上に正しい姿勢で立ち，腰をのばし
顎を軽く引いて目標を定め，蹴が台上をするよう
に滑らかに姿勢をくずさないように前方に歩く。

図 120

静かに30〜40cm 位の歩巾で歩む。少し要領がわかったならばやや早く歩いて
みる。

　②　前方歩行（腕をいろいろにとってみ。）

　①の場合と同じ要領のある
き方で腕を各方面に美しく挙
げてみる。必しも伸して挙げ
ないで肘をまげて挙げてみた
り，或はまるく柔らかに挙げ
たりして歩む。また歩きなが
ら腕を挙げる方向をかえりみ
る（図122）

図 121

図 122

　③　後方歩き

　前方と同じ要領で後方に歩く。前方の場合と違って後方がみえないための恐
怖心がともなうので，あらかじめ何歩あるく
かきめてから行うとよい。地床を歩む時のよ
うに床から蹴をはなしてしまわないで，爪先
からすって歩くようにする。前者の時と同じ
ように各方面に腕を挙げてみる。

　④　前あるきと後あるきの結合

　2，3手前に歩き，転向して後向きに2，
③歩歩き，また前むきにあるく。

　⑤　よこあるき

図 123

台上によこむきに立ち，側方に最初は送り足で歩き，要領がわかってから交叉してあるく。この場合に適当に歩きながら腕を挙げてみる。また，よこむき転向あるきも行ってみる。

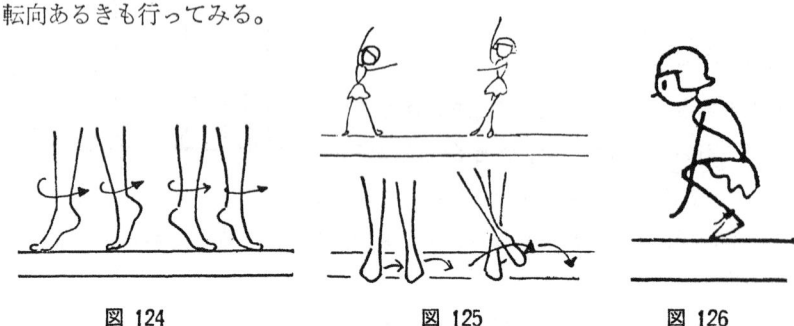

図 124　　　　　　　　図 125　　　　　　　　図 126

⑥　重心をさげて歩くあるき方

i　両膝深くまげた姿勢で歩く。腕は側に挙げても腰にとってもよい。こまたに小さく歩いてみる（図126）

ii　前脚は深くまげ片脚は後にのばした姿勢から，後脚を台からはづしてよこを通して前に運び，その脚を前にのばし膝を屈げてその脚に体重をのせる。同様な動作をくりかえして前に進む（127図）。

図 127

⑦　よこむき転向あるき

片膝を深く屈げ，片脚をよこにのばし，腕を側に挙げた姿勢をとる。まげた方の脚を軸にしてむきをかえ，伸した方の脚を前にのせる。更に屈げた方の脚を軸にしてむきをかえながら，伸した方の脚をまげながらその脚に体重をのせる。以上の動作をくりかえして進む。

図 128

（d）　整理運動

B　技能の要点

①　ふみ出した足にしっかりと体をのせる。

② スリ足で拇指球から台上にふれるようにする。

③ 目標をきめる。

④ 下をみない。

⑤ 重心に腰をのせ，腰に上体をのせる。

⑥ 落ちそうになった場合すぐにあきらめてとび下りず，いろいろフォームをかえてバランスをとりなるべく落ちる回教を少くする。

第 2 時 限

（1） 本時のねらい

スキップで腕を振動させながらの歩行要領の会得。

（2） 指導の方法

（a） 準備運動

（d） 器具の用意

（c） 1時限目に練習した各種の歩行のうち，自分の好きなも3種を選んで各自順番に自由に練習をする。

（b） スキップ

① 前足を軽くずらすように前に出し，その足に体重をのせるや後足をひき

図 129　　　　　　　　図 130

つけてまた前足に体重をのせる。後方の足を前に出し同様に行いながら前に進む。

② スキップの運動に腕の前側振を複合させた両腕を前に振り出しながら片脚を前に出す。後の脚を前足の近くに引きつけながら両腕を側にふりあげる。腕は力を抜いで楽にふりながらリズミカルに歩く。

第 3 時 限

（1）本時のねらい

平均台に更に各種の条件をつけて練習し，自然な動きのコントロール性を身
につける。（体操的なフォームにこだわらない。）

（2）指導の方法

（a）準備運動

（b） 準備運動終了後地上で「平均くずし」の遊ぎを行う。

図 131　　　　　図 132　　　　　　図 133

①　向き合って立ち，掌を打ち合って相手のバランスを崩す。足の位置をか
えたら負（131図）。

②　握手するように手を握り，足を前後にひらいて身体の平衡をくずし合う
（図132）。

③　数人組んで手を握りお互いに平均をくずし合う
（図133）。

（c） 器具を用意する。前時限と同じ（図134）。

（d） すれちがい

2人が平均台の両端に立ち台の中央に向き歩く。いろい
ろな方法ですれちがって相手の側に歩く。

図 134

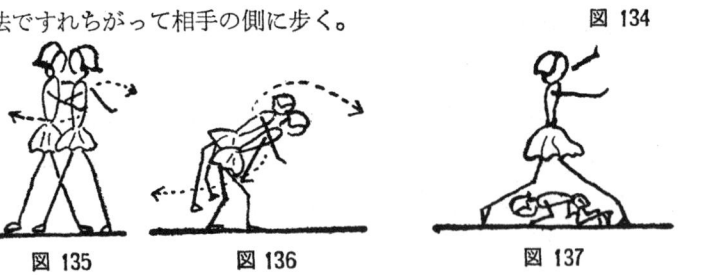

図 135　　　　　図 136　　　　　　図 137

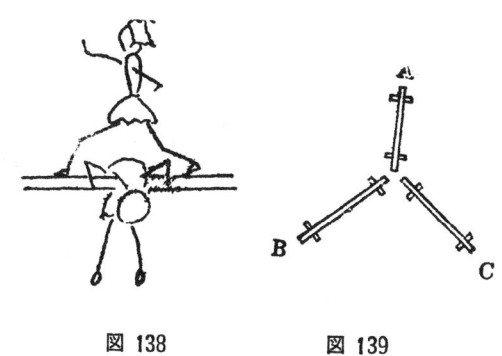

図 138　　　　　図 139

ⅰ　向きあって相手をかかえるようにしてすれちがう（図135）

ⅱ　相手を背負ってからむきをかえ反対側におろしてやる（図136）。

ⅲ　しゃがんで小さくなり相手を通してやる（図137）。

ⅳ　台上に腹部をつけ，上体を前にたれるように前屈しに相手を通してやる（図138）。

②　図139のように三つまたはそれ以上放射状に平均台をならべ，中央に向って3人が同時に出発して歩行する。そしてAはBの出発点に，CはAの出発点に，BはAの出発点につくよにお互に協力して落ちないようにすれちがう。

（e）　障碍物を越える

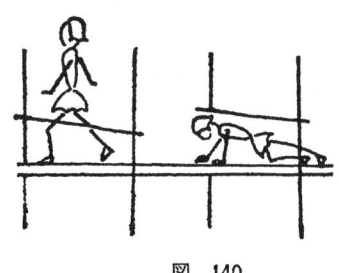

図　140

図の140ように台と直角にハイジャンプ用のスターンドを用意し，それにバーをかける台からバーまでの高さは40～45cm位にするさて台上を歩みながら，そのバーを落さないようにくぐったり，或はまだいたりして通過する。なお手にバレーボール等をもって行ってみるとよい。

（b）　ものをもって歩く

①　本はハンカチ，手拭，袋等適当なものを頭にのせて歩く。これを落さないように歩くためには頭の位置を正しくたもち，顎を軽くひき，背すじをのば

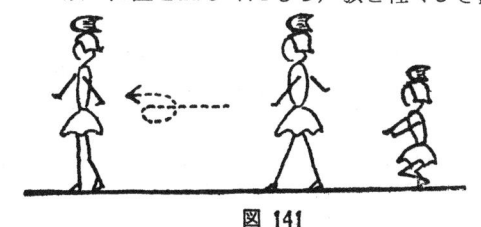

図 141

すことである。

②　途中で静かにしゃがんでみる。途中でむきをかえしてからまた歩く。

第　4　時　限

（1）　本時のねらい

平均台上での静止のバランスの練習，静止のバランスに移る前の動作，静止から次のモーションに移る要領等について研究する。

（2）　指導の方法

（a）　準備運動

（d）　静止のバランスで美しいフォームにはどんなものがあるか，床の上でいろいろ練習してみる。（生徒へのヒント）

①　胴体が平均台と垂直の関係にある場合のフォーム。図 142 のように脚と

図 142

腕のとり方でいろいろなポーズに変化する。

②　胴体の線が平均台と斜または水平の関係にあるもの。

図143　体前倒のバランス

図144　体側倒のバランス

③　胴体が曲線的なポーズを作るもの。

図 145

（C）　床上での練習が終ったら台上に登って実施する。

（b）　各自で実施した静止のポーズにはいる前の動作と，ポーズをとってから次の動作に得る練習をする。

第　5　時　限

（1）　本時のねらい

今までの練習した技を復習しながら，それらの技のコンビネーションの方法を研究する。

（2）　指導の方法

A　指導の進め方

（a）　準備運動

（b）　既習の各種の歩き方の間にターンを入れてみる。

（C）　前と同様行進曲に腕脚の動作の動作によって各種の変化をつける。

（d）　行進間に既習の静止のポーズを入れて実施してみる。

B　技能の要点（各種の簡単な技の例を中心として）

（a）　ターンの入れ方

姿勢を正して前に歩きながら，踏み出した足と後の足の踵をあげてターンする。（右足が前の時には左に　左　足前の時には右に同様後方に）歩きながら後足をふみ出してターンをする。

図 146

（b）　（a)と同様のターンをするのであるが，足幅をいろいろに変えて行ってみる。出した足に全部体重をかけてまわってみる。

（c）　ターンをする時に重心を落し，腰の位置を低くしてターンしてみる。

（d）　前に歩きながら出した前足を後にもどしながら，他の足を軸にして度
向きをかえる。

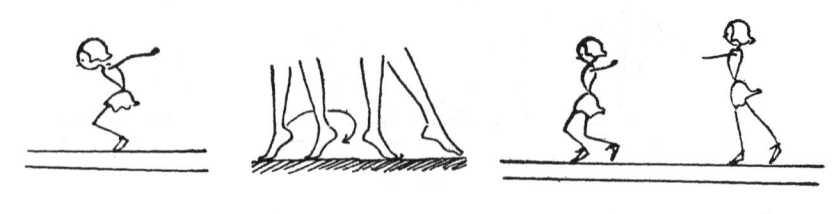

　　　　　図 147　　　　　　　図 148　　　　　　　　　図 149

（e）　腕を前と側にふりながら膝の屈伸を加えて歩く。

（f）　片脚を前にふりあげながら前進

　片脚を後にとり，前にふりあげ，そのスウイングを
利用して軽く前に跳び前進する。同様脚をかえて行
う。腕は側に挙げる。

（2）　スキップとホップ

　　　　　　　　　　　　　　　　　　　　　　　　図 150

　片足をずらすように一歩踏出しながらスキップし，腕は斜上と斜後にあげる

　次に後に挙げた脚を前上にふり上げながら，両腕をそろえて前にふり軽くッ
ホプする。動作が切れぎれにならぬよう脚の運動でくずれがちな上体をコント
ロールするように，腕の動作をそえることが大切である。

　　　　　　　　　　　　図 151

（h）　腕前後振スキップ前進

　両腕を後にふりながら，片脚をのばしたまま前にふり出しスキップする。次
にふり出した足を台につけながら，その脚に体重をかけ両腕を後から前にふり
出し，同時に他の脚を後にふりあげ，支持脚でスキップしながら前進する。次
は後にふりあげた脚を前にふりもどしながら，支持脚でスキップし前進する。
即ち腕と脚のふる方向は反対になるわけである。

図 152

（i）　腕前後廻旋前進

　片脚を大きく前方にふみだしながら，腕を後方にまわし，出した脚の膝をまげる。腕が後方から前上に旋廻する終りに後足を前足にそろえる。次に反対脚を大きく前方にふみ出し，腕を上から下して後方にまわしながら脚の屈伸を行い，腕が前から後方にふれ上る時に後脚を前脚に引きつける。ふみ出した脚の膝は十分にまげ，腰を入れ，上体を起して弾性屈伸を行う。

図 153

（j）　上体の脱力運動をともなう歩行

　両腕を斜前方に振り上げながら，1歩ふみ出す。ふみ出しの脚に体重をのせながら，胸を前方にズラスように脱力しつつ同時に腕を下にふり下す。腕の振りが後方に行く時に，脚をそろえながら重心をひき挙げる。次に反対脚を1歩前にふみ出して，同様な動作を行いながら前方に進む。

（k）　歩行から静止のポーズ

　①　歩行の途中で静止のポーズに移行する。

図 154

② 歩行中スキップ或はステップを入れ，次に静止のポーズにはいる。

図 155

③ 歩行（前後）中ターンをしてすぐ静止のポーズにはいる。

図 156

第 6 時 限

（1）　本時ねらい

平均台への上り方と下り方の要領を会得する。

（2）　指導の方法

（a）　準備運動

（b）　腕立懸垂からの上り方

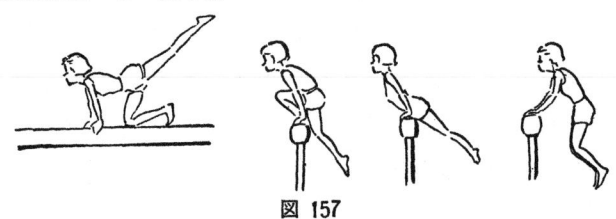

図 157

平均台に向って台上に両手をつき，両足で踏切り腕を懸垂の姿勢になる。

　腕立懸垂の姿勢から片脚を側にあげて台上にのせ，その脚に体重をのせる。次に膝をつき向きを変えながら両腕を台上につき，他の脚を後に挙げて片膝つき腕立伏臥脚後挙の体勢になる。

　（c）　（b）と同じ要領で，腕立懸垂になる片脚を側からまわして馬のりにな

るようにまたがり，Ｖ字型とバランスをとる。

（ｄ）　腕立懸垂からの下り方

① 一旦腰掛，姿勢となってから下りる。

② 両足をそろえて跳んでみる。

③ 片足でふみ切って下りる。

以上いずれの場合も平均台からあまり距離をとらず，垂直に下りるようにする。膝，足首関節をやわらかく使って平定をはかる。

図 158

Ⅵ　巧 技 の 試 合

　課外活動では次のような規準でバッチテスト形式で行うのも面白い方法である。

	鉄　　　棒	跳　　　箱	マ　ッ　ト
特級	正　車　輪 逆　車　輪 懸垂振上り	水平伸膝跳び 倒立転廻跳び 水平前屈跳び	逆転連続 側転逆宙返り
一級	け　上　り と　も　え け上り前まわり，後 まわり振跳び	斜伸膝跳び（跳箱横） 仰向跳び	前宙返り ハンドスプリング 後転倒立
二級	腕立後転廻 腕立前まわり 脚かけ後まわり，前ま わり	斜開脚跳び 倒立正面下り	跳返り前転 ネツクスタンド ヘツトスタンド 倒立前転
三級	逆　上　り 脚かけ上り 振りとび	跳上下 開脚とび（縦，横） 前　　　転	側　　　転 開脚前転 前転跳び一回転向

第 1 時 限

（1） 本時のねらい

競技会(クラス單位)について相談し，その後，各種目の自由な練習を行う。

（2） 指導の方法

巧技を競技として取扱うにはどうすればよいかを相談する。

① 会場をどこにするか。 ②役員，審判員をどうする か。 ③ 種目の決め方。 ④ 参加人員の問題。 ⑤何時限目を当てるか。 ⑥ その他の事項。

（3） 以上の決定が早くに終ったらば自由に練習をする。役員に決定された者は試合のための準備打合せをする。教師はその間指導及び相談に応ずる。

（4） 巧技の競技会を行うための参加事項

（a） 陸上競技，野球，バレーバスケット 等の試合になると，生徒達の手によってかなり，手際のよい運営の行われることも考えられるが，巧技の試合は経験も乏しく，特に審判等について要領のわからないところが多いと思う。そこでただ問題を生徒になげただけでは時間を浪費し，効果も挙らず予定通りに進まない場合も考えられる。そこで教師の側ではあらかじめ23の原案を用意し，準備話合いの状況に応じて提示するようにしてやるとよい。

（b） 試合のかたち

巧技の試合のかたちには大体二つの方法が考えられる。

(イ) 技が出来るか出来ないかによって試合する方法

(ロ) どれほど上手に美しく出来るかという，上手さの程度を点数に換算して優劣をきめる方法

(イ)の場合はごく初歩的な簡単なもので，人数が多くても種目の程度がごく低いスタンツ形のものでも試合の形式で行うことが出来る。

(ロ)の場合は，所謂体操競技会の形式で国際試合などで行われる方法を用いるわけで，比較的高度の技を小人数で行い，鑑賞，批評，応援等の立場を多くの生徒が立つことになるのでである。

そこでクラスで実施する場合には，(イ)の方法で全員行い，(ロ)の方法で希望者または選らばれたもの何人かが行うとよいと思う。

（c） (イ)の方法によって行われる方法

①　実施する種目と技の種類をきめる。これは全部の人の意見を聞いてもよし，リーダーや教師が今まで実施した中から適当のを選んでもよい。

例えば次のような種目と技の種類がえらばれたとする。

〔種目と技の種類〕

懸垂
{ 脚かけ上り，後まわり（脚懸上りで鉄棒に上り後方に1回まわる。）
腕立後方廻転（腕立懸垂から脚を後にはね上げ，下ってくる力を利用して1回まわる。）

転廻
{ 跳込み前転（2，3歩助走し両脚で踏切ダイブ型に跳躍し腕をついて前転する。）
腕立側転（直立姿勢から片手に体重をのせ，次に他の手に移し，片脚にのせて順に側にまわる。）

跳躍
{ 斜開脚跳び（縦のとび箱を開脚で斜の姿勢でとびこす。）
仰向とび（横のとび箱を片足踏切りで片足をふりあげ，逆V字の姿勢でとびこす。）

スタンツ
{ むきかえ跳び(360°)（直径30cmの円中に立ち跳び上，り空中360。むきをかえ円の中に下りる，）
足打跳（跳躍し空中で1～2回足を打つ。）
反り橋（仰臥姿勢上り手と足で支え体をそらす。）
水平立（片脚で立ち他の脚を後に挙げて体を前に倒し，頭の高さに脚がくるようにする。）

図159　むきがえ跳び

図160　水平立

個人得点票（例）

学年		組		氏名		
種目		成	功	失		敗
懸	脚かけ上り，後まわり	○				
垂	腕立後方廻転	×		×		
転	跳込み前転	×		×		
廻	腕立側転	○				
跳	斜開脚跳び	○				
躍	仰向とび			×		

スタンツ	むかえとび	○	
	足打跳び		×
	反り橋	○	
	水平立	○	
計		6	4

〔註〕○1つを1点とする。

（d） ㈠の方法によって行われる場合

①　規定問題と自由問題を作り，その合計点で勝負をきめるのであるが，時間その他の都合で自由問題だけで行ってもよい。

　〔註〕 規定問題とは，主催 例で技を規定してその通り行わせるもの。自由問題とは実施者が自分の得意な技を自分で選択して行うもので，規定問題より も高度なものを行うのがたてまえである。従って規定問題の難易の程度 がその競技会のレベルを示すものとされている。学校内で行う場合には規定問題の難易の程度は実施者の 大部分がこれをこなせる位のものがよい。なお規定問題は自由問題と同じものではい け ない。

②　規定問題の例

懸垂け上がり前まわり後まわり振跳び

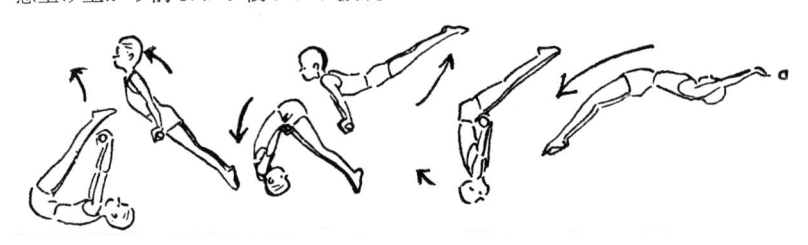

図 161

廻転　前転側転跳込前転

図 162

跳躍　仰向跳び

③　採　点

採点の基準を決める。

0点　実施しないもの

1点　ほとんど出来ない

2点　補助してもらって出来る

3点　半分出来ていない

4点　何とか出来る

5点　かなり欠点がある

6点　一応技をこなしているもの

7点　かなりよい

8点　なかなかよい

9点　非常によい

10点　中(高)学生としては非のうちどころのない完ぺきな演技

④　その他の打合せ事項

　例えば，試技1回或は2回とか，規定問題は2ないし3種類の技を必要とするとか，その中にけ上りと同等またはそれ以上の難度をもつ技がはいっておらねばならぬ試技の回数等，難易度について大体の打合せが必要である。

⑤　採点要領

（ⅰ）　減点法でいくのがやはりよい。即ち先ずその演技者の技を評価し，その技の程度が8点（なかなかよい）7点（非常によい）に相当するかを決め，その人に最初にその点をあたえてしまう。（失敗があったらその点数をそのまあたえる。）次にミスがあるたびにその点から減点する。例えば最初点を心の中でその演技者に授えたとする。ところが途中で一端技が停止してしまったので（0.5），着地の時に尻をついてしまった（0.5）ので8点がその演技者の点数になる。

　そのため前もって大体の減点対象になるものを考え，その打合せも必要である。

（ⅱ）　審判員は5人ないし4人とし，その審判員の示した点数の最高と最低

を除去し，残りを平均した点数をその実施者の点数とする。例えば4人制の場合，1審8.5，2審8.7，3審8.9，4番8.2とすると，最高の8.6（3番）最低8.2（4審）は際去され，8.5（1審），8.7（2審）の平均8.6がその演技者の得点となる。但し中の2つの点が1点以上開いた場合は協議しなおした方がよい。

図 163

　(iii)　試合演技の開始に先立って，最初の2名の演技者に対して打合せをし，点数の調整をし，以後は各審判独立して点をつける。

　(iv)　点数の段階を指示，点数は5点以下は1点かざみ，5点以上は0.1（0.5でもよい）位が適当であろう。指示する場合はボール紙等で作ってもよい。その用意がなければ主審が演技者の得た点数を口頭で発表してもよい。

　(v)　役員の構成

①　審判長（教師）

②　審判長1名，審判員4～5名（グループリーダーまたは体操部の部員（

③　計算記録係6名（見学者）

④　進行係（総務をかねる）4名

⑤　器具係10名「(i)の方法の時にろグループごとに全員が器具係となる。）

　(iv)　採点表

学　年	組	氏名
種　目	懸垂，跳躍，転廻	
審判員名		
得　点		

審判員は1試技者に1枚を使用，点数を記入して記録にまわす。

　(vii)　試合の前に1人1度位ずつ器械で軽く準備運動をゆるす。これが長くなりすぎると予定時間内に試合が終了しない。

第　2　時　限

（1）　本時のねらい

巧技の競技会の準備とそのための練習

（2）　指導の方法

（a）　試合の方法を期日，場所，役員等につい説明する。

①　第1時限目の(イ)方法で全員が実施し，問題の発表，試合要領を示す。

②　第1時限目の方(ロ)法を行う。

　（ⅰ）　規定問題の発表

　（ⅱ）　試合要領の説明

　（ⅲ）　選手選抜の方法の問題の優秀者を推薦する希望者の予選を行う。

（b）　①　役員は準備

②　教師は審判員を集めて審判要領の講習

③　他の者は準備運動実施，後各自練習

第　3　時　限

（1）　本時のねらい

(イ)の方法によって競技会を実施，各自の能力や進歩の状況を知る。

（2）　指導の方法

（a）　審判長の注意

①　試合進行をスムースにするための全員の協力

②　危害予防に注意

（b）　準備運動（役員ろ会場を整備部署につく。）

（c）　試合開始グループに分れ，個人票を各自もつ4つのグループを1班2班3班とする。班長1を決める。1班は懸垂から，2班は転廻，3班跳躍，5班はスタンツから実施し，終了したら進行係の合図で一齊に次の種目に移る。

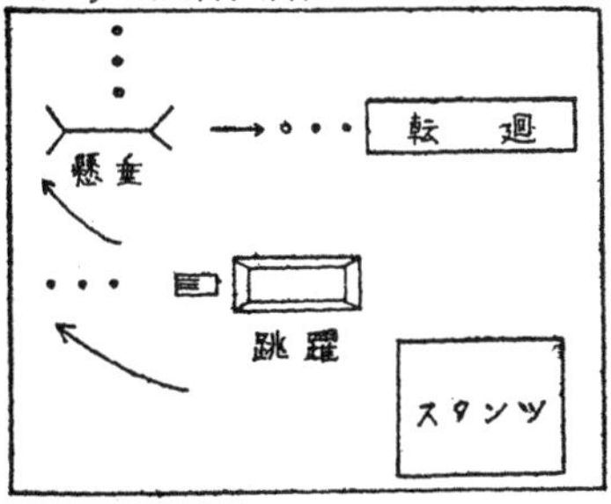

　審判員は個人票を集め，実施したものから成功，不成功の印を記入し，終った班長に渡す。班長は常にこの票をもちまわり，

図 164

4種目終ったら総務に渡す。総務は試合終了後総計順位を決めて審判長（教師）に渡す。

（d）　試合終了講評　(イ)の試合方法の場合，同点数が多い結果になるので，同点数の名氏名をまとめて 発表し（10点のグループ誰々），正確に1位2位という順序を決める必要はないと思う。実施者の態度，会の運営，技等についても講評する。

（e）　次の時限に行う(ロ)の方法の選手をこの際決定発表し，規定問題の説明をして終る。（前述したように(ロ)の方法に よる試合の選手の決定は，希望，予選，(イ)の試合の結果何点以上推薦の方法をとってもよい。場合によっては予選会を一時限とするのも方法である。）

第　4　時　限

（1）　本時のねらい

(ロ)の方法によって試合を行い，技の評価の研究,試合の選挙等を体験させる。

（2）　試合の展開

（a）　用具準備

（b）　審判長（教師）の注意

①　選手の試合態度は真面目に愉快に

②　実力以上の技をやらない十中八九確実性のあるものをやる（自由問題の場合）

③　失敗しても試合をなげないで最後まで続ける。

（c）　選手，準備運動（役員は部署につきそれ以外応援の位置につく。）

（d）　選手は班に分れ，班長及び試技順を互にきめ，一種目が終ったら班長がらまとめて移動する。規定問題からはじめ何班がどの種目からはじめるかは抽選によるとよい。

（e）　試合開始

（f）　規定問題が終ったら5分休けい後自由問題にはいる。

（g）　試合終了

（h）　器具を整理し，全員集合

（i）　成績発表，講評

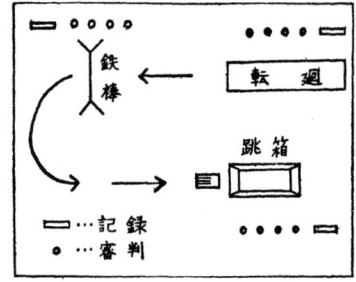

図 165

Ⅶ　評　　価

　学習活動によってたてられた目標に，どれだけ近接することが出来たかを反省するのが学習効果の評価である。

　従って評価は常に目標に対応し，学習のくぎりにおいて行われるのが常である。即ち時間ごと，単元の終り，学年の終り等に行われる。また評価する角度は知的な理解，技能，態度の面からとらえるのがよく，何れもあまり時間をとらないで評価出来ることが望ましい。

　巧技における技能の評価は教材の性格によってA能不能　B回数　Cどの位上手に出来たかの3つの立場をとるのがやりよい。

　Aはスタンツ形式のもので，出来たか，出来なかったか，或は何回目に出来たか。

　Bは力とか敏捷性の評価で回数，或は単位時間内の回数ではかる。

　Cは体操競技やダイビング或はスケートのフィギャー等のように或る基準をもうけてその出来ばえを点数に換算して評価するのである。

　A　スタンツの評価（1回で出来たら2点，2回で出来たら1点）

（種　　類）敏　　捷　　性	失　　　　敗	何回目で 1	2	合計
その場上方跳躍で空中で1回両足を打ち開いて着地する。	(1)両脚がひらいて着地出来なかった。 (2)空中で足が打てない			
上と同じ要預で空中で2回足を打ち開いて着地する。	(1)空中で2回足が打てない。 (2)足が開いて着地できない。			
手を腰にとり膝を上げた姿勢から，片足を前へのばす。ロシヤダンスステップを交互に2回行う。	(1)尻をついてしまう。 (2)よろめいて手をつく。			
（種類）　正確さ，巧緻性				
両手を膝の内側から足首にとり踵を併わせる。腰を下ろしながら右から廻転しはじめコマのように1廻転して元の位置にかえる。	(1)踵をはなす。 (2)円をかけない。 (3)元の方向にかえらない。			

両脚をそらして立ち，跳んで右に全廻転	(1)全廻転出来ない。 (2)バランスを失った足を動かす。			
跳び上ってうしろで両踵を両手で打つ。	(1)踵を手で打てない。			
一方の足先を他の手で握る。握ったまま跳躍して立っていた足で握った足を跳び越える。	(1)握った手がはなれる (2)ループの中を越えない。			
膝立てより手を振って跳び起さる。身体の反動を使わない。両足の爪先は伸ばして床につけておく。	(1)爪先をたてる。 (2)起きてから足を動かす。 (3)体の反動を使う。			
左足を左え挙げ，体の左側で，右足で上にとびながら，左足を打ち離して着地する。	(1)足が打てない。 (2)左肩から垂直線を下ろした線の外で打てない。			
種　類　（平　均）				
立った姿勢をとり手を背の後で組む。両方の膝で膝まずく，バランスをくずさないで叉足の位置を動さないで立ち上る。	(1)足を動かす。 (2)手を解く。			
左足を右膝の後で握る。右膝を屈げて左膝下を静かに床につける。バランスを失うことなく立ち上る。	(1)左膝以外の部分が床にふれる。 (2)バランスを失う。 (3)手をはなす。			
片足を全屈して他の足を前にあげ，床から離して5秒保つ。	(1)手をはなす。 (2)足が床につく。			
腕ぐみをして足交叉のまま坐り，その姿勢のまま立つ。	(1)腕をとく。 (2)バランスを失う。 (3)立てない。			
左膝をつき平均をとる。片脚は床から離し腕は側する。	(1)倒れる。 (2)膝以外が床につく。			
片膝立をし，足のうらを床につけて，他の足を後にのばし，腕はよこにあげる。体を前にまげて頭をバランスを失わず床につける。	(1)挙げた足を床につける。 (2)手や他の部分を床につける。 (3)頭が床につかない。 (4)元にかえった時安定しない。			
種　類　（柔　軟）	失　　　敗	1	2	3
膝立姿勢から体を後方にそらせ手を床につける。	(1)床につかない。 (2)起きてもとにもどれない。			
直立姿勢より体を前にまげ前頭部を膝につける。	(1)頭が膝につかない。 (2)膝がまがる。			

脚を前に出して坐った姿勢から片脚をあげて肩にかつぐ。	(1)かつげない。 (2)体が倒れる。		

B　懸垂力と敏捷性

（1）　懸垂力

（a）　準　備

鉄棒（高）計測並に補助係4名，記録係1名

（b）　方　法

鉄棒一間に2名ずつ懸垂し，補助者は振動しているのをとめてやる。「始め」で屈腕を行わせる。被験者は体をはなはだしく振り動かすことなく，あごが鉄棒の上まで引き上げられたとき，1回とする。被験者は計測者が回数を呼んだ

図 166

後，腕を伸ばし次の動作に移る。最後の屈腕で腕は直角まで曲げられ，あごが鉄棒にまで上らなかった場合は0.5と数える。

尺度　0〜3　　　初級
　　　0〜7　　　中級
　　　8以上　　上級

（2）　敏捷性

（a）　準　備

計時係1名　計測係5名　記録係1名　ストップウォッチ1個

（d）　方　法

5名ずつ行う。直立姿勢より床に手をつけ，両足を後に投げ出して腕立伏臥

図 167

の姿勢をとり，また両足を前にもどし手を床からつき離して立ち直立姿勢にもどる。

以上の運動を10秒間に何回出来るかを計る。「止め」の時に被験者が手をついた時は，それまでの回数に¼を加え，腕立伏臥の姿勢なれば½，腕立伏臥か

ら両足をもどした姿勢ならば¾を加える。

c　器械体操

　鉄棒，平行棒，跳箱，マット，平均台に関しては器械体操競技の採点要領で行うのがよいと思う。（巧技の試合の項参照。次のように2点単位に分けてもよいと思う。）

0点	実施出来ない。
2点	補助してもらって出来る。
4点	何とか出来る。
6点	一応こなせる。
8点	なかなかよい。
9点	非常によい。
10点	非の打ちどころがない。

既習の種目から基本的なものを選んで実施する。

　例　鉄棒……振りとび，腕立前転，後転，蹴上り

　　　跳箱……跳上り，仰向跳び，跳上り，前進跳び，斜伸膝跳び

　　　マット…前転，後転，跳込前転，ハンドスプリング

　　　平均台…腕の動作をつけた歩行，360°のターン，静止のバランス

徒 手 体 操

日本体育大学助教授

浜 田 靖 一

I 徒手体操の歴史

運動文化の歴史の中から徒手体操の歴史だけをひき出すことは困難である。しかし，自分の体をある要領によって動かし，健康を増進させようとする活動は，高い文化をもった国では古くから行われていた。これを徒手体操と呼んでよいかどうかわからないが，それが先祖であり，性格的につながりをもつものであることはいうまでもない。古い文明国である支那，ペルシャ，エジプト等はその例として挙げることの出来る国々である。

身体運動一般に対して「体操」という名前をつけたのは古代のギリシャ人である。しかしこれらの運動は必ずしも徒手だけで行われたわけではなく，広い運動文化の歴史の中にまじって行われたので，今日の所謂徒手体操の直接の先祖ではない。

今日われわれが行っている徒手体操は，文芸復興期以後ヨーロッパ大陸の国民特にスエーデン，デンマーク，ドイツ人等によってはじめられたものである。これらの人達の体操は器械も使用したので巧技の歴史と登場人物はほぼ同じである。その主流は汎愛主義者とよばれた一群の人達の影響を受けて発達した。即ちバセドウ，グーツムーツ，ペスタロッチ，ザルッマン，リング，ナハティガール等の人々をを挙げることが出来る。

なお，これが交通の発達と共に各国に伝えられて世界的なものとなった。

わが国に徒手体操を伝えたのはリーランドであるが，彼の体操は坪井玄道によって普通体操と命名され，長い間わが国で行われた。その後スエーデン体操やデンマーク体操が輸入せられた。また律動表現美をねらいとした新体操の輸入などもあり，多彩な歴史を繰返えして今日に至っている。

II 徒手体操の性格と指導目標

1. 性 格

スポーツは人間の生活の中から自然に生れたものであり，体操は生活の中から必要に応じて作られたもので ある。「生れたもの」と「作られたもの」は，すでにスタートから性格に相違がある。

スポーツは興味に動機づけられて発展していくが，体操は一般的には必要感と理解にもとづいている。機械を扱う者はその機械の構造を知る必要があるように，作られた体操は作られた理由と組立の原理がわからなければ活用されない。少くとも自分の体操にはならないのである。徒手体操の指導の出発点はスポーツとは違う徒手体操独自の性格をつかむことから出発する。

数多い体育教材の中で活動に対する動機づけの最も必要なのはおそらく徒手体操であろう。スポーツでボールを用意しコートを整備する以上に徒手体操が展開される基盤を作ることが大切である。

その基盤とは，①徒手体操の必要性を知らせ，徒手体操に対する理解を深めること ②徒手体操を自然に自発的に行うような立場にたたせ，その実施の快感を体得させることである。

さて体育は身体活動と関連した教育の領域としていろいろなスポーツをとりあげ，その好むスポーツを通じて心身の発達を誘致するという方法をとっている。しかしスポーツにはスポーツ独自の姿勢や身体的な動きがあり，身体発達の理想面からみると如何なるスポーツでも万全ではあり得ない。また日常生活にともなう姿勢も動作も同様なことが考えられる。人生にとって最も重大な発育期においては，こうした盲点を除去し，身体の健全な発達という学校体育の大きな目標達成を図らなければならない。

徒手体操は身体の均斉調和の発達を目標とする教材であるが，積極的にはスポーツ時における能率と安全度を高め，消極的には身体的固癖を矯正するために効果的であり，学生のスポーツや生活と結びついてのコントロール性を多くもっている。

　また体育上の効果には，心臓，肺臓，消化器官等の機能を高めるとか，精神方面，社会的性格の育成等にも相当効果をもっている。

　徒手体操を実施する上の特色として次の諸点があげられる。

① 　特別の場所，用具，設備を必要としない。

② 　1人でも十分出来る。

③ 　特別の時間も必要としない。

④ 　運動量が加減出来るので過労に陥ることなく，性別老幼に適するように行うことが出来る。

⑤ 　保健的効果が高い。

2.　指導目標

　生徒の現状の把握（発達の過程と生活のプログラム）と徒手体操の性格特色とをにらみ合せて指導目標は設定される。

（1） 　身体的発達

A 　肉体的発達

① 　内臓諸機関に刺戟をあたえて機能を高める。

② 　全身的な発育を助長する。

③ 　柔軟性を確保する。

④ 　姿勢をよくする。

⑤ 　筋力を強める。

B 　技能的発達

① 　巧緻性を身につける。

② 　スポーツ，生活に対するコントロール性と耐久力を身につける。

③ 　自然な動きの出来る体，リズミカルな動作，正確な動作が出来るようにする。

（2） 　社会性

　学校においてはグループで体操を行う場合が多い。グループで体操を作ったり，これを他の場合に活用したり，互いに指摘，矯正したりする場合が多いので，それらの活動を通して人間関係を広め，協力・積極性・奉仕等の社会的能

度を育成する。

（3）　生活化

スポーツに結びつける能力，生活の内にとり入れる態度を養う。

模倣と惰性だけで行う形式的なものでなく，スポーツや生活に結びつけ，将来の職業生活の中に体操を生かすことの出来る能力を養う。（準備・補助・補償・矯正・疲労回復・美容・調整運動等）

（4）　知的理解

徒手体操では勝敗がないし，進歩の度合や効果がスポーツに比較して判然としないので，その実施に積極性が欠けがちになる。これを補うものは知的な理解である。この理解の上に立った必要感は，身についた徒手体操にするための大切な手段である。ともすれば体操は効果の挙がらない無意味な動作の繰返えしになりがちである。

（5）　健康安全

①　正しい姿勢の確保をいつも狙う。

②　なるべく戸外で太陽の下で行う。

Ⅲ　徒手体操の指導計画

1.　指導計画の立て方

　徒手体操を１単元として取扱っている学校は実際にはあまり多くない。徒手体操は体育の時間の始めと終りに何となく形式的に行われている所が多い。即ち各種のスポーツの単元計画の中には，計画的にコマ切れ的に配当されているが，徒手体操自体の系統的な計画的な指導がなされていない場合が多いのである。

　勿論徒手体操はスポーツの時間の始めや終りに，その準備・補助・調整の運動として今までのように行われて差支えないし，形としてはそうであろうが，その前にやはり１単元としてまとまった学習経験をもたせることが必要であると思う。

　そうでないと，形式的惰正的作業的な体操が，毎スポーツ時に繰返えされるだけで一向身についたものになってこないからである。そこでどうしても徒手体操の性格を理解させるという手順をとり，次に実際の身体活動と結びつける作業を行う。即ち自分達の これ から行うスポーツに活用出来る体操を作らせる。これは体操を形式化と孤立から防ぐよい方法である。

　即ち自分達で作り自分達で行う体操が，出発点にならなければならない。そのためには次のような方法がのぞましい。

　①　先ず徒手体操の学年ごとにおけるねらいを決め，それに基づいて学習内容を決める。

　②　次に各学年のねらいに応じて活用でき，展開出来るように学習内容をならべ，これに時間を配当する。

　③　学年ごとにねらいは違うが，学年ごとに連関しており，最初の学年の基礎が次々に展開されていくようにする。

2.　時間配当

　高等学校の保健体育の指導要領にも示してあるように（P.14），徒手体操は

他のスポーツの展開に当って活用出来るように，学年または学期の初めにもって来て，基礎的な指導を徹底させるのがよい。本書の計画でも徒手体操がすべての運動の基底的役割を果し，徒手体操の単元が終了しても，それはその後のあらゆるスポーツに連関をもちながら展開するものと考えて，次のように配当してみた。

単元 I （7時間）	単元 II （5時間）	単元 III （6時間）
スポーツの準備補助の体操を作る。	スポーツと生活の補償・矯正の体操を作る。	運動会のマスゲームを作って実施する。

徒手体操は季節的な制約を受けないことがその特徴の一つでもあるが，単元 III では運動会のマスゲームを単元とした関係上，季節的には必然的に9，10，11月頃ということになるわけである。

なお，これに対する時間の配当は，高校の指導要領では3年間にとなっており，本計画でもこれに計画表のように，単元 I　7時間，単元 II　5時間，単元 III　6時間としてみた。この時間は勿論徒手体操の単元の時間であり，他のスポーツ時における準備や補助の運動に使う時間は含まれていない。スポーツ時に行う準備運動や補助運動は，そのスポーツの単元内の時間と考えるべきである。

なお女子の場合にはなるべく女子に適した運動を用意するよう考慮すべきであり，単元 III で行うマスゲームの場合，男女合同で行う場合には，女子の曲線的なやわらかな動きと男子の直線的な動作等のコンビを考慮すべきである。

「徒 手 体 操」年 間 学 習 指 導 計 画 案

単元 I　スポーツの準備運動

学　習　内　容	時間	指　導　の　着　眼　点	備　　　　　考
準備運動を作る打合せ。	1	準備運動の必要さを理解させ，準備運動を作るための材料を集める。	準備運動に適した体操を予め用意し，生徒から発表の少い時，或は適当なものの少い時には出す。
マスゲーム作成の準備	1	単元のところで作成した準備運動を基礎にして展開する。	グループに分れて準備を進める。グループのリーダーを決める。進度を記録する。
運動の展開について	1	運動会のマスゲームにふさわしい展開方法，展開するためのいろいろな手段を研究する。	
運動の排列	1	前時間までに作った各種の運動を体操構成の原則的な線にそって実施しながら排列する。	人数，時間，観覧者の位置，服装，音楽を考慮する。どこをヤマにするか。曲線的な動きと直線的な動きの関係。
運動の順序を覚え，入退場と開列の方法を考える。	3	グループごとにリーダーを中心にして順序を覚える。入退場は図解して考えてみる。	運動会当日の気持ちで行ってみる。

Ⅳ 単元の展開とその方法

単元Ⅰ スポーツの準備運動

　文部省の高校指導要領保健体育科のp. 14⑶「できるだけ学年または学期初め
に徒手体操の指導を計画して，その正しい基礎的指導を徹底し，それを他の運
動の展開にあたって活用させる」，同じくp. 13⑵「回癖を予防きょう正して，
正しい姿勢に対する関心を高め，あるいは各種競技に適した準備運動，整理
《補助，補償を含む》として，さらには一連の体操を身につけたり，自己の体
操を作ることによって現在および将来の生活に起りやすい身体上の欠陥を除去
し」の線に沿って計画した。即ち先ず学年の学期の始めに今までの経験と教師
の指導によって一連の体操を作りあげ，これを自分のものにする仕事からはじ
める。そしてこの時作った体操は，その時かぎりのものでなく，単元Ⅱ，単元
Ⅲの基礎になって発展していく性質のものである。

第　1　時　限

　（1）　本時のねらい

　教師と生徒が一緒になって，これから3ヵ年間行う各種のスポーツの準備運
動を作る。その話し合いと手順を考え，体操を組立てるのに必要な材料を集め
る。

　（2）　指導の方法

A　指導の進め方

　①　「スポーツを行う前に準備体操を行うが何故だろうか」という問題を生
徒の前に提示して話し合いを行い，スポーツの実施中身体の故障を防止するこ
と，これから行うスポーツの能率の向上をはかるという2つに帰着させる。身
体的な事故を未然に防ぐという例としては，水泳の場合を例にあげ，水中で痙
攣を起したり，心臓麻痺等が準備体操の不実施からくる場合が多いこと等を挙

げることは適当であろう。要するにこの話し合いで準備運動の必要を認識させたい。

　②　次に生徒達が今までやったことのある体操にどんな体操があるか聞いてもよし，或いはどんな体操でも知っている体操をやらせてみる等の方法で生徒側から体操を提出させる。この体操をあらかじめ用意した用紙なり黒板なりに簡単な図解と共に記入して置く。

　③　おそらくラヂオ体操等の中の動作も多いと思うが，とに角出来るだけ沢山の体操を挙げさせる。次にここに提出された体操はどこの運動であるかお互いに各自で実施してみて考える。そして足りない運動を考えて加えるか，または教師が補ってやる。こうして一応準備運動に必要を種類の体操の動作の種類をそろえ，それを実施してみる。要するにここの段階では一連の体操をするのに必要なバラバラな材料を集めたわけである。

　④　生徒の知っている体操の動作の種類はごく少く，ほとんど準備運動を作るのには足りないものと考えられる。そこで教師は身体各部の運動で生徒に出来そうな動作を3つずつぐらい用意して置く必要がある。そして生徒から提出する動作の少ない場合には，教師が用意してきた運動を一緒に実施し，その中から生徒にやりよい運動を選らばせる。それには大きく図解したものが用意出来れば一番よい。

B　準備運動に必要と思われる体操の例（教師が生徒に示し，この中から選らばせるもの）

　（a）　下　　　肢

　①　その場跳び

　その場で軟く両脚跳びを行う。全身をゆするようにする（図1）。

　②　脚の屈げ伸ばし

　脚を開いて交互に屈げ伸ばしをする。また脚を そ ろ え て 屈げ伸ばしをする（図2）。

　③　足くびを廻わす

　足の爪先で円を画くように廻わす。また足首の力をぬき手で廻わす（図3）。

　④　その場かけあし

あごをかるく引き，重心を高く保って，その場でリズミカルにかけあしを行う（図4）。

図 1　　　　　　図 2　　　　　　　　　図 3

（b）　上 下 肢

①　腕あしよこふり

腕を交叉して，横斜上にふり上げる。脚も腕のふりに合せて側にふりあげる（図5）。

②　腕よこふり，脚前ふり

腕は体前に交叉し斜上にふりあげ，脚は膝をのばして前にふりあげる（図6）

③　腕斜上ふり膝をまげて，腿あげる

顎が前に出ないように胸を起して行う。重心を引きあげるように高く保って行う（図7）。

④　足を側に出し腕を上に挙げる。

足を大きく側に出しながら，腕を側から上に挙げる（図8）。

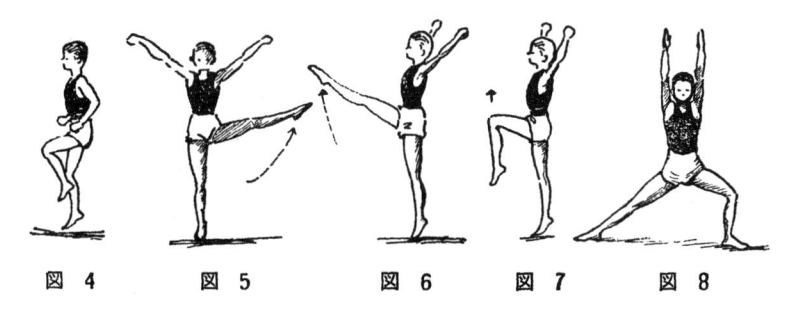

図 4　　　　図 5　　　　図 6　　　図 7　　　　図 8

⑤　腕の前後まわし，屈膝前出

腕を体側から振り出して前にまわしながら膝をまげて，足を前に出し体重を

かける（図9）。

⑥　腕脚前後側振

腕を前にふりながら片脚を前にふる。腕を振り下し体側をとおして側にふり上げる。腕と脚を振り下して前にふる。腕と脚を振り下ろしてもとにかえる（図10）。

⑦　腕の前上振，脚の弾性屈伸

腕を前にふり出して踵を挙げる。ふり下して弾性的に膝のまげのばしを行う。腕を上に振りあげながら体をのばし踵を挙げる（図11）。

図　9　　　　　　図　10　　　　　　図　11

（c）　頸の運動

①　頭の前後屈

脚を側にひらき，手を後に組み頭を前後に屈げる（図12）。

②　頭を左右にまわす。

頭を左右にまわす（捻じる）。極限までまわし，ゆるめてかえす。顎を軽くひいて行う（図13）。

③　頭を左右に屈げる。

頭を上に引きのばすようにしながら左右に屈げる。耳を肩につけるようなつもりで深く極限までまげのばしする（図14）。

④　頭の旋廻

頭頂で大きな円を画くようなつもりで頭を右から左からまわす。

〔注意〕　頸の運動はゆるやかに力強く行う。極限では停止させずもとにかえすようにする。

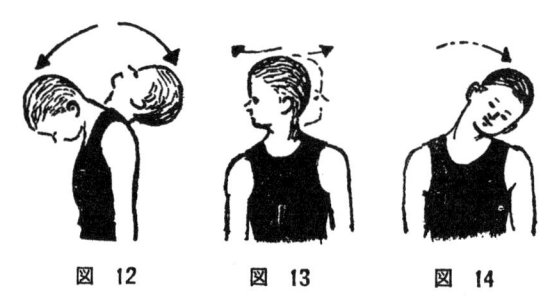

図 12　　　　図 13　　　　図 14

（d）　上肢の運動

①　腕を上，前側，下に伸ばす運動

腕を上と前側と下に伸ばす。ゆっくりとのばす方法とスタッカットにキビキビのばす方法との２つがある（図15）。

②　腕前側ふり，上ふり

両腕を前にふり下して側にふり，下して前から上にふりあげる。脱力してよく振動を使う。上にふりあげた腕がまがらないようにする（図16）。

図　15　　　　　　　　　図　16

③　腕の前挙側開

腕の前に挙げる。その際腕部は向い合うようにして側に開く。側に開いた時にはとめずに開いた反動でかえってくるようにする。

④　腕の前屈側開

手のひらを下にして前に挙げ，すぐ前膊を前にまげる。ひじは肩の高さにとり指は向き合うようにする。次に腕を前方肩の高さにのばしながら，手の胛を上向きにしたまま大きく側に開く。かえ

図　17

して下す（図17）。

⑤　腕前挙側開——腕の前後廻旋

腕を前にあげ，よこにひらく。まえにかえし，後にふる。ふりかえるのを利用して前から上を通して後にまわし，次に後から前にまわす。

（e）　胸の運動

①　腕斜上振胸伸展

足を側にひらき，腕を体前に交叉し，次に斜上にふりあげ胸を伸展させる。間に腕の交叉よこふりを入れる（図18）。

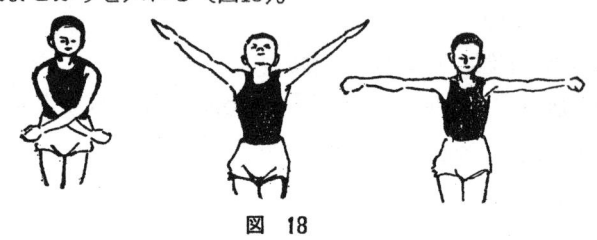

図　18

②　体前屈伸展腕斜上等

腕を上から下りふり下しながら膝をまげ深く前屈する。足を側に出しながらふれかえる腕の振動を利用し，腕を斜上に開き胸をそらせる。

前屈する時は腕は後までふりあげ，膝を弾正的に屈伸させる（図19）。

③　腕上挙——斜上まで開く。

腕を前から上にあげて脚を側に開く。上挙した腕を斜上の位置まで開き胸をのばす。もとの上挙の位置まで腕をかえし，上から後下にふり下す（図20）。

図　19　　　　　　　　　　図　20

（f）　体の側屈

①　腕側振体側屈

両腕をそろえて左右側にふ
る。反対にふりかえるのを利用
し，側から上をとおし片腕をま
げて体側にとり，片腕を側から
上にふりあげ体をまげる（図21）。

② 腕の前側振側屈

図　21

図　22

腕を前にふり下して側に
ふる。その振動を利用して
片腕を体側にとり，片腕は
そのまま上まで振りあげ，
体をよこにまげる（図22）。

③ 腕交叉側振体側屈

腕を体の前で交叉して側にふる。ふり下して体側を打ちはづみをつけて，片
腕を腕下にとり，片腕を側から上にふりあげてよこにまげる（図23）。

図　23

④ 腕側廻旋側屈

両腕をそろえて側から上にふりあげ，
2回弾性的に側屈する。（図24）。

（g） 体の側転

① 体側転運動

脚を側に出し腕を前に挙げる。脈部が
向い合うようにする。片腕を水平に側に

図　24

開きながら体を側にまわす。極限までまわし，自然にはねかえってくるような
感じの動きをする。両足裏は地床につけて置く。正面にかええし，揃えてふり

下す。反対側に同様に行う。左へ体をまわす間に上振を入れ動作を結合しても
よい（図25）。

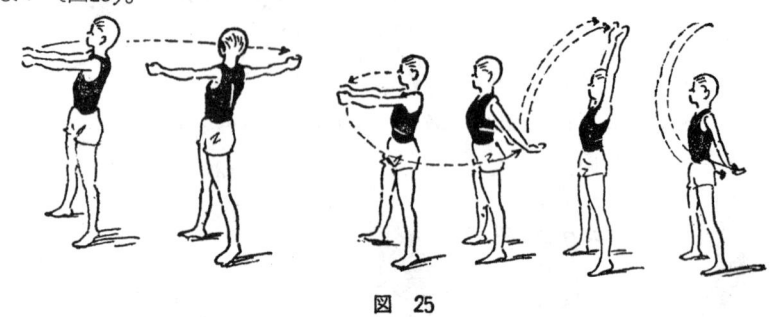

図　25

②　腕振り，体側転——斜前下屈

開脚姿勢で両腕をごく自然に体側に重ね，上体を捻る。脱力した腕は後から
ついて来て体にまきつくような型になる。1で左にまわし，2で右にまわし，
そのはづみを利用して，3で深く左右の方に上体をまげる。体を起す。同様な
動作を右の方から行う（図26）。

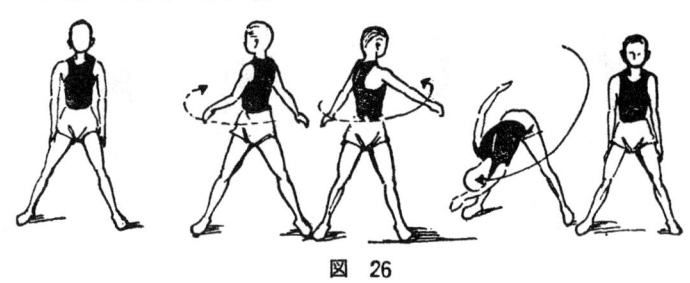

図　26

③　腕側挙体斜前下屈

脚を側に出し，腕を側に挙げる。体をねじって斜前下にまげながら左（右）足
先に右（左）手をつけるようにする。体を起して腕側挙の体勢になる（図27）。

図　27

④　腕側振──体前倒振動体側転

両腕をそろえて二，三
度側に振る。その振動を
利用し体を前に倒し，腕
を側に振りながら体を側
転させる。体を起して腕
を側に振る運動にかえる
（図28）。

図　28

（h）　体を廻す運動

①　体の旋廻

脚を側にひらき上体をまわす。足の位置はそのままにして体全部で大きな円
を画くつもりで左からまわし次に右からまわす。後方も深くしっかりまわす。
アクセントをはじめにつけるようにしてまわす（図29）。

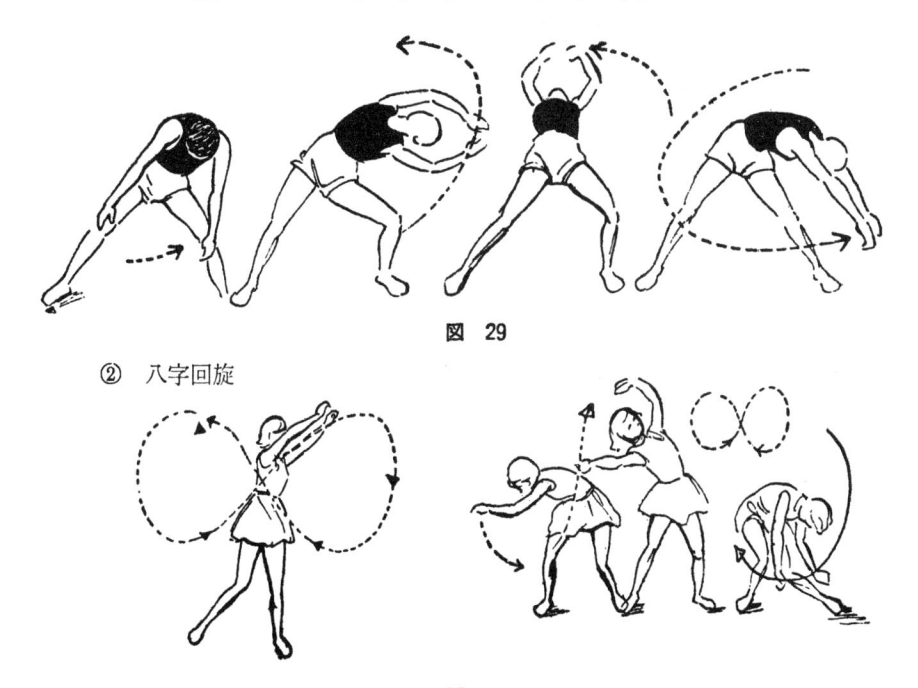

図　29

②　八字回旋

図　30

　数字の8の字を横に倒したような曲線を体で画くようにふる。動きは腕だけでなく腰を中心にして動くようにする。

　またB図のように斜下から上の方に，逆に8の字をかいてみるのもよい（図39）。

（i）　腹と背の運動

① 体の前後屈

　上体の力をぬき，腕を下に垂れて体を深く前下にまげる。その際膝はのばしたままにする。弾性的に2〜3回まげる。前にまげた反動を利用して後にまげる。後にまげる場合には手を腰にとる。頭だけが別の動きをしないで，上体がまがったその延長上に頭がくるようにする。頭の重さ，胸の重さを使って前後屈をするようにする（図31）。

② 腕前後廻旋体前後屈

　腕を前後に廻し，体を前後にまげる。

　腕を前から後にまわしながら体を後にまげる。その腕を前にまわしながら体を前下屈する（図32）。

③ 体前倒――腕前上振

　体を前に倒し腕を前と上に振る運動。背すじをのばして体を前に倒し，腕を前と上に振る。上体は腕の振動に合せて上下にゆれる。肘をのばして振る（図33）。

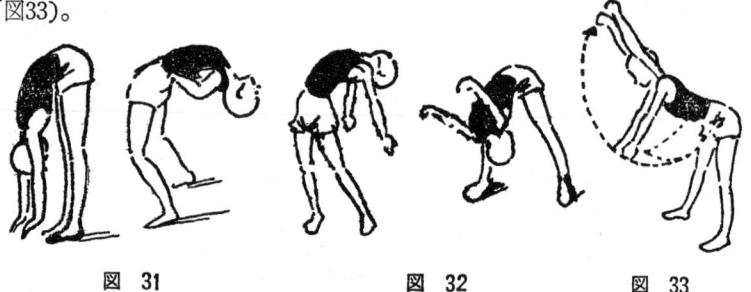

図 31　　　　　　　　図 32　　　　　　　図 33

④ 体前倒――腕側振

　体を前に倒し，腕を交叉して側に振る。背柱にはわづかの上下動を加える。腕は軟かく振る。脚は開脚でも閉脚でもよい（図34）。

⑤ 腕振り，体前後屈

腕を前から振りあげて体を後屈し，振り下して前屈し，反動で体を起し，腕を前までふりあげてもとにもどす。脚はとじたまま（図35）。

（j）　跳　　躍

① 　その場とび腕上伸

その場とびをしながら腕を上と下に伸ば

図　34

図　35

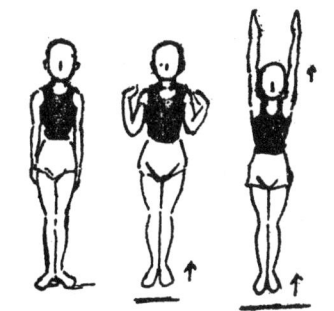

図　36

す。1・2 とその場跳びをしながら手を肩にとる。3・4で同じくその場跳びをしながら上に伸す。5・6で手を肩にとる。7・8で下に伸す。腕を伸す方向は前でも側でもよい。各方向に連続してやってみるのもよい（図36）。

② 　両脚左右（前後）跳び

両足をそろえ左右または前後と跳ぶ。前後も左右も距離はそうとぶ必要はないがリズミカルに跳ぶ（図37）。

③ 　その場跳び全屈膝と上方跳び上り

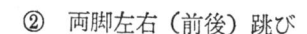
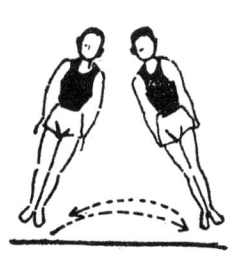

図　37

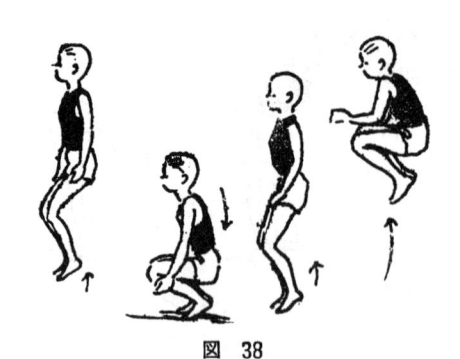

図 38

1, 2, 3 とその場で跳び, 4 で全屈膝深く膝をまげてしゃがむ。

次に, 1, 2, 3 とその場で跳び, 4 で膝をまげて高く跳び上る (図38)。

④ 腕側上挙脚の開閉跳び

跳んで脚をよこに開き腕を側に挙げる。跳んで閉脚となり腕を体側におさめる。次に跳んで開脚となり腕を側から上挙, 頭上で指を合せる。以上の動作を繰返えす。

図 39

⑤ 開脚上方跳び

腕を側にふり, 踵をあげる。腕を体側に振り下して交叉し膝をまげる。

次の瞬間, 腕を斜上に振り上げながら上方に跳上り空中で開脚する。脚を閉じて下りる。

(k) 呼吸運動

① 腕前交叉掌反胸伸展

腕を前に交叉しながら前に胸をせばめ頭を前にまげて呼気をする。交叉した

図 40

腕をとき斜後に開きながら吸気する。ゆ　くりと行う。

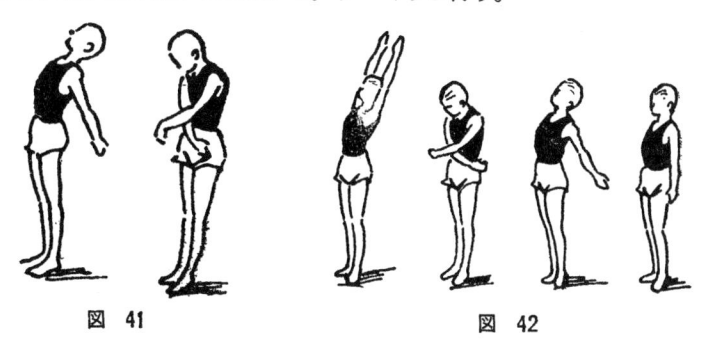

図　41　　　　　　　　　　　**図　42**

②　腕上挙側下体前交叉，掌反胸伸展

腕を前から上に挙げ斜上まで開いて吸気し，側を通って体側から，体前に交叉して体前に腕を交叉させながら胸をせばめて呼気する。更に交叉した腕を斜後下に開き吸気し，腕を体側におさめる。

第　2　時　限

（1）　本時のねらい

前時間生徒側より提出され或は先生の方から示した各種の体操の種類の中から，準備運動に適し，生徒に実施出来て，身につきそうな運動の種類を選び，これを一連の体操に組立る作業をする。即ち体操を実施しながら選び，実施しながら構成，その間準備運動の性格や体操の構成の要領の概略をつかませる。

（2）　指導の方法

①　前時間に集めた運動を実施してみて，どこの運動かを考え，グループに分類する。例えば上下肢の運動，背腹の運動等。

②　運動のグループの中から，準備に適したものを選び出しながら排列する。この際生理的或は心理的に運動を如何に排列したらよいか等のことについて基本的な説明をする。

③　排列が終ったならば実施してみて，不合理なところ，やりにくいところ，足りない運動等検討整理する。

④　一応出来あがったものを全員で実施してみる。

（3）　準　　備

①　前時間に集めた運動の種類は，その運動のやり方，簡単な図解等を短冊型の紙にでも書いて予め用意して置くとよい。

②　用意された運動の種類を生徒の前に提示し，それを一緒に実施しながらえらび出し，排列を考えるようにする。

③　黒板を利用してもよい。大体運動の種類は10〜15位で，5分以内に実施出来るものが適当であろう。音楽の先生の協力を得て曲をつけてもらうようなことを考えて　よいと思う。

（4）　説明資料

（a）　運動を配列する場合には，大体次のような事項について説明し，理解させることが出来ればよいと思う。

①　身体各部の運動が含まれていること。

②　運動は心臓より最も遠い部分からはじめる。したがって，下肢，頸，上肢……の順になる。

③　はじめと終りは軽く簡単な運動を，中央部を複雑な努力的な 運 動 にする。

④　下肢と上体，体の前後の関係を考えて行う。

⑤　運動の強弱を考える。

（b）　今かりに次のような運動が選らばれて排列されたものとする。

①　下肢の運動……その場跳び〔（a）の1〕

②　頸の運動………頭の回旋（手は後にくむ）〔（c）の4〕

③　上下肢の運動…腕例振屈膝挙股〔（b）の3〕

④　体の運動………体前屈——足側出腕斜上挙胸伸展〔（c）の2〕

⑤　体の運動………腕側振体側屈〔（d）の1〕

⑥　体の運動………腕振り体側転——斜前下屈〔（e）の2〕

⑦　上下肢の運動…腕の前上振，脚の屈伸〔（b）の7〕

⑧　体の運動……腕振り体前後屈〔（g）の4〕

⑨　体の運動………体の8字回旋〔（f）の2〕

⑩　跳躍運動………その場跳び——左右跳び——全屈膝跳と上方 跳 び上り

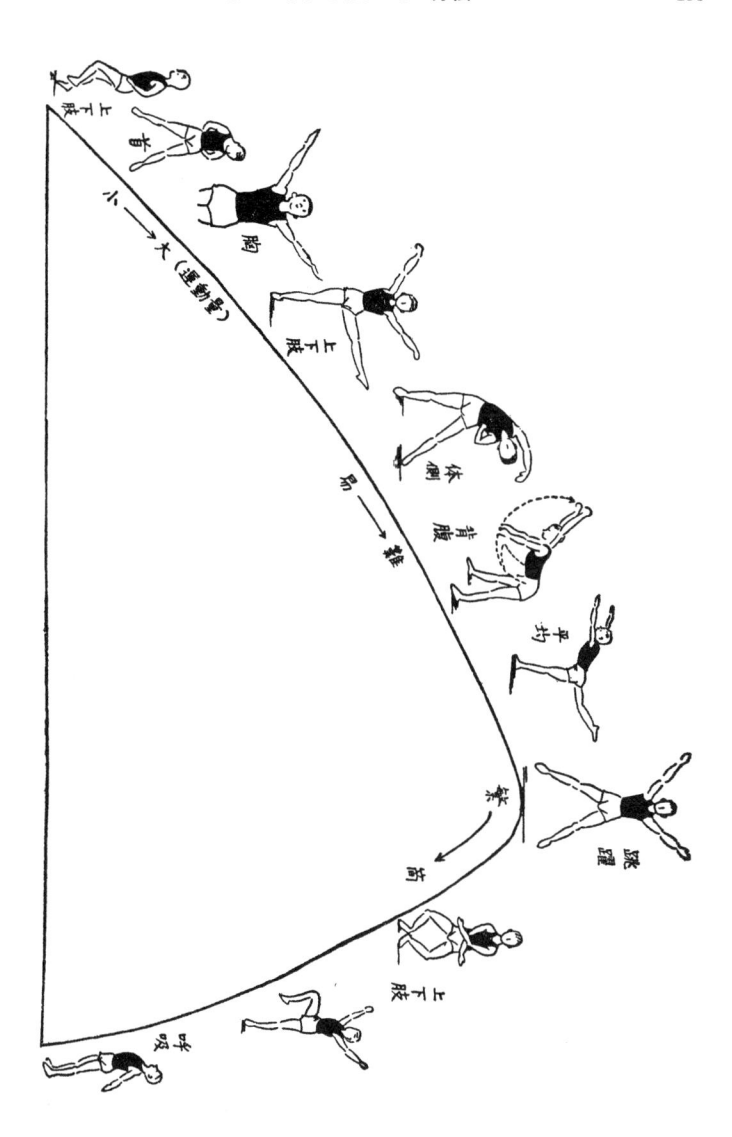

図 43

〔(h)の 2, 3 〕

⑪　下肢の運動……その場からかけあし〔(d)の 4 〕

⑫　呼吸運動……・腕前交叉掌反胸伸展〔(k)の 1 〕

（注）　以後の時間は，便宜上こうした体操が作られたものとして，その取扱いを述べることにする。従って運動の説明はその例として挙げたので取扱い方を主に参考にされたい。

第 3 時 限

（1）　本時のねらい

前時に排列した運動の各々をスムースに連続して出来るように考え，その運動の順序も覚える。

（2）　指導の方法

各運動の終りに次の運動の始りをどのようにスムースに結んだらよいか，その連続の仕方，呼称，何呼間にしたらよいか等実際に実施してみて決める。

例（前時に排列したものを例にとる。）

①　その場跳び

8 呼間 2 回その場で跳ぶ。2 回目の 8 で直立姿勢で止まる（図46）。

①　頸の運動

1 で左脚を側にふみ出し，両脚に体重をのせ，手を後に組みながら頭を左の方にまわしはじめる。1〜4 で左から 1 回，5〜8 で右から 1 回，16呼間行う。

最後の 8 で後に組んだ手をはづし，脚をそろえる（図45）。

③　腕側張屈挙股

- - - - 8

図　44　　　　　　図　45　　　　　　図　46

順序	1	2	3	13
運動	下肢	頸	腕と脚	呼吸
運動の図解				
運動の方法	その場でリズミカルに跳躍する。	腕を後に組みながら足を側に出し、12と頭の廻旋をはじめる。	1で腕を体前に交叉しながら腕を斜上に振りあげ、膝を屈げて股をあげる。 掌をかえして吸気。	腕を体前に交叉して呼気する（八呼間に二回）78で腕を体側におさめる。

1で腕を体前交叉から斜上にふりあげながら膝をまげて腿をあげる。

8呼間2回，最後の8で脚はそろえ腕は体側にもどす（図46）。

④　体前屈——足側，脱斜上挙胸伸展

1で腕を体側を通して後から上に振り上げ，前下に振り下しながら，深く前下屈し膝をまげる。この動作を1呼間で行うので，前の上下肢の運動の終りにすぐ呼称をかけず間をおき，前屈した時に1とかかるようにする。2〜4で左足を一歩側に出しながら腕を前から斜上まで開き，3，4と動作がゆっくりになり，十分胸を伸展させる。8呼間2回最後は7まで開いて8で腕をもとにかえす。脚は開いたままである（図47）。

図　47

⑤　腕側振体側屈

前の運動が終ったら脚をそのままで，1で両腕をそろえて右から左に振り出す。体重を両足にかかるようにする。

最後の動作は7，8と側屈で終るので，次の1は側屈の時にあげた腕を振り下しながら，体側でとめずに，体の前をとおって後にふり体をねじる（図48）。

図　48

⑥　腕振り体制転斜下屈

最後の動作はで斜前下に体をまげた姿勢から，上体を起しながら出した脚を引きつけて直立姿勢となる。11呼間2回（図49）。

⑦　腕の前上振，脚屈伸

1で腕を前に挙げて，挙踵2の時弾性屈伸をし，3で上まで振りあげる。8呼間2回，最後の8もそのまま後に振る（図50）。

図　49　　　　　　　　　　　図　50

⑧　腕振り体前後屈

前の運動の終りで腕が後に振れているので，1，2で上に振りあげ，体を反らせる。3で深く前下屈げ，体を起し腕を前にふり出して4，5後に流して，5呼間4回，最後は腕を体側にもどす（図51）。

図　51

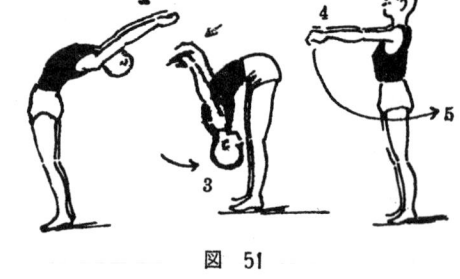

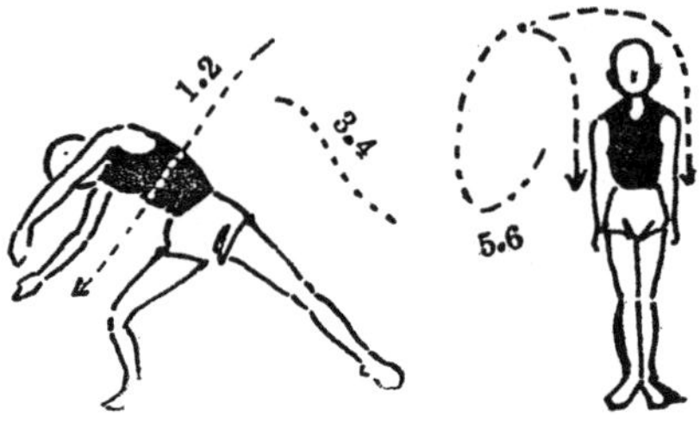

図　52

⑨　体の8字廻旋

1，2で左上に両手をそろえながら脚を側にふみ出し，右側下に振り下す。

8呼間2回目。1で5，6まで行い，7，8で体側に腕をおさめる（図52）。

⑩　跳躍運動

前が直姿勢で終るので，その姿勢からすぐその場跳びに移す。

その場跳8呼間，左右8呼間，全屈膝，上方跳上り各2回で次のかけ足に移る。

⑪　その場かけ足

跳躍の終りからすぐにその場かけあしの運動に移る。8呼間2回で止り直立姿勢（図53）。

⑫　掌反胸伸展腕前交叉

図　53

1，2で掌をかえしながら胸をのばして吸気，3，4で腕を体前に交叉しながら呼気8呼間2回，最後は7，8で腕を静かに体側におさめる（図54）。

図　54

（備考）　このように一応体操の形がととのったならば，図解に整理し，次の時間までに生徒各自に配布することが出来るようにするとよい。

第　4　時　限

（1）　本時のねらい

作りあげた準備運動の順序を覚えると共に，1～6（腕振り体側転——斜前下屈）までの正しい動き方の練習をする。

（2）　指導の方法

A　指導の進め方

①　前時間までに3時間かかって作成した体操の図解を配布するか，或は黒板等に順序を書いてもよい。

更に，それをみながら各自でとりあえず順序を覚える。

②　前半6つの運動の要領，陥り易い欠点等について説明し，一斉指導しながら，動きの悪い生徒や要領のつかめない生徒について矯正指導する。

B　技能の要領

（a）　その場跳び

大きく跳躍する必要はない。リズミカルに軟かく跳ぶこと。両足の間は少しひらいた方がよい。

重心の位置は高くとり，頸を軽く引いて背すじはのばすようにする。

（b）　頸の運動

ゆっくりと大きく肩を挙げないで，頭で肩の上に大きな円を画くつもりでまわす。

（c）　上下肢の運動

指は軽く握って腕は斜上まで振る。膝をまげて腿を胸に引きつけるようにする。膝から下は脱力し足首は素直にのばす。支持脚の踵，膝はのばし，踵を挙げるようにする。

（d）　体を前下屈した場合，自分の腹をみるようなつもりで頭を深く前にまげ弾性的に膝を屈伸させる。脚を側に一歩出す動作と腕を斜上にあげ胸を伸展させる運動のタイミングとが一致するようにさせることが大切である。斜上に挙げた手は小指の方に力を入れ，斜上方から引きあげられるような感じがよい（図55）。

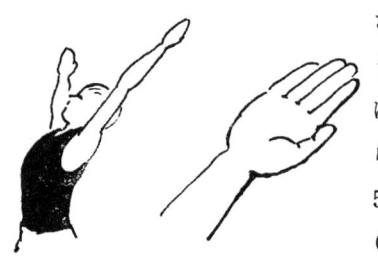

図　55

（e）　両腕を揃えて側に振る際，両腕の力を抜いて肩から振子のように素直にふることが大切である。体の側屈の場合，頭だけがのこらぬようにし，振りあげた腕が顔の前にこないようにする。また体側にとる方の腕の肘がよこにそれぬようにする（図56）。

図　56

（ｆ）　最初の腕を振って体をまわす場合，背すじをのばしてまわし下をみないようにする。

おもちゃの"振りだいこ"のように，腕は体の側転につれて体にまきつくように後からついてくるようになる。斜前下屈のさいは額を膝につけるようなつもりで深くまげる。膝はまげないようにする（図57）。

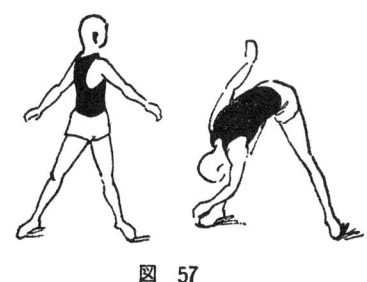

図　57

第　5　時　限

（1）　本時のねらい

前時間〔（ｆ）まで〕にひきつづき，準備運動の順序を覚えると共に（ｇ）〜（1）までの動作の正しい動き方を会得する。特に解緊の動作に注意する。

（2）　指導の方法

A　指導の進め方

①　前時間同様図解等をみながらでもよいから順序を覚える。

②　次に前時間の残りの7〜12運動の要領，ポイント，陥り易い欠点等について指摘，矯正指導する。

B　技能の要点

（ｇ）　腕前上振，脚弾性屈伸

腕をふりながら体が前後に大きく動揺したり，前倒または前屈しないようにする。弾性屈伸は，はじめの屈伸は小さく次は大きく屈げる。膝をのばし腕を上に上振した場合両膝はつき，腕は肘がまがらぬよう肩

図　58

巾にし上に胸を引きあげるような感じで振り上げるのがよい（図58）。

（ｈ）　腕振り体の前後屈

1，2でゆっくり後に体をそらせる。その際頭だけ残ることのないようにする。前にまげる時も同様頭をしっかり前にまげる。上体に力を入れず，頭や胴

体の重さを利用してまげるようにする。

（ｉ）　体の８字廻旋

はじめにアクセントをつける。腕だけで８の字を画くのでなく，体全体で画

　　　　　図　59　　　　　　　図　60

くようにし，体重は片足ずつ交互にかかるようにする。

（ｊ）　跳躍運動

　　　　　　　　　　　　　　　　　　　　　　　　　　　図　61

　左右に移動して跳ぶ運動が終ったらならば，その場跳びにもどり３回目に全屈膝し重心を落して，やわらくしゃがむようにする。次に高く跳躍する時は腕を胸のところにもってくるようにかりこみながら，膝もまげて体全部をまとめ膝をだくようにして跳躍する。

（ｋ）　その場かけ足

　重心を引きあげ，腰をのばして行う。足首は軽くのばし，足は後にけらないようにする。

（ｌ）　掌反胸伸展腕前交叉

　腹を引いて胸をのばすようにし，だんだんとゆるやかに行う。

　　　　　　　　　　　　　　　　　図　62

第　6　時　限

（１）　本時のねらい

　体操の順序を全部覚え，動きの要領も大体つかめ自分達の体操として実施出来るようにする。

（２）　指導の方法

①　指導者の号令で一斉に行う。その間要領の悪いものや動作の不確実なものを矯正する。

②　2人1組とし適当な場所を選び1人が号令をかけ他の1人が実施する。号令をかける側の生徒は運動の欠点の矯正もする。交代して行う。

③　数人で1グループを作り，グループごとに1人の指揮者を出し，その指揮者にそって実施する。

④　グループごとに行い，他のグループはこれを鑑賞批評する。

⑤　はじめと同様全部で実施して終る。

単元Ⅱ　スポーツの補助運動，補導・矯正の運動

単元Ⅰの所で作ったスポーツの準備運動をあらゆるスポーツを行う時に活用して来たわけであるが，単元Ⅱでは，この準備運動を基礎にして補助運動，補償運動に発展させ，日常の生活にまで滲透させる方向にむけて進む。

これは文部省要領P.13〔内容の説明および取扱上の留意点〕(2)応用の内容は徒手体操のもつ生活上の意義から，主として身体の**柔軟さ**を養い，**固癖を予防きよう正して**正しい姿勢に対す関心を高め，あるいは各種類競技に適した**準備運動，整理運動（補助補償を含む）として，さらには一連の体操を身につけたり，自己の体操を作ることによって，現在および将来の生活に起りやすい身体上の欠陥を除去し，**健康を増進するなどの問題を合理的に解沢するための云々の線によって指導計画を立案したものである。

第　1　時　限

（1）　本時のねらい

単元Ⅰの所で作り，今日まで準備運動に使ってきた体操を基礎にして，グループごとに補助の体操を作る構想と準備をする。

（2）　指導の方法

A　指導の進め方

（a）　グループに分れる。陸上競技（走・跳・投),巧技，バレーボール，バ

スケットボール，水泳，サッカー，卓球，ソフトボール等各自の希望するグループに分れる。あまり人数にかたよりのある時は教師が調節する。

（b）　グループごとにリーダー1名をきめ，グループの名称をきめる。

（c）　グループごとに次の作業を行う。

①「自分の班の担当するスポーツは，どんな動作が多く，どこが強くなったらそのスポーツに適すると思うか」を考える。

②　従来実施して来た準備運動の動作の中で，これに該当する動作はどれかを実施したがら見つけ出し，或は附加する。

③　各グループは体操を実施しながら，作業を進める。教師はグループ間を巡廻し，参考になる運動やその要領を示し，或は示唆をあたえる。

B　グループでの作業の進め方

（例）　バレーボールのグループ

①　ボールの通過するコースに出来るだけ早く入るために迅速に動けなければならない。フットワークである。即ち柔軟で弾力性のある足，首，膝腰を作ることが必要である。特にアンダーパス等の時には，低い姿勢のフットワークが大切である。

②　キル，タッチ等にはジャンプ力が必要である。

③　パス，トス，サーブには指，腕，肩等の各関連の弾性と柔軟性が必要である。なお，腰，背筋等の綜合的な強さも大切である。

④　以上に該当する運動を強化するためには

（i）　その動作の回数を多くする。

（ii）　抵抗をあたえる。即ち2人または3人で組むか，器具を用いたり坐臥の姿勢をとる。

（iii）　他の動作を結合または複合して行う。

第　2　時　限

（1）　本時のねらい

前の時間を使って作成した補助運動をグループごとに発表し，説明する。

（2）　指導の方法

①　各グループ1組ずつ出て皆の前で実施し，作成の意図，動作の要領を説明する。

②　全員，各グループの作成した補助運動を順に実施する。

第　3　時　限

（1）　本時のねらい

補助運動を一つのグループが順に他のグループを指導する。

（2）指導方法

①　各グループ1組ずつ。他の班を指導し，その動作の要領をよく説明する。

②　全員で各グループの作成したものを順に実施する。

第　4　時　限

（1）　本時のねらい

補償，矯正の体操を作る。

（2）　指導の方法

A　指導の進め方

①　補償，矯正運動の意義と必要を話合いによって認識させる。作業はいままでのグループによって行う。

②　グループの作業内容

（ⅰ）　このスポーツ（グループで選択している）で，ほとんど使わない体の箇所，やらない動作にはどんなものがあるか。

（ⅱ）　どこが疲れるか。

（ⅲ）　このスポーツの独特の姿勢，かたよった姿勢はどんな姿勢か。

以上のことについて考慮，研究し，これ等を補うような動作を準備運動（単元Ⅰの所で作った）中から見つけ出し，この動作に手を加えて補償運動，矯正運動に展開させる。

B　グループでの作業の進め方

（例）　バスケットボールのグループ

① 　使わない箇所，やらない動作……体の前後屈，側屈，側転，廻旋。

② 　疲れるところ——腰，膝。

③ 　腕を前にした中腰の姿勢。

以上の補償，矯正の運動として考えられるものは

①に対しては——体をまわす，よこにまわす，よこにまげる運動

②に対しては——のばす，まわす，軽くたたく，もむ運動

③に対しては——体全部をのばす，座臥の運動

を挙げることが出来る。従ってこれらの運動を入念に行うこと。特に補償，矯正の運動として発展強化するためには，前の補助運動の時と同様

（ i ） 　回数をふやす。

（ ii ） 　抵抗をあたえる。

（iii） 　2人はまたはそれ以上組んで行う。

（iv） 　運動を結合または複合して行う。

（ v ） 　脱力を十分に行う。

単元Ⅲ　運動会におけるマスゲームの作成を中心とした指導

　単元Ⅲでは運動会のマスゲームに焦点を置いて実施する。単元Ⅰ，単元Ⅱで習得した体操の実技や性格の把握した知識等を基礎にしてマスゲームとして体操を構成し，その間，今までの復習ともう一歩のほりさげを行う機会にする。

　習字に例えれば清書に当る段階で，運動会という機会に行う体操のもつ一面であるエクジビションー的な性質をいかに生かすかも学ばさせる。

　体操の本質を失わせないで，しかも観衆というものを計算に入れた体操の構成が中心になる。いわば栄養だけでなく見た目も美しい料理の作り方ということに相当をる作業が単元Ⅲの体操に相当する。勿論単元Ⅰの第1時限に作成したスポーツの準備運動を基盤としてその上に考えてゆく。

　第1時限　個々の動作を考える。

　第2時限　グループごとに連絡して運動の複合と結合をこころみる。

　第3時限　配列を考える。

第4時限　体操の順序を確実に覚える。また，入退場の方法と開列を考える

第　1　時　限

（1）　本時のねらい

グループごとに分担をきめ，マスゲームのための体操作成に着手する。

（2）　指導の方法

（a）　グループの作り方は無作為でもよいが，各グループにはリーダーを1人ずつ配当する。

（b）　①　上下肢の運動を作るグループ

　　　②　頸と呼吸の（最後）運動を作るグループ

　　　③　胸と呼吸の運動を作るグループ

　　　④　側屈側倒の運動を作るグループ

　　　⑤　側転，廻旋の運動を作るグループ

　　　⑥　背腹の運動運動を作るグループ

　　　⑦　平均運動の運動を作るグループ

　　　⑦　跳躍の運動を作るグループ

（c）　グループに分れ準備運動を規準にしてこれを展開させ，体操を作成する作業にかかる。教師はグループ間を巡廻し，指導に応ずる。

（d）　進行した所まで記録にとどめる。（グループごとに筆記具を用意し，図解説明等によって記録にとどめリーダーが保管する。）

第　2　時　限

（1）　本時のねらい

前時にひきつづき単元Ⅰ以来実施しているスポーツの準備運動を基盤にとりその運動を展開させて運動会のマスゲームを作る。運動の展開の方法を会得させる。

（2）　指導の方法

①　運動展開の条件をいろいろ示し，一つの運動をとりあげ各種の方法で実施してみる。(イ)緩急　(ロ)強弱　(ハ)呼称のとりあげ方　(ニ)脚の位置，腕のとり方

による変化　(ホ)回数　(ヘ)運動の結合と複合

　②　グループごとに展開をこころみる。

　③　グループで作成したものは記録にとどめて置く。

　④　教師はグループ間をまわり，示唆，相談に応ずる。

第　3　時　限

〔1〕　本時のねらい

前時までにととのえた素材を整理し排列する。

（2）　指導の方法

　①　準備――グループごとに作成用意した個々の運動を，短ざく形の紙に文字と簡単な記号的図解に書かせたものを予め用意させる。これを黒板または地上に置き，如何に排列すべきかを研究する。

　②　運動排列の原則的な事柄を説明する。

　③　いろいろ排列をかえてみて実施し，一応の決定をみたならば，短ざくに番号を附して順序を決定し，リーダーはノートにこれを記入し，各グループはこれを実施しながら検討してみる。

　運動排列の原則的なものに従いながら

（i）　運動がやりよく覚えやすいか。

（ii）　みた目も美しく迫力があるか。

（iii）　時間的に適当かどうか。

（3）　運動の排列の基本的な事項（生徒への説明要旨）

　生徒達は次のような事項を理解して，各グループが作成した個々の運動を配列す作業をしたらよいと思う。

A　心臓から遠い部分から始まる。

　体操は無理なく内臓諸器官の機能を旺盛にするねらいももっているのであるが，急激に心臓を活動させぬように，その位置より最も遠い部分からはじめるのを原則とする。下肢は最も大きな筋肉群を動かし，血液の循環を促進させるのに有効である。

B　体の上下左右の関係を考える。

同じ筋肉群の運動を長く繰返えすと局部的に疲労するので，上体の運動をしたら下肢，左側の運動があったら右というように，上下表裏を考慮して調和的に行う。

C　運動の強弱を考える。

強い運動の後には弱い運動を，弱いのが続いたら強いひきしめを考える。同様に直線的な運動と曲線的な運動，静的な運作と動的な動作，柔軟，緊張，巧緻等質的にも調和と合理的を考える。

D　はじめと終りの運動量は少く，立位，座臥動作も簡単なものを，中ほどには努力的な強い運動を置くようにする。

低より高に，簡より繁に，そしてまた終りには心身を調整するのに役立つ動作に入いる。

以上を要するに身体各部の運動が包含され，秩序正しく全体として統一され，生理的，心理的にも無理がないのが理想的なものである。

以上の事柄の概略は，すでに単元Ⅰの時に説明したが，単元Ⅲではもう少しほりあげて納得のいくような説明を加える。

第　4　時　限

（1）　本時のねらい

前時に排列を終った一連の運動の順序を覚え，入退場の方法を考える。

（2）　指導の方法

①　各グループのリーダーを中心にして体操の順序を覚える。

②　体操の順序が覚えられたならば，グループ合同して入退場と閉列の方法について研究合議する。

生徒の日常生活や経験には，あまり関係のないことなので活溌な提案がなかったならば，教師があらかじめ用意した案を出し半数ぐらいずつ実施し，交互に見学し，実施した立場と見学した立場との両方から意見を総合して，入退場の方法を決定する。

（3）　入退場開列の例

マスゲームの内容は入場，開列，演技，退場の四つに分けられ，その内演技

の面では今までの練習で或程度目安がついたので，残りの入場，開列，退場の三つについて研突練習する段階に来たわけである。

入退場に関しては次のような問題がある。

（a）　入場口と会場の関係

①　入退場口の数——中央，左右等

②　入退場口の広さ——何列にするか。

③　前もって会場の一隅に体操隊形圧縮した形で待期し，そこからすぐ開列に得る。この場合には，入退場口の数や広さは開係ない。

（b）　入場の隊形と方法

①　人数によるが列数を多くした方が威容があって立派である。割合は400人位だったら，6列か8列ぐらいがよい。

②　駈足または正常歩，女子の場合は手を細み合ったり，スキップということも考えられる。何れも列をととのえ歩調を合せてあるくことが大切である。

③　正しい姿勢で堂々と入場すること。また，音楽に合せて入場する方がよい。

（c）　開列と隊列

①　各人が自由に体操が出（腕や脚が隣の人にふれない）しかも前後左右からみて美しく揃うためには，あらかじめ基準となるところ目印（石灰等）をつけて置くとよい。なお，中央と左右に小旗等置くことは基準につくもののためによい目印となる。

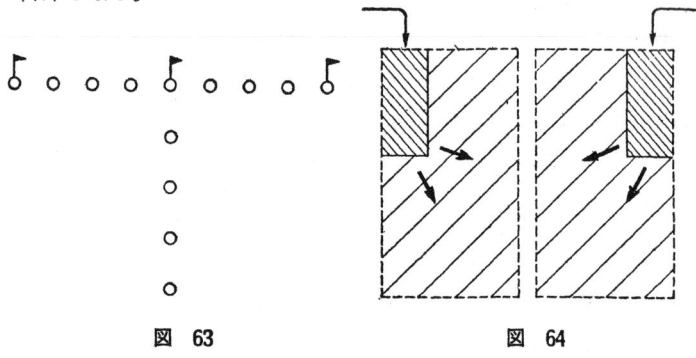

図　63　　　　　　　　　　　図　64

②　開列の方法には，行進しながら開く，一旦密集してから急に開く方法（図

64，図65）等いろいろある。ポジションも碁盤の目形もあるし菱形に開くものもある（図67）。普通開列が完了した後の隊形は矩形はよくとられる形であるが，小人数の場合には放射状等また間隔に工夫をこらすことも必要である。

③　会場の中にあらかじめ整然と整列待期（座って）おり，前の種目が終ると同時に開列する。

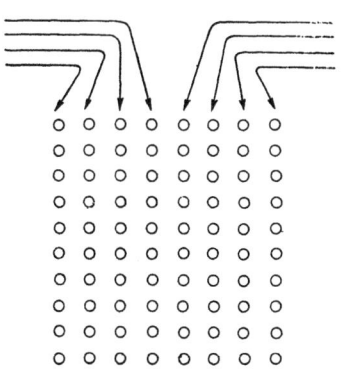

図65　行進しながら開列に移る。

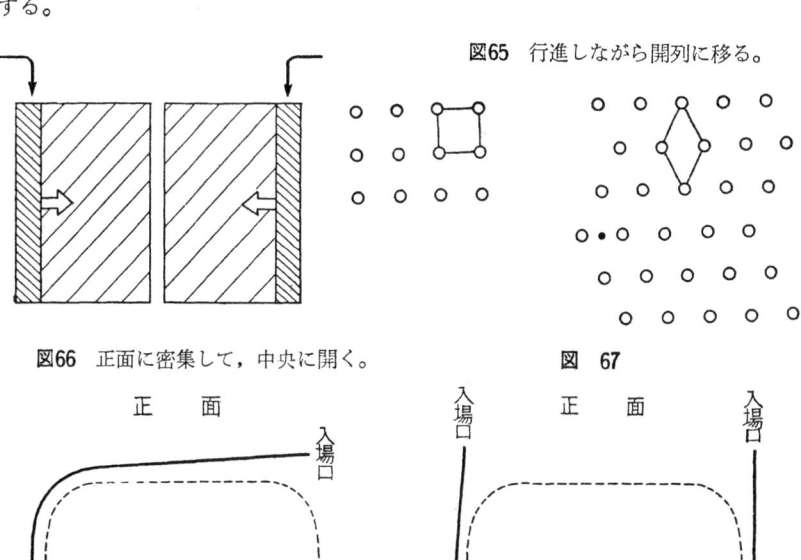

図66　正面に密集して，中央に開く。　　図 67

図68　半周して入る。

④　三角の隊への開き方

はや足，またはかけ足で図72→73 のように開く。番号は必ず奇数番号であり，一番が必ず中央にあること。

各人の位置にひし形の頂点にあること。退場の場合はこの逆に一列になればよい。

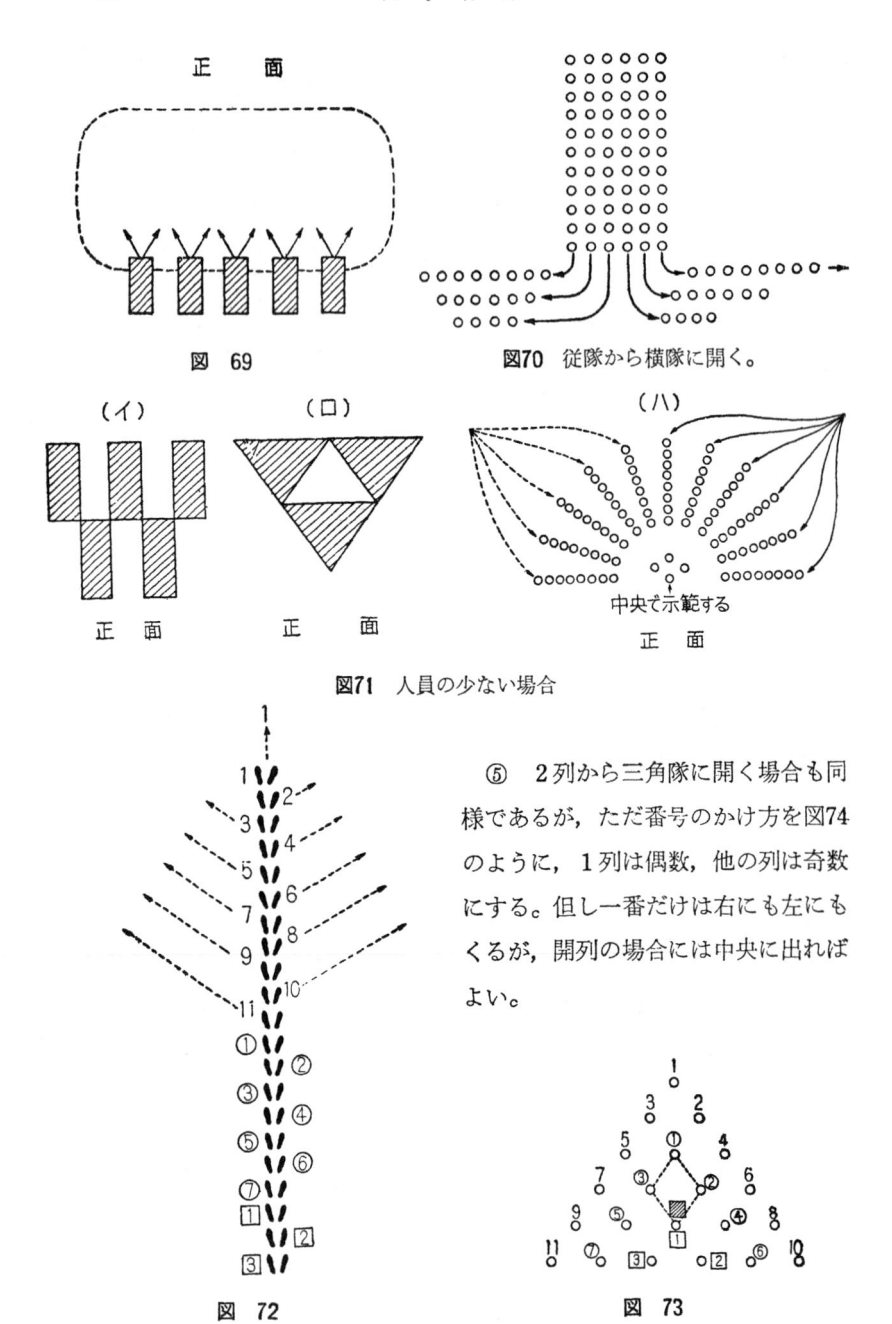

図　69

図70　従隊から横隊に開く。

（イ）　　　　　（ロ）　　　　　　　　　　（ハ）

正　面　　　　正　面　　　　　　　中央で示範する

正　面

図71　人員の少ない場合

⑤　2列から三角隊に開く場合も同様であるが，ただ番号のかけ方を図74のように，1列は偶数，他の列は奇数にする。但し一番だけは右にも左にもくるが，開列の場合には中央に出ればよい。

図　72

図　73

⑥　ポジションのとり方のいろいろ（一列からの場合）

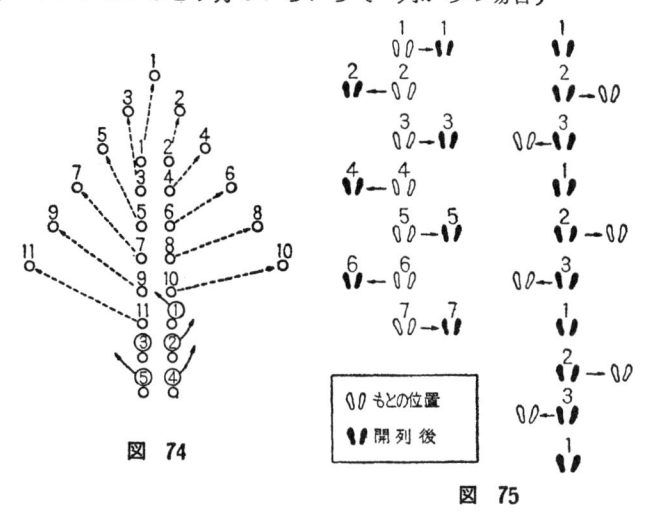

図　74

図　75

（ⅰ）　1列で番号をかける。1番は右，2番は左に1歩出る。

（ⅱ）　1列から 1.2.3 の番号をつける。

1番——動かない。　　　　　2番——1歩右に出る。

3番——1歩左に出る。

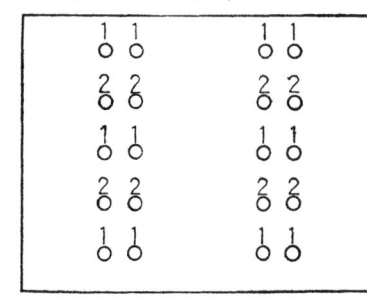

図76　はじめの隊形

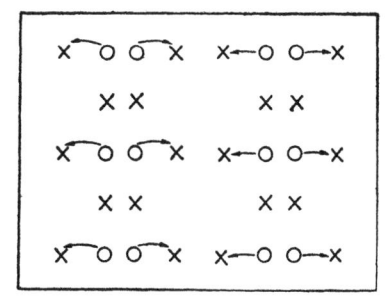

図77　開列した場合

⑦　2列縦隊の場合の変った開列

　2列で行進。2列間の間隔は，開列した時を予想して広くとって置く。各列は前から番号を附し，奇数は左右に1歩出る。2列の各人間の左右間隔も腕を側挙した場合，あたらぬだけに開いて置くことが必要である。これも勿論人数のあまり多くない時に用いるべきである。

（d） 退 場

退場はアッサリ速く行うべきであるが，龍頭蛇尾に終らないように，最後までしっかり行うべきである。従って退場口は全部使って退場するのがよい。

（e） その他

① 指揮するものの態度は厳正にする。しかし強圧的であったら，指揮者だけがクローズアップされるような方法はよくない。

② 号令でもよし，出来れば音楽，ピアノ，タンバリン，太鼓等を使用するのがよい。

③ 服装は出来るだけそろえたい。

体操の本質からすれば対象は勿論個人にあるので，他の人と動作と一致しようがしまいが，自分の体に合ったようなテンポで行うのが本当であろうが，マスゲームの場合は，観衆を考えてのエクジビションであるので，全体の中へ個人を調和させるという考えで合せて行わなければならない。ちょうど合唱隊の一員となった考え方でなければならない。

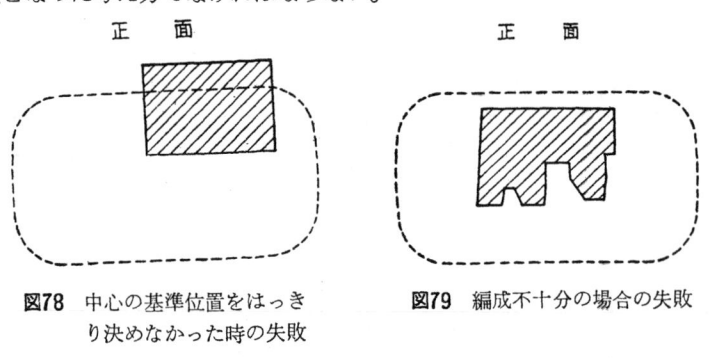

図78 中心の基準位置をはっきり決めなかった時の失敗　　図79 編成不十分の場合の失敗

第 5 時 限

（1） 本時のねらい

グループごとに練習を繰返えし，最後に全体の一部のポジションとして人場開列，演技，退場まで練習する。特に各人の動きとフォームについてよく指導する。

（2） 指導の方法

①　グループごとにリーダーの指導で行う。

②　全員を集めフォーム，動きのポイント，陥り易い箇所について注意する

③　2人ずつ組ませ，1人が号令をかけ，他の1人が実施し，号令をかける方が悪いところや不十分なところを矯正する。

④　コンクール形式でグループごとに順に行い，互いに鑑賞優劣を決めてやる。点数でなく優良可ぐらいでよい。

⑤　各グループ合同で運動会の時のこの組のオーダーを予想して，入場から退場まで実施してみる。

Ⅴ　評　　価

　学習活動は「目標―指導計画―実施―**評価**―修正―発展」の一連の過程によって行われるが，その中で評価は価値的な観点から主として進歩の度合をしらべることに用いられる。

　即ち設定された目標に個々の生徒がどれだけ接近したか，生徒に，よりよい変化を得たるための条件は何か，進歩を阻害しているものは何かを明らかにすることである。従って評価は学習のくぎりに行われるのが普通である。短かくは時間ごと，単元の終り等にも行われる。

　また評価する角度もいろいろあるが，ここではごく一般的にとられている理解，技能，態度から徒手体操の評価の対稱になると思われる項目を挙げることにする。

1.　知的な評価
① 体操の歴史や特色に関するもの
② 徒手体操とスポーツとの相違
③ 徒手体操と作業（労働）との相違
④ 徒手体操と生活との関係
⑤ 体操の構成や順序に関するもの
⑥ 体操の効果と応用に関するもの（準備運動，矯正運動，補助運動等）
⑦ 運動の形式や動きに関するもの
　〇どこの運動をしているか
　〇腹の運動には（例えば）どんな運動があるか
⑧ 正しい姿勢についての知識
⑨ 体操のよい動きと悪い動き，またフォームの巧拙が識別出来る。

2.　技能の評価
徒手体操の技能の評価は客観的に計測できないので，教師，或は生徒相互の

評価によるほかにない。但し，柔軟度筋力バランスの能力等は，或程度の評価の尺度はある。体操の動作は大別すればフォーム（型）とモーション（動き）になる

① 正しいフォームに関すももの

② 正しい動きに関するもの

　○緊張と弛緩　○リズムに乗っているか　○節度，間合，連続の仕方等

3.　柔軟度の増進保持

（1）　肢関節

（a）　脚上振

はめ板，或は壁の前によいむきに立ち，頭頂（A），肩の高さ（B），胸（乳房の位置）（C）に印をつける。他の1人に側面よりみてもらい，実施者はポールを蹴るように脚を上に振上げる。

足先の高さがどこまで達するかをみてもらい股関節の柔軟さを評価する。

　　Aより上……上

　　Bより上……中

　　Cまで………下

（b）　脚側振

（a）の場合と同じような要領で，脚を側に振り上げる。腕を体前に交叉して側に振って，それに合わせて脚を振り上げるようにする。尺度は（a）の場合と同じ。

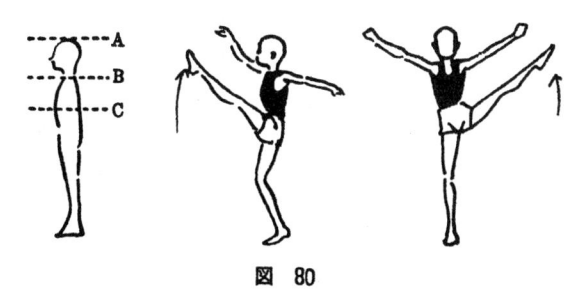

図　80

（c）　直立姿勢から除々に脚を前後または左右に開く。

股下　0～10糎…上

　〃　　10～20糎…中

　〃　　30糎以上…下

（2）　肩関節

図　81

腕の上振り　垂直な柱の前に側むきに立つ。頭を正しく保ち，耳の穴から下した垂線が足の土ふまずに下りる

ようにする。両腕を伸して前から

上に挙げた場合，評価の尺度は次

のようになる。

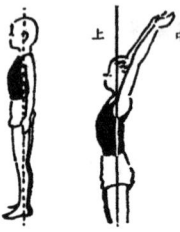

　腕が耳より前方……下

　腕が耳と同じ位置……中

　腕が耳より後まで……上

（3）　胴　体

図　82

（a）　体の前屈

　階段または箱の上に立ち爪先を段の先

端まで出す。前屈して腕を下に伸す。指

先が立った階段または箱と同じ高さの場

合を0とし，上を－，下を＋とし，何糎

何糎とはかる。また次の方法でもよい。

前屈した際頭から床までの距離を測り，

指数を算出する。

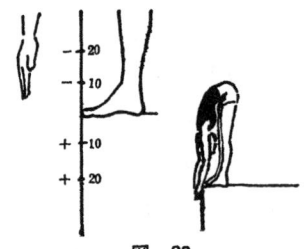

図　83

$$柔軟度の指数 = 1 - \frac{×}{身長}$$

　2人1組とし，互いに測定し合って指

数を算出する。

（d）　体の後屈

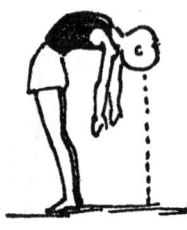

　①　両脚を閉じたまま立ち，徐々に体

図　84　　　　　図　85

を後屈し頭と床との距離を測る。指数算出は前屈の場合と同じ。

　②　壁面から身長だけ離れて後むきに立つ。脚を閉じたまま体を後に屈け，

出来るだけ後下をみる。

　床と壁と境を0とし，壁面及び床に10cm
ごとに印をつける。例えば壁面10cmまでみ
えた場合は−10cm, 床10cmの場合は＋10cm
とする。

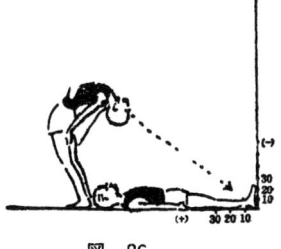

図　86

4.　筋力の評価

　身体の柔軟さは筋の伸展度に関係するが，筋力は筋の収縮力の強さの測定
で，共に身体活動の能率に裏表の関係をもっている。

　筋力指数の算出法には代表的なものにロジャースの筋力指数とマックロイの
筋力指数の算出の方法があるか，マックロイの方が簡単で利用し易いように思
われるので，それの説明だけにとどめておく。

　マックロイの筋力指数（Strength Tndex）

　S. 1 ＝右握力＋左握力＋背筋力＋脚筋力＋腕屈力（鉄棒）＋腕伸力（平行棒）

　握力は握力計により，背筋力及び脚力は背筋力計により測定する。腕屈力お
よび腕伸力は次の公式によって求める。なお腕屈力は，鉄棒に懸垂し顎の高さ
まで屈臂して下したのを2回とする。腕伸力は平行棒（平行棒のない場合は机
を2つ40cm位はなしならべ，これに腕立懸垂をして腕を屈伸する。）に両側腕
立懸垂で腕を全屈してから伸して1回とする。

男 $\begin{cases}腕屈力＝1.27W＋3.42（懸垂屈臂の回数）—46\\腕伸力＝1.77W＋3.42（平行棒上体の押しあげ回数）—46\end{cases}$

女 $\begin{cases}腕屈力＝0.67W＋1.2（懸垂屈臂の回数）＋52\\腕伸力＝0.78W＋1.1（平行棒上の体の押しあげ回数）＋74\end{cases}$

〔註　Wは体重〕

　握力，筋力，懸垂のグループに分れ，お互いに測定計算する時間をかけすぎ
ないことが大切である。

陸 上 競 技

順天堂大学教授

久 内 武

I 陸上競技の歴史と特徴

1. 陸上競技の歴史

（1） 古代における歴史

走る，跳ぶ，投げると言うことは人類発生と共に，その生活の中に自然に営なまれたものである。勿論当初は外敵への攻撃，防禦，或いは獲物の捕獲等，生活のための不可欠の条件であり，生活そのものであったと考えられる。競技として史上最初に見られるのは，ホーマーの詩篇に見られるアバツリア祭の競技会であり，第二はイリアドにおけるパトロクレスの競技である。これ等のものは葬儀とこれを葬るための競技であった。比較的明瞭にされているのは，紀元前7〜300年頃，南欧ギリシャの諸国家の間で行われた祭礼競技である。これ等の祭礼の中で代表的なものは，オリンピヤ，ピュティア，ネメヤ，イストミヤの四つであったが，中でもオリンピヤの競技が

図1 ギリシャ全図

最も有名である。目的は主神，ゼウスをはじめ，多くの神々を祭り，その名誉を崇えることと，競技に秀れた成績をおさめたものを表彰することにあった。この競技で優勝者を登録するようになったのは，紀元前677年からで，それ以来年目ごとに行われるようになった。競技種目も最初はスタヂオン走（一回の直線走でヅロモスといい，スプリントであった。）だけであったが，紀元前724年に折返走（ヂアウロス）が入り，同720年に長距離走（ドレコス）が，708年に5種競技が加えられた。

（註） 5種競技の種目と起原

① ランニング

古代ギリシャの競技に見られる所で，コースの長さはスタヂオンの長さによって決定

されたもので，最初は1スタヂオンだけ走るものであって，その距離は約200碼である。その後加えられた折返走は2スタヂオン走で約 400碼となり，中・長距離は7～24スタヂオン走であった。この1スタヂオンは競技場の大きさによって多少相違があり，ギリシャは別々の度量衡を使用したので一定されていなかった。 5種競技に採用されたのは1スタヂオン走であった。現代行われているような各種のランニング種目は何時，どの国で決定されたかは明かでない。 ただ，19世紀の終り頃英国で学校間に対抗競技会が催されるようになり，彼等が非常に好んだ1哩レースがその中で最も関心を持たれるようになり，最初は1周1哩のトラ　クで行われたが，余り大き過ぎるので先ず半分の大きさにされ，次に3分の1になった。1周600碼で型は三角形で，ちょうど握り飯のような恰好であった。後にはこれでも大き過ぎる所から4分の1の 440碼となり，現在まで続いている。また110碼， 220碼は後に短距離レースの好きなアメリカで発達したものと見られ，碼がメートル法に切換えられて 100～200m と云うように変化したものと思われる。

② 跳　　　躍

　ホーマーの時代に平和の時の競技として発達したもので，当時は巾跳，高跳，跳下等が行われていたが，5種競技としては巾跳であり，主として行われた跳躍競技 は巾跳で

あった。ただ当時の走巾跳は，ハルタースと云う石や金属で作られた錘りを持って 跳ん だ点が今日のものと違うところである。

③ 槍　投　げ

武器として古代から多く使われていた投槍（ジャベリン）で，当時は現在の投槍のグリップに当る所に革紐（1尺～18

図20走巾跳とハルタース　　尺で輪になっている。）があって，それを指に掛けて投げた。

④ 円　盤　投

　トロイの軍隊を， ギリシャの軍隊が防禦する際使ったソロスと云う石造りの扁平球が，そもそもの始まりで， 当時のオリンピックでもこれが使われた。今日使っているものは，発掘された古代の15個の円盤の直径・重さともに中間数を 採ったものである。

⑤ 角　　　力

図3 皿絵（円盤投）

　角力は直接陸上競技種目と関係がないので省略する。

（2）　近世における歴史

古代オリンピック競技会が盛んであったのに比べ，中世紀においては，組織された競技会の行われた形跡は余り見られない。近世に至って，各国の識者の間に身体運動の必要性と価値をとなえる者が続出して，漸く実施される気運となって来た。しかしこれ等の運動は，各国に行われていた武道から発達変化されたものや，体操が主であって，競技種目はその中の一部分として取入れられている程度であった。ただ英国では戸外スポーツを愛好する傾向があって，ハンマー投が，ケルト人によって創作され，スコットランドやアイルランドで夙に行われたり，棒高跳が，小河や溝を越えることから発生して盛んに行われた。そのような国民性の流れを汲んで，1850年頃には学校間の対抗競技が盛んに行われるようになった。しかし何と云っても，近世の陸上競技史で特筆することは，仏人クーベルタンによって計画開催された近代オリンピック競技会である。

この大会における現在陸上競技種目は次の通りである。（1958年）

（男）　100m　200m　400m　800m　1.500m　5.000m　10.000m　マラソン，110m障碍，400m障碍，3.000障碍，400mリレー，1.600mリレー，棒高跳，走巾跳，走高跳，三段跳，砲丸投，円盤投，ハンマー投，10種競技。

（女）　100m　200m　80m障碍　400mリレー，走巾跳，走高跳，槍投，円盤投，砲丸投。

女子は第9回大会より実施された。

（3）　日本における陸上競技史

わが国古代の体育は，遊戯，武道に属するもので，競技に関するものは見当らない，今日われわれの謂う所の陸上競技がやや組織的に行われたのは，明治16年6月16日，時の大学予備門（東京大学の前身）において英人教師ストレーンジ氏指導のもとに行われたものである。これ以前に札幌農学校において明治11年頃，米人クラーク教授によって指導された運動会を開いたことはあるが，今日の陸上競技に対しては余り大きな役割を果していない。わが国陸上競技の温床とも云うべきものは，東京大学の前身，大学予備門であると云える。その後長く運動会形式をとり，種目も長距離競走，100m，400m，600m，880ヤー

ド等で，一部では巾跳，高跳，棒高跳，砲丸投等もあった。明治42年頃フラン
ス大使ジ．ラール氏から万国オリンピック大会に参加を促され，同年11月羽田
の運動場で，オリンピック派遣選手予選会を開いた。これがわが国最初の近代
競技会であって，その結果三島，金栗の二選手が第5回オリンピックに参加し
たのである（明治45年）。また明治45年9月に，フィリッピンよりブラウン氏
が来朝し，その翌年を期して第1回極東選手権競技大会に参加を歓誘した。ま
た一方，国内でも大正2年には日本選手権大会，日本オリンピック大会等が催
され，大正11年には東京女子陸上競技会，また大正8年には東都インターカレ
ヂが，続いて大正13年には明治神宮外苑競技場が完成してその奉納競技会が開
かれた。国際的にもようやく芽生えて，パリーにおける第8回国際オリンピッ
ク大会には，織田選手が三段跳で6位に入賞し，引続き第9回大会では織田選
手が三段跳に優勝したのを始めとし，その後の大会においても，わが国は陸上
競技に活躍をつづけてきた。

　その後，第2世界大戦，続いて終戦後の社会状勢の混沌，悪化等により一時
は低調をかこったが，最近はまた漸く立直り，現在では，中学校から社会全般
に至る層において盛んに各種の競技会が催されるようになった。

2.　陸上競技の特徴

(1)　陸上競技は他のスポーツの基礎である。競技は，走る，跳ぶ，投げるこ
　と自体の能力を競うスポーツで，あらゆるスポーツの基礎をなす要素であ
　り，他の総べてのスポーツは，この要素の応用動作と見ることが出来る。
　従って，他のスポーツとは根本的に異る所である。

(2)　自己の能力が判り易い。
　実施した結果が直ちに記録となって現われるので，1人でもこの記録を
　対手にしながら楽しく練習することが出来る。

(3)　個人で行うことが出来る。
　チーム・スポーツにあっては，メンバーが揃わないと十分な練習が出来
　難いが，陸上競技は1人で十分満足な練習が出来る。

(4)　自立精神が養われる。

他人に頼ることは絶対に許されないので，自立独創の精神が自ら養われる。

(5)　歴史が古い。

　人間生活そのものが競技化したもので，云わば有史以前からあったもので，歴史的に他のスポーツに比べ非常に古い。

(6)　晴雨にかかわらず実行出来る。

　特別の悪条件でもない限り，風雨の中でも実行不能に陥ることがない。何時でも予定通りに行える。

(7)　種目内容が非常に多い。

　種目が非常に多いので，誰れでも，何か自分に適した種目を選んで行うことが出来る。また年間を通して，シーズンに合せて種目を選び，実施することが出来る。

II 陸上競技の性格

陸上競技の本質は機能スポーツであって，自己の機能を極限まで向上発達させることが，その使命である。機能とは，コンディション＋技術＋戦術＋闘志の四つの要素の総合されたものと見ることが出来る。

また人体の諸動作及び投てき物は，運動力学の法則に従って動かなければならないことも，陸上競技の性格の一面を現わしている。従って要求される技術の到達目標は最高のものであるが，これを学校体育に役立てるには，陸上競技の性格や特徴，或いは技術を十分理解し，生徒の発育段階に応じた正しい指導目標を設定する必要がある。

〔註〕コンディションとは，肉体的，精神的諸条件の全体を指すもので，肉体的に云えば，投てきでは大柄の身体とスピード，短距離では体重とスピードと跳躍力，中距離では身長とスピード，長距離ではスタミナと耐久力とテンポ等，種目に応じて必要な肉体条件を指し，一方精神的には可動性，巧緻性，平衡，リズム感覚等，内外の刺戟に対して反応する適応性を指している。

Ⅲ　指導目標と指導計画

1.　指導目標

　陸上競技を通じて教育目的を達成するためにはその性格を理解し，特徴を有効に活用し，技術内容の進歩過程を考慮し，併せて相手生徒の心身の発育段階等，実態を認知して到達目標を設定することが必要である。先ず目標設定の基本条件として，第一には体育の目標と合致させ，また個人的な立場では身体的発達，技能的発達，健康安全等の角度から設定し，また社会的な立場からは社会性，生活化等の角度から設定することが必要である。

（1）　身体的発達

　①　走技，跳技，投技等の綜合的な訓練の実施により，全身の発育を助長し，人間活動全般の機能を向上させる。

　②　感覚訓練がなされるため，あらゆる刺戟に対応出来る身体的機能（機敏性）を高める。

　③　補強運動を不可欠の条件として行うため，身体の柔軟性（巧緻性）が養われる。

　④　呼吸，循環機能等，身体諸器管の調整能力が向上される。

　⑤　持久能力を向上させる。

（2）　技能的発達

　①　各種の走法，各種跳躍，各種投てきの要領につき，その基本的技能を身につけさせる。

　②　技能練達の過程と，要点を身につけさせる。

　③　補強運動の内容と方法を理解させる。

（3）　社会性の育成

　①　個人，団体，両面活動の機会があって，個人的な立場にあっては，自力以外依存することが許されないから自主独立性が強く養われる。

　②　理論に立脚した技能訓練が主であるから，創意，工夫の習慣と，盛んな研究心が養われる。

③　厳格なルールのもとに行われるので，順法の精神が養われる。

④　実力だけが勝敗を決する運動であるから，権威に対しては礼儀を正しくすること等が養われる。

⑤　個人スポーツでありながら，チームとして活躍する機会も多いので，協力の仕方，責任感，自制心，積極性等の態度が育成される。

（4）　健康安全

①　屋外スポーツであるから，常に屋外で行わせ外気に当らせる。

②　例外を除き，正しい姿勢から高度の能力発揮が出来るのであるから，常に正しい姿勢保持に努力する。

③　体力消耗が最もはげしく，途中交代等も許されないから，身体の内外諸器管の能力等，自らをよく知り，危険に対して臨機の処置をする能力を自然に身につける。それだけにまたコンディションの調節，準備運動，整理運動等も自ら実施する習慣をつける。

（5）　生活化への育成

種目内容が多岐に亘るので，生徒各自の適性に応じた種目が選択実 施 され易く，誰れでも何かやれると云う所から相当の年齢迄行われると云うことと，他のスポーツの基本スポーツであるため，養成された身体の**こなし**と訓練され**た感覚**を生かして，年齢に伴って他のスポーツを行う場合の転向が非常に容易である点等から文化生活への向上を促進することが出来る。

（6）　知的情緒的発達

運動力学の法則に準拠し，これに対応する技術と能力を高度に発達させる必要上，常に技術の分析，創造，体力向上の創意と工夫等，知的能力を極度に要求されるスポーツであるから，生徒自らが不知不識の内に研究的態度を身につける機会が多く，また，視聴覚教材や練習または試合を通じて，美くしいフォーム等の鑑賞眼を育成することが出来る。その他，運動会校内競技会，対抗競技会等を企画運営することによって，社会的生活に貢献する知的経験を体得させることが出来る。これ等の目標を更に効果的に実施するためには，理論学習を挿入することが必要である。特に自発活動を求めるには，理解と認識の上に立たなければならない。その**ねらい**を挙げるならば，学習価値と効果の理解，学

習方法の知識とに分けることが出来る。

①　現在及び将来における生活文化の向上を目指し，社会生活におけるスポーツの生活化の必要性を認識させると共に，陸上競技の地位と価値を 理 解 させる。

②　生活化のためには基礎能力が必要であることを理解させる。

③　自主活動の能力を身につけるため，陸上競技の学習技術及びその発展段階，それに関連した補強運動やルール，運動場の作り方，必要な準備運動や整理運動等を知らせる。

これ等の事柄は総べて生徒の学習内容と見ることが出来るが，効果的に実態するには教師自らがよく理解し，指導しなければならない。

2.　指導計画

(1)　指導計画の立て方

指導計画を立てるにあたり，直接本教材に入る前に生徒の発達段階に適応させることと，比較的無味乾燥に陥り易い欠点を庇護する意味から興味を喚起させるために，導入過程として類似の他教材を行う必要があるので，これを走・跳・投に分けて夫々に属する教材を挙げてみることにした。なお教材は多種多様であるが，ここでは代表的なものを一部挙げるにとどめた。

A　走に属する教材

折返しリレー，片膝片腕着き折返しリレー，円陣競走，円内競走，50m走，80m走，100m走，50m疾走，100m疾走，800m走，1500m走，5000m走，200mリレー，400mリレー，800mリレー　　障碍走（紐利用），障碍競走。

B　跳に属する教材

蛙跳，片脚競走，短縄跳，長縄跳，三回跳，立巾跳，立三段跳，短距離助走巾跳，短距離助走三段跳，棒支持競走，走巾跳，走高跳，三段跳，棒高跳。

C　投に属する教材

投越しリレー，キャッチボール（ソフトボール），球当て競争，対陣球技，籠球投，ソフトボール投，短棒投，砂袋投，石（またはレンガ）投射，砲丸投，円盤投，槍投，ハンマー投。

指導計画は，他教材と関連して組織的に立てられることは勿論であるが，これ
ら各教材群の中から生徒の発達段階を勘案し，また指導過程にふさわしい同一
程度のものを夫々選出して一つのセットとし，セット内の各種目については同
程度に於いて段階を設け，全種目同一段階に達した時は級位を与え，次々と順
次向上せしめるようにし，常に発展的に計画を立て，生徒の自発性を喚起する
ように努める。しかし，如何に計画が理想的に立てられても，その学校や地域
の実情に添わないものであっては意味をなさなくなる。常に生徒の実態を掌握
し，地域の特殊性，経済事情，設備，用具等の充実状態等を考慮に入れ，最も
その学校にふさわしい年間計画を立て，それに基づいて期間計画，週間計画，
日常の指導細案を展開するようにしなければならない。なお，セット内の級位
を定める際の標準は各学校により事情を異にするので，夫々に応じた標準を作
成することが望ましい。その際の便宜のため統計処理の方法を次に示す。

○　素材を集める……信頼度を高めるため正確に取ること

○　素材により，階級に分類する

○　相加平均（算術平均）を出す……符号M

○　平均偏差 $2/n\{(M-a_1)+(M-a_2)+(M-a_3)+\cdots\cdots(M-a_n)\}$

　　n個の数　$a_1\ a_2\ a_3\ a_n$

○　標準偏差 $\sqrt{\dfrac{(M-x_1)^2+(M-x_2)^2+(M-x_3)^2+\cdots\cdots+(M-x_n)^2}{n}}$　符号Q

　　n個の数　$x_1\ x_2\ x_3\cdots\cdots x_n$

○　Tスコア……2種目以上の測定単位の異るものを比較するために必要で
　　ある。

$$T=\dfrac{m-M}{\frac{1}{10}S.D}+50$$

　　M……1つの検査成績の平均値である

　　m……当該個人の記録である

　　S. D……その検査成績の標準偏差

この公式で標準偏差の $1/10$ を用いたのは100点法であらはすためであり，50を
加えるのは－5Qを0点とし，＋5Qを100点として，すべての成績を正数で

あらわすためである。

　これらの結果，自校のレベルを知る参考として文部省の調査結果（昭和29年度調べ）を上げておく。（種目は一部のものである。）

（男　　　子）

			50m走（秒）	立巾跳(cm)	ソフトボール投（M）	懸垂（回）	敏捷テスト（回）	垂直とび（cm）
中学校	12　年	X	8.755	174.814	30.748	4.584	6.021	33.007
		S	0.609	18.432	6.720	2.884	0.987	5.887
	13　年	X	8.375	183.256	34.225	5,071	6.076	35.620
		S	0.665	19.483	7.770	3.041	0.958	6.306
	14　年	X	8.262	196.119	40.128	6.039	6.164	39.543
		S	0.666	20.952	7.769	3.165	1.004	8.014
	15　年	X	8.003	205.370	43.724	7.043	6.197	42.433
		S	0.632	22.107	9.274	3.561	1.056	7.646
全日制高校	15　年	X	7.806	214.220	46.476	7.255	7.255	45.585
		S	0.541	18.576	8.626	3.117	3.117	6.640
	16　年	X	7.611	220.040	49.825	8.041	6.367	47.646
		S	0.515	17.367	8.010	3.706	0.952	6.593
	17　年	X	7.458	225.070	52.562	8.415	6.565	49.796
		S	0.378	17.367	8.042	3.369	0.992	6.970
	18　年	X	7.379	228.283	53.311	8.648	6.600	50.864
		S	0.463	17.190	8.016	3.314	9.009	7.652

平　均　値……X　　　標　準　偏　差……S

（女　　　子）

年令 \ 種目		50m走（秒）	立巾とび（cm）	ソフトボール投（M）	懸垂（秒）	敏捷性テスト（回）	垂直とび（cm）
中学校	12 年	X 9.346	162.424	18.015	16.623	5.590	29.234
		S 0.676	17.188	4.752	15.053	0.912	5.607
	13 年	X 9.226	166.419	19.471	16.046	5.527	30.652
		S 0.722	17.541	4.970	15.720	0.914	31.898
	14 年	X 9.174	168.998	21.021	51.090	5.488	31.855
		S 0.787	18.372	5.358	51.092	0.956	5.924
	15 年	X 9.169	171.275	21.508	14.224	5.473	32.220
		S 0.789	18.624	5.686	13.639	1.042	6.029
全日制高校	15 年	X 9.105	173.012	22.134	13.889	5.525	33.646
		S 0.652	17.151	5.334	13.810	0.770	5.707
	16 年	X 9.162	175.493	22.425	13.926	5.481	34.079
		S 7.740	19.061	5.462	14.776	0.824	5.707
	17 年	X 9.393	174.730	22.387	12.754	5.491	34.430
		S 0.785	16.188	5.698	13.140	0.745	5.516
	88 年	X 9.133	176.131	23.059	13.384	5.514	34.778
		S 0.749	17.037	6.022	11.662	0.802	5.633

　また日本体育協会制定の「スポーツ・バッジ・テスト」に掲げてある種目と階級別（点数表示）記録の段階を併記して参考に供する。採点は全種目を行って，その合計点が男子は 200点，女子は 150点以上が合格点であり，これを初級合格者とする。中級はこれに種目別の技術テスト基準を合格した者，また上級は基礎運動能力の得点が男子 250点以上，女子 180点以上であり，これに種目別技術テストに合格した者を合格とする。

運 動 能 力 基 準

得 \ 種目 点	男 子				女 子		
	ソフト ボール投	懸垂	走巾跳	800m走	ソフト ボール投	60m走	縄 跳
100	70 m	16回	6.60m	2.03分	32m	85秒	6.30分
95	67.5	15	6.30	2.08	40	—	5.55
90	65.0	14	6.00	2.13	38	9.0	5.20
85	62.5	13	5.70	2.18	36	—	4.50
80	60.0	12	5.40	2.23	34	9.5	4.20
75	57.5	11	5.15	2.28	32	—	3.50
70	55.0	10	4.90	2.33	30	10.0	3.20
65	52.5	9	4.70	2.39	28	—	3.55
60	50.0	8	4.50	2.45	26	10.5	2.30
55	47.5	7	4.30	2.51	24	—	2.05
50	45.0	6	4.10	2.57	22	11.0	1.40
45	42.5	—	3.90	3.03	20	—	1.30
40	40.0	5	3.70	3.09	18	11.5	1.20
35	37.5	—	3.50	3.15	17	—	1.10
30	35.0	4	3.30	3.20	16	12.0	1.00
25	32.5	—	3.15	3.25	15	—	0.50
20	30.0	3	3.00	3.30	14	12.5	0.40
15	27.5	—	2.85	3.35	13	—	0.30
10	25.0	2	2.70	4.40	12	13.0	0.20
5	22.5	1	2.55	3.45	10	—	0.10

技術テスト種目

○男子 { 400m（65秒以内），三段跳（10.50m以上）
円盤投（女子用）30m以上，砲丸投（4kg）11m以上

〇女子 ｛ 走高跳（1.15m以上），　　　　走巾跳（3.80m以上）

円盤投（女子用）18m以上，砲丸投（4kg）8m以上

　以上，男女各4種目の内1種目を行い（　　）内の記録に達することを必要とする。

　（a）　必修時の計画

　従来陸上競技教材を取扱った学習は，ややもすると投げやり的な所が見られた。それは一部の指導者を除き，多種目に亘る全教材を万遍なく指導する能力を備えるのが困難であることと，同一教材を継続して長時間実行することが甚だ苦しいために自然遠ざかる原因となったものと思う。そこで今回は1時間教材主義から脱脚して，生徒の実態調査の資料や，前掲の標準等を参考にして1種目毎に段階を設け，常に走，跳，投の3種目を年齢，性別等，生徒の能力に合わせて選出し，これを1つのセットにして全種目を行わせて，慌しいが楽しい授業内容にしたいと試みた。従って，指導方法としては循環的に行うものと，或る一定期間集中して行う方法とがあるが，この場合は後者の方法によるのが効果的かと思う。また年間の到達目標も，当該学年に応じたものを設定するが，生徒各自において，自己に応じた目標を設定させることも出来る。また取上げた教材をいくつかに分節して，それに対するねらいを設け，それに応じて時間配当をつける。またシーズンにより，或いは気分転換のため，時には補強運動の意味等において，他教材との組合せの出来る余裕ある計画内容も取入れ，また運動会シーズンの前3時間分を運動会に対する計画として取上げて見た。

　（b）　特別教育活動時及び自由時の計画

　人間は総べて他人との比較において，その能力が優れている場合は興感を持つものである。陸上競技のように，自分の能力が刻々判明する教材にあっては，自分のその学級の或いは学校における地位とか，その県内，または全国における地位まで直ちに判るので，多少でも現在優れていたり，将来頭角を現わす望みのある者は異状な希望と興味を持って，練習に励むものである。勿論この場合は必修時のものより高度になり，種目別に分れて専門的になるので，これの指導に当っては，練習内容については勿論，生活全般に亘って，詳細に観

察し，機微に応じた指導がなされなければならないので，綿密な計画を立てる
ことが必要である。

（2）　時間配当

陸上競技に与えられた時数は，　3年間を通じて27〜30時間となっているの
で，指導計画の便宜のため，各単元（コース）につき，10時間，15時間配当の
案を作成して見たのである。

Aコース　　　　　中学男子 1.2年

Bコース　　　　　中学男子3年高校1〜3年

　　　　　　　　　（クラブ活動と関連付ける）

Cコース　　　　　中学女子1年

Dコース　　　　　中学女子2.3年高校1〜3年

　　　　　　　　　（クラブ活動と関連付ける）

この中で男子の下級学年には導入教材を主とし，一方女子にあっては高学年
（高校 2.3年）には時間配当を減らすことが望ましい。また冬季においては，
短距離疾走，跳躍，投てき等は無理に行わない方がよい。特に女子の長距離走
は競走でなく，一定時間を定めた耐久走とするがよい。

（3）　指導目標に対する学習内容

A　身体的，技能的発達に関した内容

身体的，技能的発達に関する内容を，先に挙げた各種の教材群から取出し，こ
れを各コースに当てはめて作成して見ることとした。

これは指導者の便宜のための一例に過ぎないから，各自において適当に種目
を選択構成されることが望ましい。また先に挙げた時間配当の10時間，15時間
の両方を考えて計8種のコースが出来る。なお10時間配当の場合と，15時間配
当の場合は教材内容を多少増加することもよいが，上達には長時間を要するの
で，寧ろ内容の増加よりも，反復練習の形を採った方がより効果的と思う。ま
た高等学校の入学当初，技能的に不揃の異質グループを同一に行うことによっ
て無理を生じることもあるので，かかる際は4コースを一定期間準備として行
うこともよい。

B　知的理解に関連した内容

男子

A（中学1年）

種目	走 100m	走巾跳	投 ソフトボール投	リードアップゲーム
初級	17秒	3.40m	35m	折返しリレー・片手片振着・折返しリレー・円陣競走
中級	16秒	3.70m	37.5m	キャッチボール・折返しリレー・円陣競走
上級	14.5秒	4.00m	40m	片脚跳・立巾跳・立三段跳

B（中学2年・3年、高校1～3年）

種目	走 800m	跳 走巾跳	投 砲丸投 4kg	リードアップゲーム
初級	3.00分	1.2m	8m	400m継走 ½・600m継走・1000m継走
中級	2.45分	1.3m	9m	ソフトボール投・片脚片巾跳
上級	2.30分	1.4m	0m	

女子

C（中学1年）

種目	走 50m	跳 走高跳	投 バスケットボール投	リードアップゲーム
初級	9.3秒	2.50m	15m	ドリブルリレー・二人片手片振・着折返しリレー
中級	8.5秒	2.80m	19m	返しリレー・片脚跳・短縄跳
上級	8.0秒	3.00m	20m	立巾跳・片脚跳・小さみ走

D（中学2・3年、高校1年）

種目	走 80m	跳 走高跳	投 砲丸投	リードアップゲーム
初級	15秒	1.00m	6m	リードアップゲーム
中級	14.5秒	1.05m	7m	リードアップゲーム
上級	14.0秒	1.10m	8m	リードアップゲーム

大綱は既に述べたので具体的な内容のみに止める。

① 　陸上競技の特殊性と歴史

② 　視聴覚による技能的理解

③ 　陸上競技のルール

④ 　練習方法（スケジュール）について

⑤ 　傷害防止等健康安全について

C　社会性に関連した内容

協力性，積極性，忍耐力，公正，決断力等社会生活上不可欠の要素を実習中に培う。

D　生活化に関する内容

競技の形そのものが生活の中に直接取入れられることは望ましいことであるが，ここでは現在われわれの日常生活の上に繰返し行われている応用動作とも見られる各種の動作をより一層有効的に実行出来るよう，有意的に指導し，能力の向上を計りたいと思う。

① 　敏捷性，巧緻性，柔軟性を養う。

② 　競技会を計画運営する能力を高める。

③ 　設備，用具の取扱いが正しく出来る。

（4）　グループ編成

今まで述べた方法と内容を以て指導する場合，生徒各自の能力は種目ごとに区々であって，種目ごとに同質グループに編成することは甚だ複雑困難であるので，勢い異質グループによる編成にならざるを得ないと思う。勿論これには一長一短があって，必ずしもこれが良いとは云へないが，便宜の上から階級別グループにより学習するのが適当と思われる。ただこの場合，各グループの責任者を決め，用具の運搬，施設の整備，記録の記載，移動時の指導等，円滑に運営出来る手筈をする必要がある。

（5）　施設，用具について

指導を行う場合の基本条件の一つとして，施設及び用具がある。立派な指導計画も，用具や施設が無くては全く画餅に等しくなる。勿論理想を云えば際限がないが，一応望ましい程度を挙げることとする。（中学と高校では多少の相

違がある。)

A　施　設

〇トラック　1周250〜300m……1

走路 { 直線部 ─ 長さ　120m以上
　　　　　　　 巾　　7.5m以上
　　　　 曲線部 ─ 巾　5.00m以上

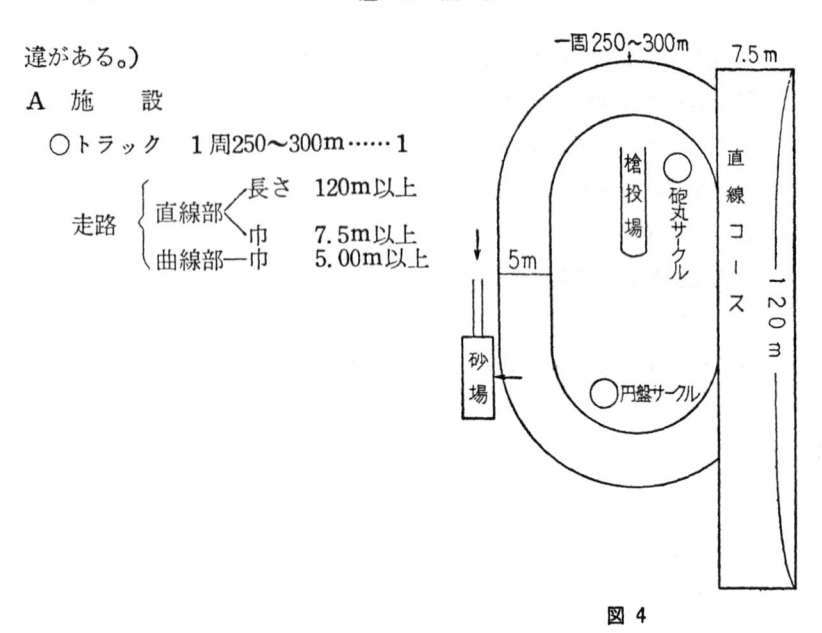

図 4

〇フィールド

跳躍場(砂場)……2 { 長さ　7 m以上
　　　　　　　　　　 巾　　4 m以上
　　　　　　　　　　 深さ0.4m以上
　　　　　　　　　　 助　走　路 < 巾，三段，棒高跳……30m以上
　　　　　　　　　　　　　　　　　 高跳……12m以上
　　　　　　　　　　　　　　　　　 扇形角度……160度以上

踏切板……2

棒高跳用ボックス……1

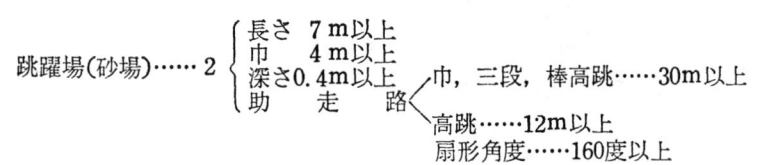

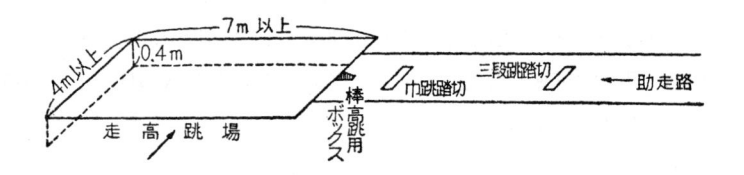

図 5

全跳躍種目を行うための規格とした。

砲丸投，ハンマー投用サークル……1

円盤投用サークル……1

槍投場……1

砲丸投・ハンマ投
2.135m

円盤投
2.50m

図 6

註　サークルの厚さ6mm。サークルの地上へ出る高さ76mm。サークルの中はコンクリート。

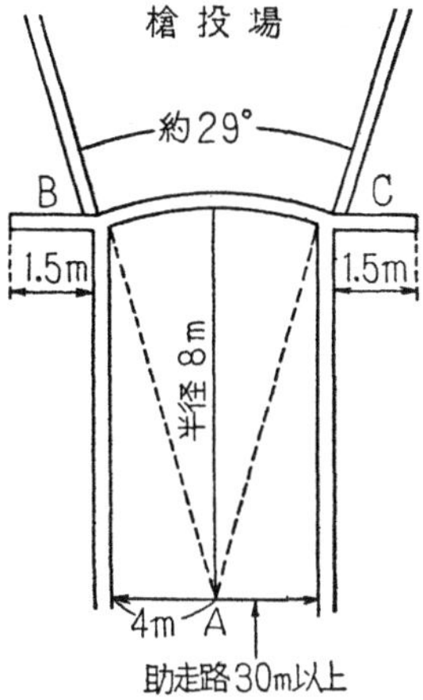

槍　投　場

約29°

B　　　C

1.5m　　　1.5m

半径8m

4m　A

助走路30m以上

図 7

以上，必要最少限の設備を挙げたが，1周250m以下の運動場ではその内部にこれらの設備をすることは危険があって無理であるから，出来れば場外に造ることが安全であり利用価値も広い。まして他のスポーツと共同で使用する場合等にあってはなお更である。しかしこれだけの施設を持っている学校はまだ恵まれた方で，実状は1周150mとか200m位の所が多く，それも地形によっては楕円

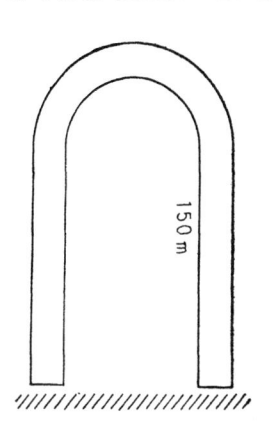

150m

図 8　馬蹄形トラック

註　一方が不整地のような場合に利用する。

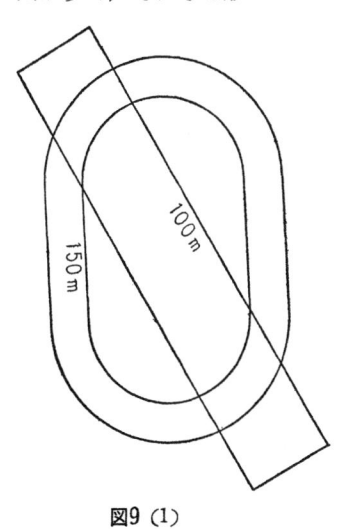

100m

150m

図9 (1)

形が正規に取れない場合や，100mの直線も取れない場合が多い。こうした場合の参考に変形の運動場設計の方法を記しておく。

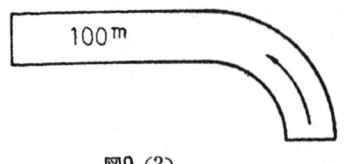

図9 (2)

〔註〕真直ぐにはの直線が取れない場合図9の (1) または (2) のようにするのが望ましい。

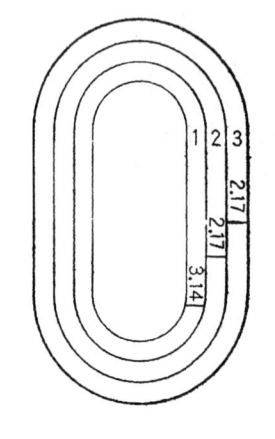

図10 セパレート・コースの切り方

註 第コースは堺界線の外30cmの所を走り，第2コース以後は内側の線の外20cmの所を走るので，1.2コースの差は（コースの巾−10cm）×3.14，第2・3コースの差はコースの巾×3.14となり以後同様である。
　但し1コースのみ線の外30cmの所を走るのは内側の線が5cm高くなっている時で平地の場合は全部20cm外を走ることになる。

（B）用　具

① スターテング・ブロック　10個

② バトン　10本

③ 石灰　若干

④ ライン引　3個

⑤ ライン引用細紐1本（50m）

⑥ 走高跳用スタンド　1個

⑦ 組棒高跳用スタンド　1組

⑧ バー10本（竹または紐で代用も可。）

⑨ ボール　5本（棒高跳用）

⑩ 砲丸投用足止材　1個

⑪ 砲丸投，ハンマー投用サークル　1個

⑫ 円盤投用サークル　1個

⑬ 砲丸（4kg）15個，（12ポンド）　5個

⑭ ソフトボール，バレーボール，バスケットボール　各10個

⑮ 砂袋　20個

⑯ 円盤女子用（1kg）10個，高校用　10個

⑰ 竹槍　10本，木槍　5本

⑱ 短棒　50本

⑲ ハンマー（12ポンド）　2個

⑳ ハードル　10個

㉑ 巻尺（30m）　1個，（50m）1個

㉒ ストップ・ウォッチ　3個

❷ 出発用具　2個

等である。

次にラインの引方を述べておく。この
ラインの巾は（5 cm）出発線では距離
の中に入る。またコースの巾においては
内側のラインの外側が境界になる。（ラ
インは既に自分のコース範囲には入らない。）外側のラインは，外側が境界で
あるから自分のコースの巾に含まれる。

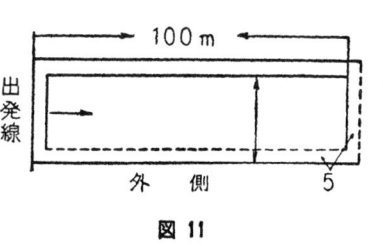

図 11

Ⅳ　単元の展開とその方法

　配当時間を10時間として，その時間における指導例を出し，授業の運び方，技術指導の要点の解説を試みた。また季節や，施設，用具の点を考えて，他の教材との組合せの出来るもの，或いは校内競技会，運動会等に対処する授業内容も挙げてみることにした。また基本技術を最少限の時間配当に止め，学校による年間の時間配当の不均衡や，前記の諸条件に対処出来るよう，練習教材に多数時間を配当した。

1　A　コ　ー　ス（初心者……男子中学1・2年）10時間配当

第　1　時　限

（1）　単　元　リードアップ・ゲーム

（2）　主教材　折返しリレー，片手片膝着折返しリレー，円陣リレー，蛙跳等を実施しながら，走ること，スタートの要領，コーナーの廻り方，跳躍運動の要点等を覚えさせる。

（3）　準　備　バトン5本，旗5本，30m間隔白線2本，笛，円陣2ヵ所

（4）　指導例

　導入期であり，親しませることを目的としていることや，教材も多い関係上，1種目宛説明と動作を一致させて進めて行くと共と，本期間の到達目標であり，ねらいである主教材の動作の要点と，理論を理解させて行く。

A　話合い(15分)

　①「陸上競技は人間の本能活動で，人類の発生と共に行われて来ましたが，陸上競技と云う形で，競争されるようになったのは，記録の上では紀元前7～800年位前からのことですが，その歴史は他のどのスポーツよりも古いものです。」

　②「陸上競技の特質は，運動の法則によって能率が揚がるのだから，正しい体の使い方をしなくてはなりません。その形をフォームと云います。だから良

附表 2

3. Cコース（女子・中学校1年）

単元	主教材	10時間配当	15時間配当	指導の着眼点
リードアップゲーム	1. ドリブルリレー（バスケット・ボール） 2. 折返し片隊着返しリレー 3. 円陣リレー 4. 投越リレー（バレー・ボール） 5. 短縄跳 6. 小さくきみ走	2	3	1. 遊戯形式のリレーにより、走ることの概念を植付ける。 2. 低い姿勢からの出発が有利であることを知らせ、クラウチングスタートへの導入とする。 3. コーナーの廻り方を知らせる。 4. 小さくきみ走により、ピッチの概念を与える。 5. 立巾跳をおぼえさせ、走巾跳の踏切り、体の伸ばし方、着陸の仕方等をおぼえさせる。 6. 投越リレーにより、ボールの投げ方を知らせる。
50m走	1. 腕の振り方 2. スタートの要領 3. 股の上げ方	1	2	短距離疾走に欠く事の出来ない次の3つの条件をおぼえさせる。 1. 正しい腕の振り方 2. スタンディング、クラウチング両スタート 3. 疾走の要領
走巾跳	1. 助走の仕方 2. 踏切の要領 3. 空間姿勢 4. 着陸の仕方	1	2	走巾跳の4つの要素を会得させ、助走と踏切りのつながり、踏切ってから着陸までの形をおぼえさせる。
バスケット・ボール投	1. ボールの持ち方 2. 構えから投げる要領	1	1	構えの要領から投げる際の身体の使い方、特に、肘、肩、腰、脚の使い方をおぼえさせる。
50m走 走巾跳 バスケット・ボール投	1. スタート……30〜50m 2. 50m疾走 3. 短距離助走走巾跳 4. 走巾跳 5. ソフトボール投	4	6	各グループに分かれて練習を行わせ、上記の各点につき自ら体験させる。（全員、全種目を行う。）
測定（級判定）	1. 50m走 2. 走高跳 3. バスケット・ボール投	1	1	各種目（50mを除く）2回ずつ行わせ、自分の記録を知らせ、将来への自覚の自標とする。

5. Dコース（女子・中学校1,2年・高校1〜3年）

単元	主教材	10時間配当	15時間配当	指導の着眼点
導入	1. スタート 2. ドリブルリレー 3. 立巾跳 4. 片脚跳……前進	1	1	1. 身体を馴れさせる。 2. 直接主教材種目の準備をさせる。
80m走	1. 100m走（3/4） 2. 80m走	1	2	スタートと共に50mを走り、また100mを（3/4）により、80mの力の使い方を知らせる。
走高跳	1. 鋏み跳（正面跳） 2. ウェスタンロール 3. ベリーロール	1	2	1. 助走距離の決定と、助走の踏切りの要領を知らせる。 2. 各種跳び方の要領を知らせる。 3. 振上脚の使い方を知らせる。 4. バーの越え方を知らせる。
砲丸投	1. 砲丸の支え方 2. 構えの要領 3. 突出し方 4. ホップの練習	1	2	1. 安全に持つことを知らせる。 2. 正しい構えをおぼえさせる。 3. ホップの要領と、中間で止まらないこと、及びホップ終了と同時に投げることをおぼえさせる。
80m走 走高跳 砲丸投	1. 80m走 2. 走高跳 3. 砲丸投	5	7	各グループに分かれて練習を行わせ、上記の各点につき自ら体験させ、自覚させる。（各自全種目を行う。）
測定（級判定）	1. 80m走 2. 走高跳 3. 砲丸投	1	1	各種目（80mを除く）2回ずつ行い、自己の記録と地位を知らせ、将来への参考とする。

5. 特別コース（他教材との組合せ）（男女）

単元	主教材	10時間配当	15時間配当	指導の着眼点
短縄 バスケット・ボール	1. 駈走跳 2. 片脚交互跳 3. ホップ・ステップ駈 4. ドリブルの練習駈	2	3	1. 走跳の脚捌きの要領。 2. 片脚交互跳の手、足の脚捌きのタイミングの要領。 3. ホップ・ステップのドリブルの要領。 4. バスケット・ボールのドリブルのランニングシュートの要領、特に手頸の使い方、腰の位置に留意する。
短縄 バスケット・ボール	1. 腕交互交叉跳 2. 両脚交叉跳 3. 交叉練習	2	3	1. 腕を交叉して跳ぶ要領。 2. 両脚を揃え、高く跳び上って2回跳ぶ要領。 3. バスケット・ボールのドリブルシュートの各種の練習。
短縄 長縄 バスケット・ボール	1. 短縄跳総合練習 2. 長縄跳 ①くぐり抜け ②1回跳 ③3回跳 ④脚の屈伸跳 3. シュートの練習	2	3	1. 短縄跳を各種目10回ずつとしての連続跳び練習。 2. 長縄跳の入り方、縄に合せての跳び方の要領。 3. バスケット・ボールの各種のドリブルの要領。
長縄 バスケット・ボール	1. 長縄使用しての跳び方 2. バスケット・ボールのドリブルシュートの練習	2	3	1. 長縄を2本使用して、2人が両腕で交互に振り、これを跳ぶ要領。 2. バスケット・ボールのドリブルシュートの各種の練習。
綜合練習	1. 短縄跳 2. 長縄 3. バスケット・ボール	2	3	1. 短縄跳連続跳び練習の要領。 2. 長縄跳に短縄跳を併用する要領。 3. バスケット・ボールの簡単なルールでの試合。

いフォーム，正しいフォーム等と云われるのはそのためです。」

　③本期間内に，100m走，走巾跳，ソフトボール投の３つの種目を行います
が，100m走では，初級（17秒），中級（16秒），上級（14.5秒）。走巾跳では初
級（3.4m），中級（3.70），上級（4.00m）。また，ソフトボール投では，初級（3
5m），中級（3.75m），上級（40m）とします。この３つの種目については3種
目共，同一の階級に達した時に全体についての階級を与えます。3種目の階級
が不揃の時は，その最低の階級を与えます。」

　④「本時限はこのような意味で，身体を馴らし，要領を覚えることを目的と
して，各種の応用運動を行います。」

B　ウォーミング・アップ……(5分)

　①　徒手体操特に膝，足首，指の関節の運動を念入りに行う。屈膝前挙，脚
の振上げを補助運動として行う。

　②　300m緩走，100m歩行

　③　組分け

C　折返しリレー，片手片膝着折返しリレー(10分)

　①　「それでは最初に折返しリレーと，片手と片膝を着いた折返しリレーを
行いますから，旗の立っていない側の線に旗に向って縦に１列に並びます。場
所は左から1，2，3，の組の順になります。」

　②　「バトンは右手で，下の方を握り，渡す時は，次の人の右側へ出て，右
手に渡して下さい。受取った人はすぐバト
ンを下の方へ持ち換えて下さい。スタート
は立ったままでやります。また旗を廻る時
は遠廻りをしないようによく考えて走っ
て下さい。」

　③　「競走ですから皆しっかり走って下
さい。」

　④　スタートの様子，疾走中の手脚の動
かし方等をよく観察しておく。

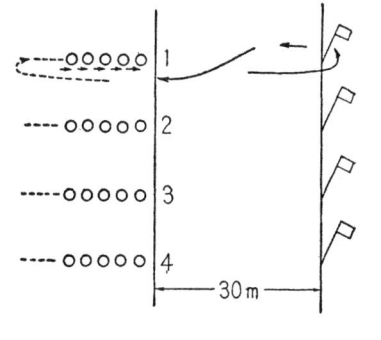

図　12

⑤　3回行う。

⑥　「今度は同じ折返しリレーですが，スタートの時，片手(左)，片膝を地
に着けて出発してみましょう。前の時と，どんなに感じが違うか各自よく考え
て走って下さい。その他の要領は，前と全く同じです。」

図13　片手，片膝取スタート(1)　　　図14　片手，片膝取スタート(2)

⑦　スタートの要領をよ
く観察する。

⑧　3回行う。

⑨　両手を着き片膝を着
いたスタートの恰好をやっ
て見る。

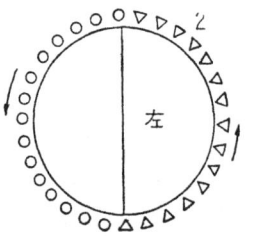
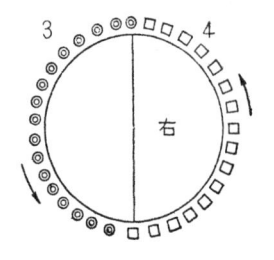

図 15

D　円陣リレー（5分）

①　「今度は円陣リレーを行いますから，1組：2組，3組：4組の組合せ
で，1,2組は左，3,4組は右側の円の外に集合して下さい。」

②　「今度はバトンの受渡しですが，渡す人は左手で，受取る人は右手にな
りますから，間違えないようにして下さい。」

③　「走路が円形ですから，どんなに走るのが良いか，注意をして下さい。」

④　「4組の競走ですから，どの組も負けないようにしっかり走って下さ
い。」

⑤　2回行う。

⑥　バトンの受け渡し状態，コーナーの走り方を十分観察する。

E　投越しリレー（6分）

①　「次はボールを持って投越しリレーを行います。左から 1, 2, 3, 4 組

の順番に縦に1列に集合して下さい。」

②　「要領は，ボールを投げ上げて，紐を手前から越させ，向う側で，空間で受止め，すぐ走り，旗を廻って帰ります。」

③　「空間でボールを受け止めるまで何回でも行います。」

④　「後の要領は皆，折返しリレーと同様です。」

⑤　ボールの投げ方をよく観察する。

⑥　2回行う。

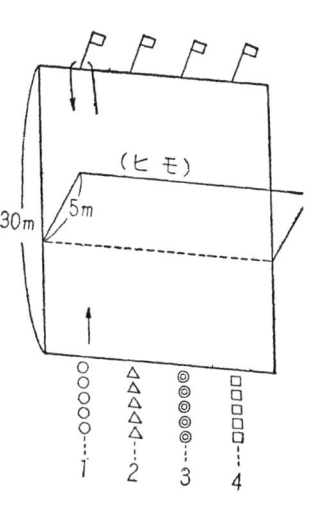

図　16

F　蛙跳競争（4分）

①　「各組別に縦に1列に並び，各自横を向き，2足長位脚を開き，両足首を握ってかがみます。特に頭を下げて，膝をよく伸ばして下さい。後方（大きい方）から順次跳び，全員が最後迄跳びます。」

②　「手の着き方，跳び上り方をよく考えて下さい。」

③　「特に手を背中に着く時と，跳上る時のタイミングを間違えないようにして下さい。」

④　2回行う。

G　整理運動

徒手体操，話合い，あいさつ，教材後始末

（5）本時の技術解説

①　走る時の腕の振り方は肘を中心にして前後に正しく振る。特に後方へ振った時に肘を伸ばさないことと，肩を堅くして，上下に移動しないこと。

②　股の上げ方は前上方へ引上げること，膝を開いてはいけない。

③　スタンデング・スタートの時は両脚を前後に3足長位開き腕も上下に構え，一度振ってから出発する。

④　クラウチング・スタートの際は，両腕はほぼ肩巾の広さに着き，腕と前足の間隔は「ヨーイ」の時，十分耐えられる程度に開く。後足は前足の拇指の着根の所に膝部が行くように開く。

⑤　「ヨーイ」の時，重心が両腕と前脚の中間位にあるようにする。

図17　肘を曲げたかまえ

図18　出発第1歩

⑥　腕は肘を曲げ，あごを出さないように構える。

⑦　出発第1歩は，後脚をただ引上げることだけを考え，蹴る意識を無くすること。また腕は大きく前後に振り，体を十分前傾すること。

⑧　コーナーの廻り方は，外脚の爪先を内に向け，上体を内側に傾け，内脚は踵を外に開き爪先で軽く支えるようにして廻る。

⑨　ボールを投上げる時は十分肩と手首をつかうこと。上体を外側へ曲げないこと等を注意する。

第 2 時 限

（1）単　元　リードアップ・ゲーム

（2）主教材　ボール投（ソフトボール）大胯走，爪先小きざみ走，立巾跳

（3）備　準　ソフトボール15個，巻尺1個

（4）指導例

A　ウォーミング・アップ（5分）

①　徒手体操……特に本時の教材に併せ，膝の全屈伸運動，胯を大きく開かせる運動，肩の廻転運動，跳躍運動を多く行わせる。

②　腕の振り方，股上げ運動を行う。

③　600m緩走，200m歩行

B　スタート，爪先小きざみ走，大胯走（15分）

①　「きょうは，前の時間に行ったスタートの要領を復習の意味と，これから行う種目の準備を兼ねてやってみます。5人ずつ1組になって走ります。」

② 「初めの2回は立ったままの姿勢でスタートして，後の3回をかがんだ姿勢からスタートします。」

③ 「小きざみ走は上体を前に倒して，出来るだけ小きざみに早く行います。」

④ 大腿走は1歩1歩跳ぶようにして，腰から捻って大腿に走ります。」

C　ボール投（ソフトボール）（10分）

① 組を2つに分け50～70mの線を挟んで向い合う。

② 「投げる時は，上体が外側へ曲ったり，廻ったりしないように注意をして下さい。」

③ 「肩を十分廻して腕が真上を通るようて投げます。」

④ 「肘を曲げ，手首のスナップをよく動かすようにします。」

⑤ 「少し助走をつけてみて下さい。その時，最後に1歩ホップをして投げる方法と，両脚を交互に出して交叉する方法とがあります。どちらが楽で，自然によく投げられるか，試して下さい。」

D　立巾跳（15分）

① クラスを2組に分け2ヵ所に縦に1列に並ばせる。

② 「立巾跳の要領は最初爪先で伸上って，上体は両脚を上に上げると一緒に大きく胸を張って後方へ反るように伸び上る。次に急に息を呼いて，膝を深く曲げて前かがみとなり，最後に足首，膝，腰を一挙に伸ばし，両腕を振上げ，胸を張って前上方へ跳び上ります。」

③ 「着陸の際は十分膝，腰を曲げて，足を前方へ出すようにします。その際，腕で，上体が後へ倒れ

図19　立巾跳構え(1)　　　図20　立巾跳構え(2)

て尻をつかないように，振り上げた姿勢から下後方へ振ります。」

④ 「両脚はなるだけ揃えて着くようにしましょう。」

⑤　最初，跳ぶ前に一度，準備運動として軽く跳び上り勝ちであるが，要領をのみ込む迄はよいとしても，後は止めさせた方がよい。

E　整理運動（5分）

①　300m緩走，10m歩行

②　徒手体操

③　整列，あいさつ，解散，後始末

（5）本時の技術解説

①　クラウチング・スタートの際の位置のつき方について。先ず，スタートの位置の後方3mの所に起立する。次に，スタートラインの所まで前進して位置につく。（イ，前脚を着く。ロ，両腕をつく。ハ，後脚を着く。）

図21　位置のつき方(1)　　　図22　位置のつき方(2)　　　図23　位置のつき方(3)

②　「ヨーイ」の姿勢は前週のものを復習する。

③　爪先小きざみ走は，ピッチの練習で，短距離疾走では早い足運びが大切である。

④　大腿走は，ストライドの練習で，必要に応じ，何時でもストライドが伸ばせるための練習である。

⑤　ボール投げの技術は前週のものを復習する。

⑥　ボール投の2種類の助走については，スピードが中断されないこと，途中で，重心が上下左右に移動しないこと等の理由から，脚を交叉させる方法が有利である。

第 3 時 限

（1）単　元　100m疾走

（2）主教材　腕の振り方，クラウチングスタートの要領，股の上げ方，中間疾走，ラストスパートとフィニッシュ

（3）準　備　スターティング・ブロック，または移植ごて（5個），ストップ・ウォッチ1個

（4）指導例

A　ウォーミング・アップ（5分）

　①　徒手体操　肩，膝，足首の各関節の運動を十分行う。

　②　600m緩走，200m歩行

　B　腕の振り方（5分）

　①　「今迄腕の振り方については一般的な基本の形を実施して来ましたが，きょうはそれを再確認し，要領をよく呑み込むために最初に復習をしてみます。両腕を前後に開き，重心は前脚に乗せ，腕は肘をよく伸ばしたままで片腕を上に，片腕を下後方にして下さい。」

　②　「調子を合わせて，腕を上下に大きく振って下さい膝も軽く曲げ伸ばしをして調子をつけます。その間に，肘の動く範囲をよく覚えておいて下さい。段々に肘を曲げ速度を早めます。」

　③　「腕を振ることは，脚の動きを楽にし，助けるためですが，腕の弱い人，強い人等によって夫々に適した振り方があります。今これを一通りやってみましょう。」

　（a）クロスボディ・アーム・モーション

「腕の弱い人が力強く正しく振るためには，腕を伸ばしては振れませんから，肘を「A字」形に曲げ，体側につけて，体を腕が斜に横切るように振る方法です。」

　（b）ロック・アーム・モーション

「最も一般的な振り方で，肘はほぼ90°に曲げて肘

図24　クロスボディ・アーム・モーション

が外へも，内へも出入りしない，自然のままに振る方法です。」

（c）　ピストンロード・アーム・モーション

「汽車のピストンが動くように腕を前に振る時は，肘を前方に伸ばし，後へ振る時は前の物を引寄せるように曲げて振ります。これは腕の力が強い人の場合に使われます。」

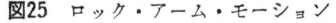

図25 ロック・アーム・モーション　　　　**図26** ピストンロード・アーム・モーション

（d）　「その他，肘を伸ばしたままで振る人も見かけますが，これは動作が大きくなって不利です。要する所，腕を正しく振ることは肘が中心ですから，肘が正しく前後に振れ，それが脚の動作と一致して，動作を助ける事が出来なければなりませんから形にとらわれないで，自分に一番適した方法で振って下さい。」

④　「腕を振ることが如何に大切かを知るために，一度腕を後で組んで股上げ運動をやってみましょう。」

C　クラウチング・スタート（7分）

①　「前週行ったスタートの中で，両腕片膝を着いて構えた方法を，クラウチング・スタートといいます。この時は正式には足止材（スターティング・ブロック）を使います。」

②　「手のつき方は線に触れないように，指先で

図27 腕後方組，股上げ

支えます。掌は絶対に着かないようにします。指の開き方は，拇指と他の4本の指を揃えて横に開く方法と，拇指を後に4本を前に等間隔に開いて着く方法の2種類あります。これは支え易い方を選んで着い

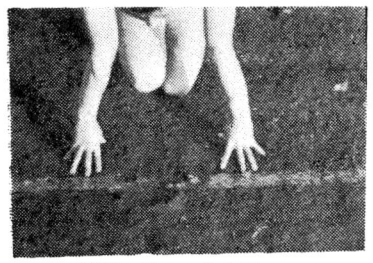

図28 手のつき方(1)

図29 手のつき方(2)

図30 手が線に乗っている。

図31 手が線を越えている。

て下さい。」

③ 「前脚の位置は腕の開き（ほぼ肩の巾）とほぼ同じ長さだけ後方に位置します。然しこれはごく一般的な場合で，前脚ブロックの角度がほぼ45°の時に適用する方法です。だから理論的には前ブロックの角度によって，腕迄の距離が決まるのが正しいから，最初にブロックの角度を決め，それから腕迄の長さを取るのがよろしい。この腕と前脚の距離の関係から形の上で分けたスタートのスタイルには3種類あります。」

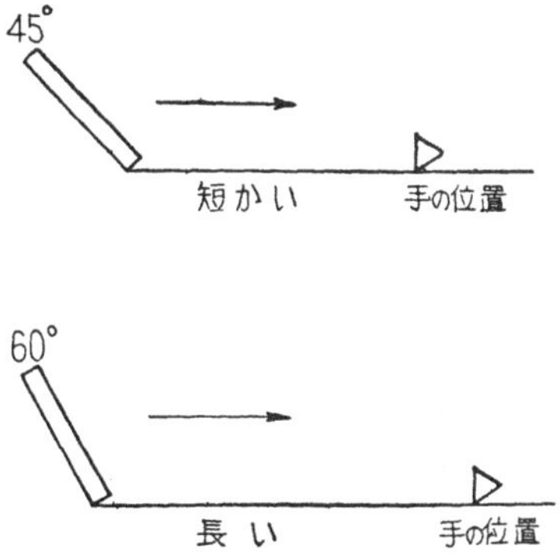

45°
短かい　手の位置

60°
長　い　手の位置

図 32

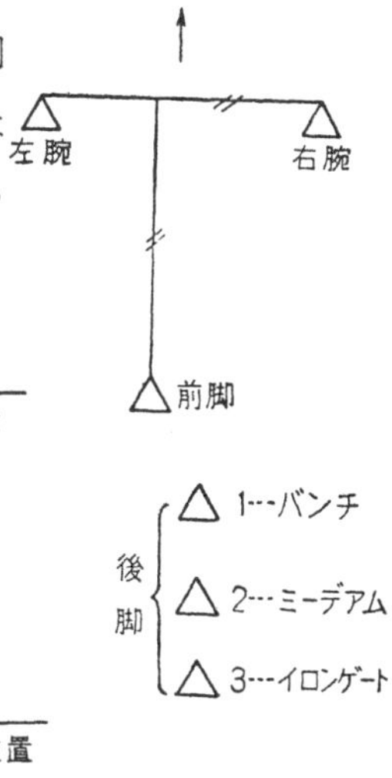

左腕　　　右腕

前脚

後脚 { 1…バンチ
2…ミーデアム
3…イロンゲート }

図 33

（a） バンチ・スタート

「前ブロックの角度が最も大きく，腕迄の距離が長く，後脚と前脚の間隔の最

図34　パンチ・スタート

図35　ミーデアム・スタート

も狭いもので，体力も技能も優れた者に適するのです。」

（d）　ミーデアム・スタート

図36　イロンゲート・スタート

「最も普通の場合で，前に述べた通りです。」

（c）　イロンゲート・スタート

「腕から前脚迄の距離が最も短いもので，体力的にも技能的にも弱い未熟な者の場合に行います。これでも耐えられない場合は，スタンディング・スタートをすることになります。」

④　「後脚は最後に位置しますが，ブロックの角度は，どの場合も 60° 位がよろしい。」

図37　正しい出方

図38　上へ蹴った所

⑤　「ブロックに着いた時は，靴の先が地面に軽く着くようにします。完全に地面から離れてはルール上いけません。また足先を沢山地面につけていると，スタートの時，滑りますからよくありません。」

⑥　「ヨーイ」の姿勢，第1歩の出方は復習を行う。

⑦　「クラウチング・スタートをして，第1歩から上体の立つ人は，クラウチングをする必要はありません。最初は前傾姿勢ですが，スタートの域はど

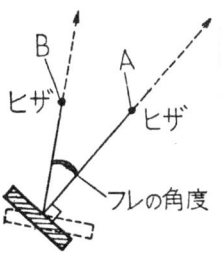

図　39

図　40　下へ蹴った所

んなに長くても30m迄には終らなければいけません。」

D　中間疾走（5分）

①　「スタートの域を過ぎてからの走り方が中間疾走です。上体は出来るだけ楽な姿勢にして股はよく上げ，ピッチを早くして，スタートによって得たスピードを落さないようにします。」

E　股上げ（3分）

①　「スタート，中間疾走ともに股をよく上げて走ることが大事ですから，股上げの練習をその場でやりましょう。」

図 41　正しい中間疾走

②　「要領は前週のものを復習します。」

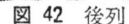

図 42　後列

図 43　前かがみ

F　スタート練習　30m〜50m（6分）

①　位置のつき方，「ヨーイ」の構え，第1歩の出方をよく観察する。

②　腕の振り方，股の上げ方，直線に走るかどうか等をよく観察する。

G　60m疾走……3回（6分）

①　「100mへの過程として走ります。各自何 m 位の所から疾走状態に入れ

るかを吟味して走って下さい。」

　②　休養の意味で200mを緩走，200mを歩く。

H　ラストスパート及びフィニッシュ（3分）

　①　「通常100mを走るのには初めのおよそ30m迄位をスタートダッシュ，それから80m辺迄を中間疾走，最後の80〜100m迄の20mをラストスパートの区間と云います。」

　②　「ラストの区間になると体勢が崩れ易いので，堅くならないで，脚のみだれや，上体の起き易いこと等に特に気を付けて，上体をやや前傾する位にして，スピードの落ちるのを防ぐことが大切です。よく最後に『頑張れ』等と云いますが，効果の上からすれば寧3逆効果が多いと思います。」

　③　「フィニッシュの仕方は，ラストスパートの継続で，特別の動作をして，スピードを落してはなりませんから，ただ上体を幾分前傾して3歩位前から腰を心持ちかがめて走ります。」

I　100m疾走……2回（5分）（記録を取る時は8分とし，60m走を1回として3分とする。）

　①　「今迄の総仕下げとして100mを走ってみます。部分的に練習したことを各自でよく気を付けて走って下さい。」

　②　出来ればレコードを取ってみる。

J　整理運動（5分）

　①　300m緩走，100m歩行

　②　徒手体操

　③　集合，あいさつ，解散，後始末

（5）本時の技術解説

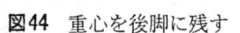

図44　重心を後脚に残す

　①　スタートの位置についた時，重心を後脚に乗せる人があるが，これは次の「ヨーイ」の時，重心が，そのまま後脚のに上乗る傾向があって悪い。必ず前脚と腕の方に乗せていること。

　②　出発の時，後脚を強く蹴って出る者があるが，これは，すぐ上体が立つとになって大変悪い。

　③　また位置に着いた時，踵を外に向けたり，内に向けたりする者がある

が，真直ぐにする
ようにする。

⑤　出発と同時
に前脚がブロック
の面を直角に蹴ら
ないで，「土ふま
ず」がブロックの

図45　重心の上り過ぎ

上に乗っかるような出方をする者がある。こ
れはブロックの角度が大きすぎるためで，も
っと直角に出られるように直す。

図46　正しいヨーイの構え

⑤　「ヨーイ」の時，無理に頭を上げて前方を見
ないようにすること。

⑥　腕を振ると云うことは，肘の動きを云うので
あって，肘が正しく前後に等分に振れているかどう
かを見る。

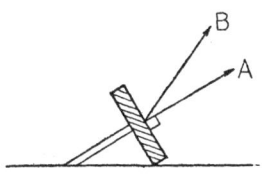

図47　Aの方向に進むのが
正しく，に蹴るのは悪い。

⑦　肩を堅くしないこと。肩を楽に下して振ることが正しく振る条件で，堅
くして上下に上げ下げする振り方は最も悪い。

図43　肩を上下させた振り方

図49　後方で肘がのびる

⑧　後方に引いた時肘を伸ばしてはいけない。非常に多く見られる欠点で，
これでは結果的に見て後方へは殆んど振っていないことになる。

⑨　腕を横に振って上体を横に廻さないこと。腕を振らないで上体を左右に
廻すことも多い。

⑩　股上げは真直ぐ上へ引き上げること。未熟な者，脚力の弱い者，腹筋の

弱い者等では十分な引上げ動作が出来ない。学習効果からすれば股が 90° 迄上がるよう努力させることが望ましい。勿論，短距離疾走と中・長距離競走では相当な違いがあるが，たとえ長距離競走でも途中必要に応じて，いつでも出るだけの力がなければいけないから，矢張り練習が必要である。

図50　股を水平まで引上げ，上体を今少し起して練習するようにする。

図51　後方へビンビンはねる。

図52　股が開く。

⑪　引上げた際，膀が開かないこと。股が側方に開いて引上げられると，キックも進行方向と違った方角に作用するので，十分に力を発揮することが出来なくなる。

⑫　キックする際，膝から先を後方へ流さないこと。股を余り上げないで，後へばかり蹴上げると，作用する力は弱まり，大きな推進力とならず，疲労も早くなる。キックは正しく真直ぐ下方へなされ，1歩1歩重心を乗せて行かねばならない。

⑬　飛び上らないこと。力を入れるために1歩1歩腰を曲げ伸ばしして，その都度飛び上がることがあるが，重心もそれにつれて上下するので力む割合にスピードが出ないものである。なおこの変形として，ギャロッピングをすることもあるが，いずれも正しい走法とは云えない

⑭　上体を後方へ反らせないこと。疲労をして来ると特にこの傾向が強くなるが，これは重心が後脚

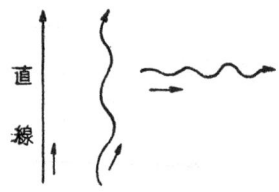

図　53

直線

上下動

一定

の沿線上から外れ，後方に位置する
ことになり，推進力を著しくそぐこ
とになる。

　⑮　足を交叉させないこと。走る
時にはよく一直線に走れと云われる
が，誤解され易いのは，文字通り1
本の線の上を走ることと思われるこ

図　54

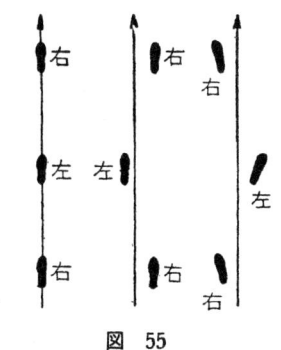

図　55

とで，このように運ぶことは実質，各脚を内側へ
運ぶことになり不自然であると共に，身体のバラ
ンスも取り難くなる。更に極端になると左右の足が中央の線を越えて反対側に
着くこともあるが，ますますいけないことである。双方の脚は各々の立場にお
いて直線上を走らねばいけない。

第　4　時　限

（1）単　元　走巾跳
（2）主教材　助走の要領，踏切りの要領，空間姿勢，着陸の要領，走巾跳，
　　　立巾跳
（3）準　備　巻尺1個，地均し1個，紐1本，ブロック5個
（4）指導例

A　ウォーミング・アップ（5分）

　①　徒手体操，特に跳躍運動を多く行う。

　②　600m緩走，200m歩行

　③　スタート練習　$\left.\begin{array}{l}\text{スタンチング}\\\text{クラウリング}\end{array}\right\}$30〜50m各3回

B　踏切りの要領（7分）

　①　「助走距離10m位の短距離助走で，各自思い思いに走巾跳をやってみま
しょう。」（3〜4回）

　②　踏切1歩前をどんな風に使うかをよく観察する。

　③　踏切脚が踏切板によく乗り，有効な踏切りをするかどうかをよく観察す

る。

④　話合い

走巾跳は助走によって得た力（水平分力）と踏切りによって出来る垂直の力とが合わさって成り立つのです。ですから踏切りは前の方へ跳び上るのでなく，真上へ跳び上るような気持ちで強く突張るのです。実際に強い助走をつけて

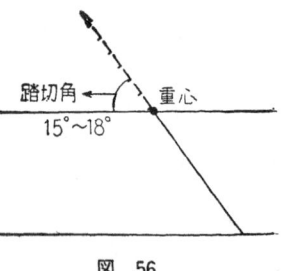

踏切角 ← 重心
15°〜18°

図　56

跳ぶ時には進行方向の逆の方向へ突張るようにするのです。そのためには，ただ速い速度で走って来たのでは踏切りが出来ませんから，踏切る3歩前位からいくらか速度を緩め（12〜15%を減速），踏切る前の1歩はやや膝を曲げ，腰を落して上体を幾分立てて踏切るのです。この要領で2回ばかり跳んでみましょう。」

⑤　2mの距離の所に紐を張り30〜50cmの高さにして高く跳ぶようにさせる。

C　助走の要領（7分）

①　「距離は最初余り長くしないで25m位にします。踏切りを合わせるために中間に2，3ヵ所目標をつけて下さい。踏切り脚は，よく踏切板に乗るようにします。スピードは踏切る3歩前からは．上体をやや起し加減にして股を上げて踏付けるようにして走り，最後の1歩は歩巾を狭く（5〜10cm狭める）するようにします。」

D　空間姿勢と着陸の要領（6分）

①　「一度空間に上ってしまってからはどんなに体を動かしても前進することにはならないが，身体のバランスを保ち，安全に着陸するための準備をするのがこの空間の動作です。」

②　「空間の姿勢には(イ)跳ぶと同時に上体を前に曲げて体全体を『くの字型』に曲げて着陸する『かがみ跳』と，(ロ)跳び上ると共に腕を前から上に振り上げ胸を張って

図57　かがみ跳

上体を後へ反らせ着陸寸前に上体を急に前に曲げ，脚を前に投げ出すようにして着陸し，安全に着陸するため腕は後の方へ振り上げる『反り跳び』と，㈠跳ぶと共に振り上げ脚を一度後へ振り，踏切脚を前に出し，同時に腕も前後に廻し，ちょうど山を2歩ばかり駈上るように動かし，最後に両腕を揃えて前へ投出すようにして着陸する『鋏み跳』の3種類がありますが，どの要領でもよろしいから自分に出来易く適当したものを選んでやって見て下さい。」

図58　反　り　跳

図59　鋏　み　跳

③　「着陸については脚を揃えて着くこと。腕を使って倒れないようにして下さい。」

④　「形を覚え易くするために，助走は10m位に短かくしてみましょう。」

E　走巾跳（15分）

①　「今練習した助走と，踏切りの要領をよく継ぎ合わせて跳んでみましょう。」

F　立巾跳（5分）

①　「立った姿勢から踏切る時の足首，膝，腰を伸ばす要領を復習して下さい。」

G　整理運動（5分）

①　200m緩走，200m歩行

②　徒手体操，集合，あいさつ，解散，後始末

（5）　本時の技術解説

①　踏切った時に足首，膝，腰がよく伸びて一直線になり，重心はその沿直

線上にあるようにする。

②　それを助ける意味で，振り上げ脚は膝を曲げて大きく引上げる。

③　また，肩で上体を釣り上げるようにする。重心の位置が踏切地点より前にあることは悪い。

第 5 時 限

（1）　単　元　ソフトボール投

（2）　主教材　ボールの握り方，投げる構え，投げ方，助走の要領

（3）　準　備　ソフトボール15〜25個

（4）　指導例

A　ウォーミング・アップ（5分）

①　徒手体操，特に肩の廻転運動を十分行う。

②　600m緩走，200m歩行

③　スタート練習　3〜5回

B　ボールの握り方（3分）

①　野球のボールを握るように3本の指で握りますが，ボールを大きく感じて不安な人は5本の指で握って下さい。」

C　投げる構え（7分）

①　「脚を前後に3足長ばかり開きます。ボールを1回前後に振って，2回目の後へ引いた時に後脚の膝を十分曲げて，腕は十分後へ引いて構えます。」

②　「構えた時，左腕（右利）は肘を曲げバランスを取ります。」

③　「眼を前上を眺めます。」

D　投げ方（15分）

①　「構えが出来たならば各自思い思いに投げて下さい」

②　腕の使い方，左腕の使い方，左脚の使い方をよく観察しておく。

③　腰が折れていないか，上体が左へ曲ったり廻ったりしないかをよく観察しておく。

E　助走の仕方（15分）

①　「10mばかり助走をつけて投げて見ましょう。」

②　脚の裁きをよく観察しておく。

③　「助走から構えに入る方法には，最後の1歩をホップで入る方法と，3歩（或いは5歩）位前から両脚を交叉して構えに入る方法とがあります。自分で行ってみて，適した方法で投げて下さい。」

④　「投げ終ったならば両脚を交換して安全を計っは下さい。」

F　整理運動　（5分）

①　600m緩走，100m歩行

②　徒手体操，集合，あいさつ，解散，後始末

（5）　本時の技術解説

①　投げる時，肘をよく曲げ，完全にオーバー・スローになるようにする。

②　その時左脚に体重が移ると力が横へ逃げるから，やや外へ突張り気味に後へ引く。

③　助走についての方法と，要点は前に述べたことを重ねて説明する。

④　投げた瞬間，上体が左へ曲ったり，廻ったりすることの不利についても繰返し説明する。

第 6 時 限

（1）　単　元　100m疾走，走巾跳，ソフトボール投

（2）　主教材　50m疾走，100m疾走，短距離助走巾跳，走巾跳，ソフトボール投

（3）　準　備　ブロック5個，巻尺1個，坂均し1個，ソフトボール15個

（4）　指導例

A　ウォーミング・アップ（5分）

①　徒手体操，特に腕振り，股上げ，肩の廻転跳躍運動を念入りに行う。

②　600m緩走，100m歩行

③　スタート練習　スタンデング・スタート　30〜50m　3回
　　　　　　　　　　　　クラウチング・スタート　50〜70m　3回

B　話合い（4分）

①　「きょうからは今迄練習して来た 100m疾走，走巾跳，ソフトボール投

げの3種目を，全種目について練習を行います。混雑を防ぎ，全員が平等に出来るように3つの組に分けますから，各組は今から発表する順に練習をして下さい。1組は，100m→巾跳→ボール投の順，2組は，巾跳→ボール投→100mの順に，3組は，ボール投→100m→巾跳の順に行います。リーダーとして各組の先頭から2人ずつ出て下さい。なお，場所の移動は迅速にして練習中は，リーダーの指揮によく従って下さい。」

　②　「記録によって階級が作ってありますから，全員初級以上に合格する考えで，よく考えたり，今迄学習したこと等を思い起して十分練習をして下さい。」

C　100m疾走（12分）

　①　「5人ずつリーダーの合図によって出発するが，先ず50〜70mを2回ばかり走り，100mを1〜2回走ります。」

　②　「コースをゆがめて走ったり，今迄走り方について注意した事柄を互いに注意しあって練習します。」

D　走巾跳（12分）

　①　「踏み切る感じを味うことと，脚を馴らす意味で最初2〜3回位短距離助走で跳びます。」

　②　「助走の練習を行い，踏切りを合わせます。」

　③　「最後に走巾跳を3〜5回位跳んで下さい。」

　④　「お互に今迄注意したことを指適し合って，悪い所を直すようにして下さい。」

　⑤　「各自およその距離を確認しておいて下さい。」

E　ソフトボール投（12分）

　①　「最初立った姿勢から肩を馴らすために極く軽く投げます」（4〜5回）

　②　「次に立った姿勢から思い切って投げます。」（2〜3回）

　③　「最後に助走をつけて投げます。」（5〜6回）

　④　「投げ終った時，踏切線を出ないように注意して下さい。」

　⑤　「お互に欠点を直し合って，効果のある練習にして下さい。」

F　整理運動（5分）

① 400m緩走，200m歩行

② 徒手体操，集合，あいさつ，解散，後始末

（5） 本時の技術解説

① 各種目につき今迄挙げた要点，或いは欠点を繰返し指導する。

② 本時は主として 100m疾走について指導を行い，他の種目はお互に欠点を指適し合って，練習を行わせる。

第 7 時 限

（1） 単 元　100m疾走，走巾跳，ソフトボール投

（2） 主教材　50m疾走，100疾走，短距離助走巾跳，走巾跳， ソフトボール投

（3） 準 備　巻尺1個，ソフトボール15個，地均1個，ブロック5個

（4） 指導例

A　ウォーミング・アップ（5分）

① 徒手体操

② 600m緩走，200m歩行

③ スタート練習5回

B　本練習（40分）

① 各組の練習順序を前時限の時より1つずつ，ずらして始める。

② 各組の練習状況，並にフォームについて順次指導を行う。

C　整理運動（5分）

① 400m緩走，200m歩行

② 徒手体操，集合，あいさつ，解散，後始末

（5） 本時の技術解説

① 特に悪い個所，及び，十分理解されていない点につき補充解説する。

② 本時は主として走巾跳について指導し，他は互に研究する。

第 8 時 限

（1） 単 元，100疾走，走巾跳，ソフトボール投

（2）　主教材　50m疾走，100m疾走，短距離助走巾跳，走巾跳，ソフトボール投

（3）　準　備　巻尺1個　ブロック5個　地均1個　ソフトボール15個

（4）　指導例

A　ウォーミング・アップ（5分）

　①　徒手体操

　②　600m緩走，200m歩行

　③　スタート　5〜7回

B　話合い（5分）

　①　「本時限は各自の一番不得意の種目につき，特に練習をします。次に第二番目に不得意の種目を行います。但し人員が不揃になるかも判りませんから，人員の調整をします。」

C　本練習（35分）

　①　「最初に行う一番不得意種目を行い，練習時間も20分行います。」

　②　「次に行う種目の時間は15分です。」

D　整理運動（5分）

　①　400m緩走，200m歩行

　②　徒手体操，集合，あいさつ，解散，後始末

（5）　本時の技術指導

　①　特に目立った点につき反復指導する。

　②　本時限は主としてソフトボール投について指導し，他は互に練習させる。

第 9 時 限

（1）　単　元　100m疾走，走巾跳，ソフトボール投

（2）　主教材　50m疾走，100m疾走，短距離助走巾跳，ソフトボール投

（3）　準　備　ブロック5個，ソフトボール15個，地均1個，巻尺1個

（4）　指導例

A　ウォーミング・アップ（5分）

① 徒手体操

② 600m緩走，200m歩行

③ スタート練習5〜7回

B　話合い（3分）

① 「本時も前時限に準じて自分の一番不得意の種目を最初に行い，次に一番得意の種目を練習します。時間の配分は，最初 25分，後の種目 12分とします。」

② 「次の時間には記録を測定しますから各自よく練習して，全員良い成果が得られるように努力して下さい。」

C　本練習（37分）

D　整理運動（5分）

① 400m緩走，200m歩行

② 徒手体操，集合，話合い，あいさつ，解散，片附

（5）本時の技術解説

① 3種目について，順次指導を行い，他の種目については，互に研究させ乍ら練習を行わせる。

第 10 時 限

（1）　単　元　測定

（2）　主教材　100m疾走，走巾跳，ソフトボール投

（3）　準　備　出発用具2個，テープ用毛糸，巻尺2個，ブロック5個，ソフトボール15個

（4）　指導例

A　ウォーミング・アップ（5分）

① 徒手係操

② 600m緩走，200m歩行

③ スタート3〜5回

B　話合い（5分）

① 「きょうは最後の時間ですから記録を測ります。実施要領は最初の時間

に分けた3組に分かれます。1組は 100m→巾跳→ボール投の順, 2組は巾跳→ボール投→100mの順に, 3組はボール投→100m→巾跳の順に行います」

② 「記録の測定はリーダーが当り,補助員として必要に応じて次番者が出ます。測定は 100疾走を除き2回ずつ行い,よい方を採ります。なお,測定は厳格に行って下さい。」

C 記録の測定

① 全会場に目を通し,秩序正しく,正確に行われているか,どうかを観察する。

② 危険のないよう,各会場の準備を巡視する。

③ 全種目終了したならば,記録用紙を集めて整理する。

なお測定方法として当然,教師が中心となり一種目ずつ行うことが考えられるが,ここでは,今迄行って来た結果を総合的に見る意志の下に生徒の自主活動に委ねた。

D 整理運動（5分）

① 400m緩走,200m歩行

② 徒手体操

E 話合い

① 「本日の実施につき互に話合う。」

② 「結果を集計して,各自の級位を近く発表します。」

③ 「来年度においては,今回の記録,或いは階級よりも更に向上するように努力して下さい。」

④ あいさつ,解散,後始末

2 Bコース（男子中学3年, 高校1～3年程度）10時間配当

第 1 時 限

（1） 単 元 導入

（2） 主教材 スタート, 大腿走, 片脚跳, 立三段跳

（3） 準 備 ブロック5個, 巻尺1個, 地均1個

（4）　指導例

　中学初級学年において一通りの課程を履修して来ても，陸上競技の季節から考え，また他教材との時間配分等から考えて，冬季間は一時中止か，実施していたとしても，長距離走や，縄跳運動等が多く行われる関係上，春と共にシーズンを迎える形になり，急には競技種目全般に亘って学習する準備が整っていないから，最初の1時間は今後の科目履修のため心身の準備を整える意味から，導入時間としてみた。このことは，この案では中学3年から高校3年迄を心身の発達段階から考えて一括したが，実際には，中学と高校の間には明確に区別があるので，中学における進度が区々であることを想像すると，高校1年の当初にあっても矢張り準備期間として導入過程を設けて，歩調を合わせることが必要であり，このような意味から，ここで導入と云うことを目的に1時間履修することを計画してみたのである。

A　話合い（5分）

　①　今迄履修してきた種目，進度，能力の程度等を聞き，今後の履修方法についての希望，意見等を聴取して参考とする。

　②　「本期間は目標として，800走，走高跳，砲丸投を行います。別に定めた階級に合格を目指して学習をして下さい。」

　③　「この目標達成の準備として，本時限は基礎種目の一部を実施します。」

　④　「第2時限からは3種目に分かれて実施しますから，各組で夫々2名のリーダーを決めておき，授業の前には必ず連絡に来て，準備を整えるようにして下さい。」

B　ウォーミング・アップ（5分）

　①　徒手体操，特に膀を大きく開く運動，跳躍運動を念入りに行う。

　②　600m緩走，200m歩行

C　スタート練習（8分）

　①　スタンデング・スタート　　3回　50〜70m

　②　クラウチング・スタート　　3〜5回　30〜70m

　③　スタートは当然ウォーミング・アップの中に含まれるべきであるが，中には新規の者もあり，また一度履修してきたとしても，中絶していることが考

えられるので，念のため，またレベルを合わせる意味において，特に本時の主教材の一部とした。

　④　クラウチング・スタートの位置の付き方，「ヨーイ」の時の腰の上げ方，頭の位置，腕の支え方等を特に観察指導する。

　⑤　スタート第1歩の出方について特に，股の上り具合，腕の振り加減を観察指導する。

　⑥　スタートダッシュ区間の腑の上り具合，中間疾走に入ってからの姿勢を特に観察指導する。

D　大腑走（7分）

　①　必要に応じて，何時でもストライドを伸ばすことの出来るための準備として大腑で走る要領をおぼえさせる。

　②　「最初は1歩1歩を跳び上ってスピードは余りつけないで走ります。」

　③　「次には普通走法で出来るだけ大腑で走ります。」

　④　「最後に普通歩巾の走法と，大股走を 50m ずつ交互に織交ぜて走ります。」

E　片脚跳（10分）

　①　「100mを左右交互に20mずつ前方に跳びます。」

　②　次は同じようにして，側方へ跳んで下さい。」

F　立三段跳（10分）

　①　「最初軽く立巾跳を行い，続いて立三段跳を行います。」

　②　「立三段跳の練習の最初は，脚の交換を間違えないよう，ホップする脚で立ち，そのままの姿勢で，一度跳び上り，もう一度同じ方の脚で跳び，次に反対の脚で跳ぶ練習を行います。」

　③　馴れて来るに従い，ホップ，ステップ，ジャンプの夫々についての脚の引上方，踏付け方，腕の振込み方について解説理解させる。

G　整理運動（5分）

　①　600m緩走，200m歩行

　②　徒手体操，集合，あいさつ，解散，後始末

（5）　本時の技術解説

①　クラウチング・スタートの際，「ヨーイ」の時重心の位置が，前脚，両腕の方に移行し，高さの加減も，第1歩が楽に出られる程度にすることを指導する。

②　出発の際，前脚のブロックの角度と，踏み出る脚の進行角度とが一致するよう指導する。

③　踏み出し第1歩は特に大きく股を前方に引上げて，力強く踏付けることを指導する。

④　特に「ヨーイ」の構えの際，後脚に重心が残って出発と同時に前方に跳び出し，同時に上体の立つことを注意する。

⑤　中間疾走においては，腕振りを正確に，股を十分引上げ，上体は楽な姿勢で，スピードを落さないよう努力させる。

第 2 時 限

（1）　単　元　800m走

（2）　主教材　400～600m走，800m走，1,000m走

（3）　準　備　ブロック5個

（4）　指導例

A　話合い（4分）

①　「中距離を走る時に大切な事柄は，苦しみに勝ち抜くと云うことと，スピードを出来るだけつけると云うことですが，きょうは最初ですから先ず，中距離疾走と云うものを体験し，各自が自分はどの程度のスピードであれば，完走出来るかどうかを測ってみましょう。最後迄努力して途中で中止しないよう走って下さい。」

②　「第一段階として400mを自分の力の¾位の速さで走って，呼吸と循環と，脚を馴らします。」

③　「次には1,000mを同じく¾の力で走って，中距離を走ることに馴れましょう。」

④「最後に目的の 800mを自分の続くと思う速さで一度走って見ます。」

B　ウォーミング・アップ（6分）

　① 技手体操　特に全身の運動を念入りに行う。

　② 800m緩走，200m歩行

　③ スタート練習　スタンデング・スタート　3回　50〜70m

　　　　　　　　　　　クラウチング・スタート　3〜5回　30〜70m

C　400m走½〜600m走½（10分）

　① 全員を4回に分けて行う。

　② 各自に自分のスピードを測らせる。

D　1,000m走½（15分）

　① 全員を2回に分けて行う。

　② 自己の耐久力を測らせる。

E　800m走（10分）

　① 全員を3回に分けて行う。

　② 各自測った自分の耐久力と，スピードとを織り交ぜて，自己の判断において最適と思われる速さで走る。

　③ この結果，成功，不成功を問わず，次への指針とする。

F　整理運動（5分）

　① 200m緩走，200m歩行

　② 徒手体操，話合い，挨拶，解散，後始末

（5）　本時の技術解説

　① 中距離疾走においては，フォームの上の鍛練よりも，全距離を最も能率よく走破するための力の配分と云うことが大切であるから，フォームの点では手脚の運びをごく軽快に動作する程度に止め，後はスタートによって得たスピードを中間において，如何に経済的に使用して持続させるか，またラストスパートにおいては，どの位の所から力走すればよいか等を体得させる。また中間において，力を加える必要に迫られた際には，体勢，脚運び等を如何にすればよいかを理解させる。

第 3 時 限

（1）　単 元　走高跳

（2）　主教材　鋏み跳（正面跳）ウエスタンロール，ベリーロール

（3）　準　備　走高跳用支柱1組，バー（またはヒモ）3本，地均1個

（4）　指導例

A　話合い（5分）

①　「走高跳には現在4つの型があります。第1は鋏み跳または正面跳，第2はウエスタンロール，第3はベリーロール，第4はラルソンスタイルですが，第4のラルソンスタイルは余り一般的でないので本日は中止しますが，残り3種目については砂場で説明をしながら練習を行います。」

②　「走高跳の運動の性格は一言にして云いますと，助走（水平分力）によって得た力を，踏切ることによって高く跳び上る力（垂直分力）に大きく変化させる運動ですから，助走と踏切りが根本であり，反対脚の振り上げ動作がこれを扶ける動作として，大切であることを予じめよく理解しておいて下さい。」

B　ウォーミング・アップ（7分）

①　徒手体操，特に，膝，足首の関節運動，跳躍運動，体の捻転運動を十分行う。

②　400〜800m緩走，200m歩行

③　スタート練習　スタンデング・スタート　3回　50〜70m

　　　　　　　　　クラウチング・スタート　3〜5回　30〜50m

C　鋏み跳（正面跳）（10分）

図 60　正面跳の踏切直前　　　　　図 61　レイアウトに移る所

①　「助走距離は大体10〜13m（7〜11歩）位です。」

②　「最初は緩かに走り，段々にスピードをつけて，最後の所に来て踏切り

1歩前は歩巾をやや大きく，そして踏切りの1歩はそれよりも20〜30cm狭くして迅速に踏み着けて下さい。」

③　「反対脚は大きく膝を開いて前方に振り上げて，身体を引上げます。」

④　「体がバーの上に来た時，上体を内側に強く捻って，腰，脚を引き上げます。」

D　ウエスタンロール（13分）

①　「助走距離，要領は『鋏み跳』とほぼ同様です。」

②　「踏切りと同時に腕，上体を先にバーを越させます。その時の上体は半廻転の姿勢となります」

図62　ウエスタンロール
跳び上った所

③　「反対脚で身体を引上げ，踏切脚を後から引着けて，踏切脚から先に着陸します。着陸の際は，四つん這いの形になります。このように踏切ってからバーを越え，着陸する迄に身体が1廻転するので，ロールオーバーと云う名が生まれたのです。」

④　「このような跳び方をしますと，踏切り脚は，鋏み跳の場合と逆で，鋏み跳の場合は左脚踏切りの人は右側から助走して踏切りますが，ウエスタンロールの場合は，右脚踏切りの人が右側から助走します。」

E　ベリーロール（10分）

①　「ウエスタンロールの場合は最初に着地するのが，踏切脚であったのが，ベリーロールの場合は，どこから着陸してもよろしい。極端に云うと，ダイビン

図63　ベリーロールのバーを
越えようとする所

グのように腕から着いても，肩から着いても，また振上脚から着いてもよいのです。ただ両脚で踏切ることだけはいけません。」

②　「助走の要領については，ウエスタンロールの場合とほぼ同様です。」

③　「踏切った脚と反対の脚からバーを越えるので，身体は恰度，ウエスタ

ンの場合と反対にバーの上で半廻転し，バーの上に腹這いのような恰好になります。」

F　整理運動（5分）

① 600m緩走，100m歩行

② 徒手体操，話合い，挨拶，解散，後始末

（5） 本時の技術解説

① 踏切りは，どのスタイルにおいても，膝を曲げて跳び上るのでなく，突張るものである事を理解させる。

② 踏切地点はスタイルによって多少の変化はあるが，バーの真下から3足長位の所が適当である。

③ 反対脚の振り上げと，肩を上方へ釣り上げるようにして，身体を上へ引上げるのであること，及びこの動作があってこそ，踏切脚がよく伸びて，跳び上る力が出来るものであることをよく理解させる。

④ 身体は完全にバーの上を通過しなければならないが，重心はバーの下を通るようにすることが有利であるから，上体，腕等は早くバーを越し，踏切脚は出来るだけ後から越すことが望ましい。ちょうど，バーの上で変形ではあるが，アーチ型になるようにするのが望ましい。

第 4 時 限

（1） 単　元　砲丸投

（2） 主教材　砲丸の支え方，投げる構え方，
　　　　　　　投射の要領，ホップの仕方

（3） 準　備　砲丸10〜15個，20m間隔に白線2本

（4） 指導例

A　ウォーミング・アップ（5分）

① 徒手体操

② 軽い緩走，歩行

③ 軽くスタート練習

B　砲丸の支え方（5分）

図　64

図　65

図　66

図67　正しい支え方

図68　肘の出過ぎ

図69　肘の引過ぎ

①　「砲丸を持つ際は，強く握るのでなく，突出す時に，途中で落ちないように，安全に支えておればよいのです。」

②　「要領としては5本の指を拇指だけを反対にして，4本の指を同じ位の間隔に開いて，砲丸がその着根の所に重さがかかるように持ちます。そして掌と砲丸の間に隙間が出来るようにして，決して掌に乗せてはいけません。」

③　「馴れて，腕や指が強くなれば，5本の指を揃えて着け，砲丸を出来るだけ指の先で支えるようにして，最後のスナップを強く効かせるようにします。2〜3回持ってみて下さい。」

C　構え方（10分）

①　「支え方が判ったならば，その場で投げる構えの要領を行ってみます。」

②　「その場で両脚を横に　3〜4　足長ばかり開いて，体重を全部右脚（右利）の方へ移します。そして左脚は膝を伸ばし，爪先で軽く支える程度にして，腰も伸ばしします。ちょうど，この姿を後ろから見ますと片仮名の『イ』の字のようになります。」

図70　正しい構え　　　　図71　悪い構え(1)　　　　図72　悪い構え(2)

③　「腕は，左腕を斜前上方に上げ，砲丸を支えている右腕は，砲丸がちょうど耳の下位の所で，軽く首に着くように構えます。」

④　「頭も身体と同じように右側に傾けるようにします。」

⑤　「今述べた要領は，投射方向に対して身体が直角に向いた構えの場合ですが，熟練してきますと，後方を向いて構えることが多くなります。この場合

図73　正しい突出し　　　　図74　正しい突出(1)　　　　図75　悪い突出

は右脚に全体重を掛け，膝を曲げ，上体，特に胸部は，右膝につく位迄前に曲げます。左脚は爪先で軽く支えます。また，右腕の構えは，前の 90° の場合よりは幾分，肘を体に着けるようにして立てます。」

D　突出しの要領（15分）

　①　「砲丸は投げで，なく突出しですから，今練習をしました構えから，肘

図76　悪い突出(2)　　　図77　低い突出し　　　図78　高過ぎる突出し

を先に出して投げにならないよう，真直ぐに突出して下さい。」

　②　「また肘を側方に張り出して突出すことも大変悪いですから，肘は前後左右に振れないで，直線に動くようにします。」

　③　「突出し角度は，構えた時の肘の角度をそのまま突出せばよいので，無理に高く上げようとしたり，下の方向に突出してはいけません。普通，突出し角度は 38°〜43° 位が適当とされています」

　④　「また，突出しは，重心の移動方向，角度と常に一致していなければいけません。」

　⑤　「突出しの際，肩や腰は廻転運動をしますが，砲丸は出来るだけ直線に動くようにします。」

　⑥　「突出しの際の身体の動作する順序は下の方から，上の方へ移ります。先ず足首を内側に捻り，踵を外へ捻り出すと同時に，膝を内側へ捻り，これと同時に前方へ伸ばす。次に，腰，肩を廻転させ，最後に腕を伸ばします。なお，身体の左半面（右利）は，右脚を伸ばす時，同時に，腰や上体が左へ廻

ったり，曲ったりしないように，左脚をやや外側後方へ引き附けるようにし，また，肩腰の廻転と同時に左脚を曲げて後方に強く引附けます。最後に上体が左へ廻らないように頭の位置は常に身体の一直線上にあるように努めます。構えから突出しの練習を十分行ってみて下さい。」

E　ホップの仕方（10分）

①　「練習しましたスタンデングからの突出しでは，十分に力が出ません から，それにスピードを着けてみましょう。その方法がホップです。」

②　「ホップをする時も，構えの要領と同様に，横向き（90°）の姿勢から 行う場合と，後ろ向き（18°）の姿勢から行う場合の2通りがあります。」

図79　ホップの構え（90°）　　　図80　ホップの構え（180°）　　　図81　悪い出方

③　「横向きの姿勢でホップをする場合は，砲丸を持って立った姿勢から，軽く膝を曲げ，腰を下ろし，上体を幾分前かがみの姿勢になり，左脚を大きく横へ振出すと同時に右膝を伸ばして前方へ進みます。」

④　「後ろ向きの姿勢からホップを行う場合は，いわゆる『後すざり』のかっこうになりますが，上体を十分前傾して，調子をつけて右膝を後方へ伸ばし，それと同時に左脚を大きく後方へ振り上げて前進（体の型からすれば後進）します。」

⑤　「きょうは，横向きのホップから練習しますが，どうしても，一度に跳べない人は一度中間で左脚を軽く着いて出て下さい。各自何回でも練習をします。」

⑥　「今，皆さんの様子を見ていますと，ホップをする時，高く跳ぶ人があ

図32　正しい出方(180°)

りますが，なるたけ上へは跳ばないようにして下さい。その気持ちで今一度練習始め。」

F　整理運動（5分）

①　300m緩走，100m歩行

②　徒手体操，本時及び次の時間の話合い，

③　挨拶，解散，後始末

（5）　本時の技術解説

①　支え方，突出しについては，その都度解説が加えてあるから特別に述べることはないが，ただ突出の練習の際，身体を2回ばかり前後に移動させて……予備運動……から十分構えて突くよう指導する。

②　ホップをする際，右脚で跳び出す考えであると上へ跳ぶので．左脚の振出しの力で引き出すようにする。

③　ホップしてから突出す際にスピードを中断しないこと。

④　突出す際の左腕の構えは，肘を軽く曲げ，拇指を下へ廻わして掌が外向けになるようにして，引附ける時は前方の物を手操り寄せるようにすること。

⑤　ホップの出方について，横向きの姿勢から急に後ろ向きにすることは大変困難であるから，その中間の姿勢から練習をすること。

⑥　ホップをする場合，未熟なため一度に進めない者は中間で一度左脚をついてから前進することがよいが馴れて来れば一度に出るようにすること。

第 5～7 時 限

（1）　単　元　800m走，走高跳，砲丸投

（2）　主教材　800m走，走高跳，砲丸投

（3）　準　備　走高跳用支柱1組，バー3本（または紐），ブロック5個，砲丸15個

（4）　指導例

A　ウォーミング・アップ（5分）

①　徒手体操

②　600m緩走，200m歩行

③　スタート練習

　　　スタンデング・スタート　3〜5回　50〜70m
　　　クラウチング・スタート　3〜5回　30〜70m

B　話合い（4分）

　①　「本時限から今迄練習をして来た3種目について全部を復習します。方法は，級を3つに分けて，第1組は800m走→走高跳→砲丸投の順，第2組は走高跳→砲丸投→800m走の順，第3組は砲丸投→800m走→走高跳の順に夫々実施します。各組の先頭から2名はリーダーになって，世話をして下さい。」

　②　組分け

　③　「砲丸投，走高跳では危険のないよう，お互いに注意をして下さい，また，お互の欠点を指適し合って，研究的態度で練習をして下さい。」

C　800m走（12分）

　①　「600mを全員一度に走ります。速度は½程度です。」

　②　「800m走は2組に分けて行います。」

　③　「腕の振り方，股の上げ方，等に注意して最後迄完走するように努めます。」

D　走高跳（12分）

　①　「3つのスタイルの内，自分に最も適した方法で跳んで下さい」

　②　「最初の高さは1m10cmから始めます。上げ方は5cmずつとします」

　③　「高さを跳ぶよりも本時は，型をよく覚えるようにして下さい」

E　砲丸投（12分）

　①　「最初5回は立ったままの構えから投げますが，構え方と突出しを正確に行うようにして下さい。」

　②　「次には，ホップをして時間一杯投げます。」

　③　「ホップの出来ない者は，途中一度足を着いて進む形で投げて下さい」

　④　「特に砲丸を投げないで，突出すようにします。」

F　整理運動（5分）

　①　400m緩走，200m歩行

　②　徒手体操，話合い，挨拶，解散，後始末

（5）　本時の技術解説

既に各種目について述べたことで，特に目立った個所を繰返し注意をする。なお，毎時1種目につき主として指導を行い，他の種目については，互に研究，工夫の上練習をさせる。

<h3 style="text-align:center">第 8～9 時 限</h3>

（1）　単　元　800m走　走高跳　砲丸投
（2）　主教材　800m走　走高跳　砲丸投
（3）　準　備　砲丸10個　ブロック75個　走高跳用支柱1組，地均1個，巻尺1個
（4）　指導例

A　話合い（5分）

①　「本時限と次の時限では各自が一番不得意の種目を中心に練習し，他の種目は不得意の順に行います。」

②　「最初に行う種目の時間配当は20分とし，残りの2種目を15分間に適宜行います」

③　「800m走を行う人は初めに400～600を軽く走り，続いて1,000mを一度½程度で走り，最後に800mを全力で走ります。」

④　「走高跳，砲丸投を行う人は危険のないように注意して，今迄よく出来なかった悪い所を互に注意しあって練習をして下さい。」

⑤　「人数と場所，用具等の関係で混雑をするかも分りませんが，一同，リーダーの言をよく聞いて，混雑をしないようにして下さい。」

⑥　「最後の時間には記録会を行いますから，全員よく研究的な態度で練習をして，全員が，初級以上に合格するよう努力をして下さい。」

B　ウォーミング・アップ（7分）

①　徒手体操
②　600m緩走，200m歩行
③　スタート練習

　　　　　　　スタンデング・スタート　3～5回　50m位

　　　　　クラウチング・スタート　3回　　30〜70m

C　各種に分れての練習（35分）

　①　各練習場を巡廻指導し，併せて練習状況危険の有無等を観察，防止に当る。

D　整理運動（3分）

　①　400m緩走，100m歩行

　②　徒手体操，話合い，解散，後始末

（5）　本時の技術解説

　①　夫々の種目についてのフォームの要点を繰返し説明する。（各会場において行う）

　また新規に気付いた事柄を発見すれば，これを説明是正する。

　②　各時限について，全種目に亘り指導を行い，他の種目の処置は，各グループのリーダーの下に共通の大きな欠点につき，互に研究工夫をしながら練習を行わせる。

第 10 時 限

（1）　単　元　記録の測定

（2）　主教材　800m疾走　走高跳　砲丸投

（3）　準　備　ブロック5個，走高跳用支柱1組，砲丸10個，ストップ・ウォッチ（または腕時計）10個，バー3本，砲丸投用サークル（白線で作る）2カ所，出発合図用具（ピストル）2個，巻尺2個，地均し1個その他

（4）　指導例

A　話合い（3分）

　①　「本日の記録測定は最初2組に分れ，1組は走高跳，2組は，砲丸投を行い，終了次第交代して最後に全員を5回に分けて800mを走ります。」

　②　「砲丸投げは2カ所で行い，個人については，2回ずつ投げて，その内成績のいい方を採ります。」

　③　「砲丸を投げる順番は大きい人から投げ，全員1回を投げた後で，また2回目を投げます。」

④　「走高跳は1m10cmから初め，5cmずつ上げて行きます。個人につき同じ高さの試技は3回です。もしそれで失敗した時は，その前に跳んだ高さが記録になります。」

B　ウォーミング・アップ（7分）

①　徒手体操

②　800m緩走　200m歩行

③　スタンデング・スタート3回　50〜70m

C　走高跳，砲丸投（18分）

①　走高跳は各自の適したフォームで跳んで下さい。

②　記録は正確にします。

③　「砂場はよく返し，均らして下さい。」

④　「砲丸投は多少のファールは認めて，実距離を測定します。」

⑤　「ホップの出来ない者は，立った姿勢から投げてもよろしい。」

D　800m疾走（18分）

①　「1回に10人ずつ走ります。」

②　「最後迄完走するようにして下さい。」

③　時間を節約する必要の生じた場合は，1回の人員を増加するか，または前走者が400m位迄進んだ時，次の者を走らせる。但しこの場合は時計が不足すると思うので，予め準備をしておくなり，生徒の腕時計を借用して使用すること。

E　話合い，整理運動（4分）

①　100m歩行，100緩走

②　徒手体操，本時の結果及び，将来の希望等につき話合い，挨拶，解散，後始末

（5）　本時の技術解説

①　本時限に到達した技術の程度を明かにし将来到達させたい程度及び，記録の規準を述べ，今後の学習に対する希望を持たせる。

　　3　Cコース（女子中学1年程度）10時間配当

第　1　時　限

（1）　単　元　リードアップ・ゲープ

（2）　主教材　ドリブルリレー，円陣リレー，投越リレー短縄跳

（3）　準　備　バスケットボール5個，バレーボール5個，短縄（25～50本），

バトン5本投越用支柱（高さ4m）2本，紐1本，旗5本，ドリブル用白線2本…20m間隔，円陣リレー用円2個，投越リレー用白線2本……30m間隔

（4）　指導例

　小学校における遊戯の段階から競技の段階に入る過程として，生徒に興味を持たせ，自発活動を要求する意味において，リードアップゲームを挿入することは男子の場合と同様である。従って本期間における主単元のねらいである動作の要点と理論を理解させるために利用する教材も多く，理論の解説を加える必要上，1種目ごとに説明と実施を併行して進めて行くことにする。

A　話合い（10分）

　①　「近代スポーツとしての陸上競技は紀元前7,800年位前から行われて来たのですが，運動としては人類発生と共に本能活動として存在していたものであって，その歴史は有史以前のものであります。スポーツとしても他のどのスポーツよりも古いものであります。」

　②　「陸上競技の特質を挙げますと，力のスポーツと云えることで，能率を揚げ，十分持っている力を発揮するためには，運動の法則に従って，身体を動かすと云うことです。このために，色々の運動の形を必要としますが，この形をフォームと云います。ですから他のスポーツの基本ともなり，一面他の運動を補助運動として行うこともあって，力量を増すことにもなるのです。」

　③　「本期間を通じて，50m疾走，走巾跳，バスケットボール投げの3種目を行いますが，各種目ごとに階級を設けて，3種目共，同一の段階に達した時に，全体についての階級を与えます。3種目の階級が不揃の時は，最低の階級を与えることにします。」

　④　「50m疾走の階級は，初級は9.3秒，中級が8.5秒上級は8秒です。走

巾跳は，初級は 2.5m，中級が 2.8m，上級は 3 mバスケットボール投は，初級が15m，中級は18m，上級は20mです。」

　⑤　　「本時限と次の時間は先ず馴れるためと，要領を覚える事を目的として各種の応用運動を行います。」

B　ウォーミング・アップ（5分）

　①　徒手体操

　②　200m緩走，50m歩行

C　ドリブルリレー（5分）（バスケットボール使用）

　①　「最初にドリブルリレーを行いますから，5組に分かれて，旗の立っていない側の白線の所に駈走で行き，旗に面して，各組1列に縦に並びます。組分けは，先頭から10人ずつが1組になります。」

　②　「運動の要領は，ボールを突き乍ら走り，旗を廻って帰り，次の人にボールを渡します。最後の人が所定のAコースを走り終った時の順によって着順とします。」

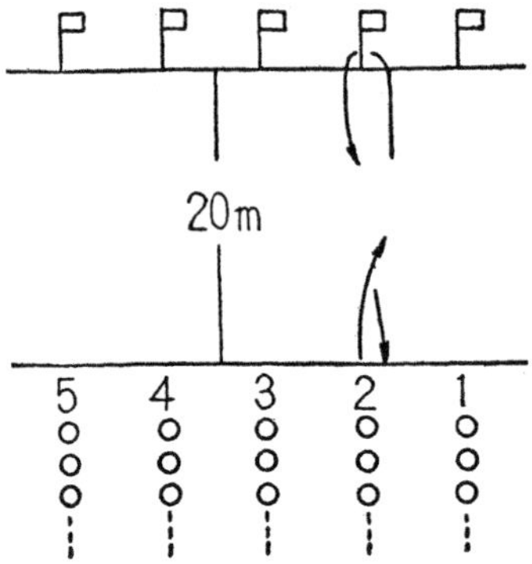

　③　疾走中に手足の動かし方をよく観察しておく。

　④　3回行う。

図 83

20m

D　円陣リレー（5分）（主としてAコースの円陣リレーの項参照）

　①　「次に円陣リレーを行いますから，4組に編成変えをします。元の4組になって下さい。」

　②　「1組：2組　3組：4組競走でしますから，1,2 組は左，3,4 組は右の円に，夫々外側に円を取囲むように1列に並んで下さい。」

　③　「4組が同時に走って1つの競走ですから，互にしっかり頑張って下さい，出発は先頭からです。」

　③　「バトンの受け渡しは，渡す人は左手で，受取る人は右手ですから，受取ったならば，直ぐ，左手に持ち換えて下さい。」

　④　「走路が全部円形ですから，どんなふうに走れば，一番経済的かをよく

考えて走って下さい。」

⑤　円形の走り方，バトンタッチの仕方をよく観察する。

⑥　3回行う。

E　投越リレー（10分）　　（Aコース，投越しリレーの項を主として参照のこと）

①　「今度は投越しリレーを行いますから，所定の場所に，左から1234の順に縦に1列に並んで下さい。」

②　「要領は，ボールを持って紐の下まで走り，ボールを投げ上げて紐を越させ，向う側で，空中で受け止めて走り，旗を廻って帰り，次番者に渡します。（ボールは，バレーボールを使います。）

③　「空中でボールを受け止めるまで，何回でも繰返します。」

④　ボールの投げ方をよく観察する。

⑤　3回行う。

F　短縄跳び（10分）

①　「きょうの最後に縄跳び運動を行いますから，各自縄を持って，前後，左右の人に触れないように間隔を取って，4列の横隊に集合して下さい。」

②　「縄の長さは，下端を踏んで，縄が肩の高さにくるように調節して下さい。」

③　「最初に駈走をする要領で，1歩ごとに縄を度廻わすようにして跳んでみます。」

④　「次は，両脚を前後にして，縄を1度廻わすごとに両脚共跳びます。その時は，両脚を揃えて同時に跳ぶのでなくて，前後の脚を時間を違えて，『1と2』と云うように前後して跳びます。」

⑤　「今度は，片脚で1度跳ぶ間に片脚を前後に1度振り，交代して跳ぶのですが（10頁参照），その間跳ぶ脚は振る脚の前後するのに併わせて，軽く2度跳び上ります。ホップ，ステップ跳びと云われている要領です。」

⑥　「最後に，両脚を揃えて跳び上り，その間に縄を1度廻します。高く跳び上れて，馴れた人は1度跳び上る間に2度向わしてみて下さい。」

⑦　「以上の4種類が出来ましたら，今度はこれを連続10回ずつ行って下さ

い。」

G　整理運動（5分）

　①　200m緩走，100m歩行

　②　徒手体操，話合解散，後始末

（5）　本時の技術解説

　①　走る時の腕の振り方は，肘を前後に正しく振ること，腕を振る代りに肩を振ったり，後方へ振った時，肘を伸ばしたりしないこと。

　②　股は前上方へ上引げるのであってで後へ流さないこと。

　③　コーナーの廻り方は，外足の爪先を内に向け，上体を内側に傾け，内足は踵を外に開き爪先で軽く支えるようにして走る。

　④　ボールを投上げる時は，上体を外側に曲げ過ぎないで，肩と手首をよく使って，利足も軽く曲げて投げる。

第 2 時 限

（1）　単　元　リードアップ・ゲーム

（2）　主教材　折返しリレー，片手片膝折返しリレー，立巾跳，小きざみ走

（3）　準　備　バトン5本，地均1個，巻尺1個，折返しリレー用白線2本
　　　　　……30m間隔

（4）　指導例

A　話合い（3分）

　①　「本時限も前の時間同様準備として，折返しリレー，片手片膝着折返しリレー，立巾跳，小きざみ走等を行います。」

　②　「前の時限に説明をしましたように，走る時の腕や脚の動かし方を十分注意して走ってみましょう。」

B　ウォーミング・アップ（5分）

　①　徒手体操，特に本時の教材に併せて，膝の屈伸，跳躍運動を多く取入れる。

　②　200m緩走，100m歩行

C　折返しリレー，片手片膝着折返しリレー（12分）（Aコースの同項目を参

照のこと。）

　①　「折返しリレーは，ドリブルリレー同様に，旗の所で折返して来る競走です。ドリブルリレーでは，ボールを渡しましたが，今度はバトンを渡します。」

　②　「バトンの受け渡しが互に向い合いになりますから，危険のないように注意しましょう。渡し方は，右手から右手へ渡します。」

　③　「身長順に5組に分けますから，最初の組から1 2 3 4 5の順に縦に1列になって，所定の位置に並んで下さい。」

　④　3回行う。

　⑤　「次は同じ折返しリレーですが，出発の要領を変えて，片手，片膝をつけた姿勢から出発してみましょう，従ってバトンの受け渡しの時に，失敗のないようにして下さい。受け渡しする手は右手です。」

　⑥　「バトンを受取る時は上を握りますが，すぐ下へ持ち代えて下を握って下さい。」

　⑦　「旗を廻る時，遠向りをしないように工夫して走って下さい。」

　⑧　「立った姿勢から出発するのと，かがんだ姿勢から出発するのとでは，出発の時，どんなに違うか，各自で試してみて下さい。」

　⑧　3回行う。

D　立巾跳（15分）（主としてAコース該当項目を参照のこと。）

　①　「立巾跳を行いますから，2組（前後列）に分れて砂場に夫々1列に縦に並んで下さい。」

　②　「立巾跳の要領は，腕を前から上に挙げ，身体を十分伸び上って爪先立ちになります。次の瞬間は腕を振り下すと同時に膝を深く曲げ上体をかがめ，その姿勢から一挙に腕を前から振り上げて前方に跳び出します。」

　③　「空間では出来るだけ胸を張って伸び上り，着陸の時は寸前に腰を前に曲げ，脚を揃えて前に出し，腕を後方へ強く振り下します。」

　④　「距離は踏切った所から，着陸した一番手前の所までを計ります。練習を始めて下さい。」

E　小きざみ走……20〜30m（10分）（Aコース，小きざみ走の項参照）

①　「速く脚を動かす練習のために，爪先で，小きざめに走ります。」

②　「要領は，腰をやや深く曲げて上体を前傾し身体を前に倒すようなかっこうになって爪先で走ります。腕も脚に合わせて，強く速く振ります。」

F　整理運動（5分）

①　200m緩走，100m歩行

②　徒手体操　解散，後始末

（5）　本時の技術解説

①　スタートの要領には，スタンデング・スタートと，クラウチング・スタートの2種があり，短距離レースの場合はクランチングした方が有利である。

②　リレーにおいて，正規のレースの場合のバトンタッチの方法は，色々あるが，要するに正確に受け渡しをすること，及び，渡す者と，受取る者とのスピードが一致した時に行われなければならない。

③　立巾跳の跳び上る際，腕を振り上げると共に肩を上へ釣り上げること，及び，吸気を十分すること，また，反対に，前にかがむ時は呼気を十分して前かがみを助けるようにすること。

第 3 時 限

（1）　単 元　50m疾走

（2）　主教材　腕の振り方，スタートの要領股の上げ方，中間疾走．ラストスパート（フイニッシュも同時に行う）

（3）　準 備　ブロック5〜10個

（4）　指導例

A　ウォーミング・アップ（5分）

①　徒手体操，特に肩，膝，膀，足首の関節運動をよく行う。

②　200m緩走，100m歩行

B　腕の振り方（5分）（Aコース参照）

①　「両脚を前後に開き体重を前脚に掛け，前膝を軽く曲げ，肘を伸ばしたままで，腕を上下に構えます。その形で，大きく上下に交互に振ります。その場合，膝を軽く屈げ伸ばして，腕の動作に調子を合わせて下さい。」

②　「その運動の間に，肘の動き方の，範囲をよく見ておいて下さい。そして肘を曲げても同じ程度に動くようにします。」

③　「段々に肘を曲げて調子を早くします。」

④　「今行いましたように，腕を振ることは，肘を正しく前後に振ることですが，これは脚の動作を助けるためですから，脚の動きと一致しなくてはなりません。」

⑤　「腕を振るのは，このように肘の動きを中心に考えますが，見かけの上から型を分けますと大体3種類になります。第1は，ロックアームモーションと云って，肘関節を大体直角（90°）に曲げてごく自然に振る方法で，最も一般的に行われている型です。第2は，ピストンロード・アームモーションで，腕の強い人が稀に行っていますが，ちょうど，汽車のピストンが，前後に同じ軌道を同くように，腕を前に振る時は，肘を伸ばして，突出すようにし，後へ振る時は，肘を曲げて，前の物を引寄せるような型になります。第3は，クロスボディ・アームモーションと云って，皆さん方のように腕の弱い人や，身体が未だ十分発達していない人の場合に使われる型で，肘を『A』字形（30°）に曲げて腕が上体から余り離れないように，胸の所で，斜に横切るように振る方法です。この内，型はどれでも結構ですから，自分の振り易い方法を選んで下さい。」

⑤　「腕振りが大切であることがよく判るように，一度，両腕を体側に下げたままの姿で，その場の駈走をやってみましょう。」

C　スタートの要領（10分）（Aコース参照）

①　「スタートをする構えには，立ったままの姿勢で構える方法（スタンデング・スタート）と，かがんだ姿勢で構える方法（クラウチング・スタート）とがあります。」

②　「スタンデング・スタートは，スタートの上手，下手が勝敗に余り影響しない中・長距離レースのような場合とか，腕や脚の力が弱くて，クラウチングが出来ない人の場合に行います。」

③　「その要領は，出発線（スタート・ライン）に向って，脚を前後にやや大きく（3足長位）開いて腕を前後に構え『ヨーイ』の時，一度前後に振って

惰性をつけて出ます。」

④　「クラウチング・スタートの要領を説明しますと，先ず位置の附き方です
が，第1は，前脚の位置を決めて附きます。そして，第2に両腕を付きます
が，この時の両腕の間は，ほぼ肩巾の広さにします。また，腕と前脚までの距
離も大体，これと同じ位の距離になります。第に後脚を附けますが，ちょうど
前脚の拇指の着根の所に後脚の膝頭が来るようにします。その場で皆んな練習
をして下さい。」

⑤　「位置の付き方が出来ましたら，次は「ヨーイ」の構え方です。この要
領は，後脚の膝を上方に伸ばすと共に，重心を前方に移し，大体体重が前脚と
腕に懸るようにします。この時，頭を無理して上げないで，自然にします。」

⑥　「この『ヨーイ』の構えから愈々出発ですが，第1歩は，脚を前に出す
と云うよりは，上に引附けると云う感じです。またこの動作は強くなければな
りませんから，大きくして，腕も大きく振ります。」

⑦　「ブロックを使って，スタートをする場合は，前脚の角度は45°位，後
脚の角度は60°位が一番適当と思います。しかし，これもその人によって多少
の変化はありますから，自分でよく調節して下さい。」

⑧　「この要領で，5人ずつブロックを使って，スタートの練習をしてみま
しょう。」

D　股の上げ方（5分）

①　「今皆さんの走ったのを見ますと全般的に股の上げ方が少い人や，色々
と悪い所がありますから，股の上げ方を少し練習してみます。」

②　「股は大体　90°位迄上げるのがよろしい。そのためには，腕も大きく
振ります。しかし体が後へ反ってはいけません。」

③　「股が開いたり，足先が，内側へ入ったりすることも大変悪いことで
す。」

④　「先ず最初に，股上げも大きく，ゆっくりして，腕も大きく振ってみま
しょう。」

⑤　「次は普通の軽いその場駈走から急に大きく上げたり，また下げたりし
てみます。」

⑥　「上体が余り起き過ぎないように，胸と股が着くような気持ちでやってみて下さい。」

E　中間疾走（10分）

①　「スタートダッシュの距離はほぼ20～30m位の間で，この間は上体も前傾をして走りますが，それ以後は一定のスピードがつくと，より速く走ることは脚力が耐えられなくなって困難です。この期間を早く抜け切って，楽に走れる姿になります。これを中間の疾走と云います。そして，50mであれば，スタートダッシュが終った所から40m位迄の間を云います。この間は，スピードを落さないように努力をします。これを，スタートと併せて練習してみましょう。」

F　ラストスパート及びフィニッシュ（5分）

①　「50m疾走の場合ではゴールに近く（10m位）なって最後の努力を試みますが，これをラストスパートと云います。しかし無理をして力を入れようとしますと，身体が硬くなって，反ってスピードが落ちますから，むしろ，疲労をして脚がフラフラすることを防ぐように注意することが効果的です。」

②　「決勝線に入ってくる要領をフィニッシャの要領と云いますが，これは決して無理をしてはいけません。却ってスピードが落ちますから，ゴール3歩前位から上体をやや前傾する程度でよいと思います。」

G　50m疾走……2回（5分）

H　整理運動（5分）

①　100m歩行，100m緩走

②　徒手体操，解散，後始末

（5）　本時の技術解説

①　「ヨーイ」の時の腕の着き方は肘を曲げないこと。

②　同じく「ヨーイ」の時，重心が後脚に残っていて，出発の時，跳び出すことのないよう，また後脚の膝を伸ばし過ぎて，出発の時，膝を曲げて出発する。二段出発にならないこと。

③　また位置に附いた時，後脚の方に体重を掛けないこと。

④　出発第1歩の股はただ上へ引きつけることだけを考え，脚を前に出すこ

とを考えないこと。

　⑤　中間疾走では，股を高く上げ，腕を強く振ること。

第 4 時 限

（1）　単　元　走巾跳

（2）　主教材　助走の仕方，踏切り要領，空間姿勢，着陸の要領，走巾跳

（3）　準　備　巻尺1個，地均1個，紐1本，ブロック5個

（4）　指導例

　Aコース第4時限，走巾跳の指導例を参照のこと。但し男女の差を考慮し，助走距離を短縮すること等を計る必要がある。

第 5 時 限

（1）　単　元　バスケットボール投

（2）　主教材　ボールの持ち方，投げる構え方投げ方。

（3）　準　備　バスケットボール15個，30m間隔の白線2本

A　ウォーミング・アップ（5分）

　①　徒手体操特に肩関節，手首の関節の運動を十分行う。

　②　300m緩走，100m歩行

B　ボールの持ち方（5分）

　①　「きょうはバスケットボール投げを行いますから，最初にボールの持ち方を説明します。2列になって円陣を作って，よく見える形になって下さい。」

図34　ボールの持ち方(1)　　　　　図35　ボールの持ち方(2)

　②　｜先ずボールの継ぎ目（閉ぢ目のあるものは閉ぢ目）に添って指を当て，全

部の指が完全にボールに密着するようにし，手首を曲げて，前腕にボールが着くようにします。特に手が小さく，指の短い人で，ボールが落ちそうな人は，肘も軽く曲げて，腕全体で抱えるようにして下さい。」

　③　「持ち方の練習をしますから，白線の所に2列になって向い合って並んで下さい。各自3〜4回ずつ持ってみて下さい。」

　④　「落さないで持てたならば，1〜2度前後に振ってみます。前に出した時は反対の手で支えます。」

C　構え方（10分）

　①　「ボールを持たないで，全員投げる方向に，両脚を3足長位前後に開いて下さい。そして最初に，ボールを持つ手を前に出します。その時，前の腕と前方で合せます。次に，後方に引きます。前の腕も一緒に後へ引きます。これを今1度繰返します。そして最後に腕を後へ引いた時に後脚の膝を曲げ，十分体重を後脚にかけます。」

　②　「一緒に練習してみましょう。1動作ごとに号令をかけます『1』で最初腕を前へ出します。『2』で後へ引いて，『3』でまた前，『4』で膝を

図86　スイングの前方

十分曲げて構え，『5』で投げるのです。各自4〜5回練習して下さい。」

図87　スイングの前方

図83　構　え　方

D　投げ方（10分）

　①　「構えが出来たならば，次は思い切って前の方へ振り出して下さい。」

　②　「この動作を構えから連続でやります。」

（5回位行う）

③　「振り出す時の腕の出し方に，腕が体の横を通
る投げ方と，斜め上から投げる方法とがありますが，
各自がよく力の入ると思う方法で投げて下さい。」

④　「それではボーを持って交代に，構えから投げ
る動作を練習しましょう（10～15回位）。」

E　助走（クロス）の仕方（15分）

①　「立ったままの姿勢からでは十分な力が入りま
せんから，少し隋性をつけて投げてみます。ボールを
置いて，脚を前後に開いて横に構えて下さい。」

図　89

2　「構えの要領の時と同様，最初両腕を揃えて前え出します。次に後へ振
ります。今度は腕を前に振り出すと同時に前脚を軽く前へ1歩踏み出し，次に
腕を後へ引いたと同時に後脚を膝を曲げ乍ら，前脚の所へ引きつけ一方前脚も
前へ囲して構え，直ぐ投げます。」

③　「この練習を始めます。呼称に合わせて『1』で腕を前に出して『2』
で後へ引く。『3』で腕と一緒に前脚を踏み出す。『4』で腕を後へ引き，後
脚を前へ出す。『5』で投げる。この後脚を出す時の位置には3通りありま
す。（i）　前脚の後方踵の所に出す　（ii）　前脚の真横に出す　（iii）　前脚
の前方（爪先の所）に出す方法です。いずれでも結構ですから各自で投げ易い
と思う方法を選んで練習して下さい（5回位）。」

④　「その要領で，ボールを持って実際に練習してみましょう（10～15回
位。」

E　整理運動（7分）

①　300m緩走　100m歩行

②　徒手体操，解散，後始末

（5）　本時の技術解説

①　腕を振る時はなるべく肘を伸ばし，肩も堅くしないこと。

②　腕のスイングと一緒に重心を必ず前後に移動させて，腕だけの動作にな
らないこと。

③　前に振り出す時は，目の高さまで上げること。

④　投げる時，上体が左（右利）へ廻転したり，曲ったりしないこと。

⑤　構えから投げる時，腰を前に曲げないこと。

⑥　助走（クロス）を附けた時には構えの姿勢の際重心が前脚に掛り，上体も前に傾き易いから胸部が非常に苦しくなり，十分な力が入り難いから，後脚に全体重をかけること。

第 6～7 時 限

（1）　単　元，50m疾走，走巾跳，バスケットボール投

（2）　主教材　30m疾走，70m疾走，50m疾走，立巾跳，短距離助走巾跳，走巾跳，バスケットボール投

（3）　準　備　ブロック5～7個，巻尺1個，バスケットボール10～15個，地均1個

（4）　指導例

A　ウォーミング・アップ（7分）

①　徒手体操，特に肩関節の運動，膝，膀関節の運動及び，跳躍運動を念入りに行う。

②　300m緩走，100m歩行

③　スタート練習

スタンデング・スタート　30m，50m，70m　各1回

クラウチング・スタート　30m～50m　3回

B　話合い（3分）

①　「本時限と，次の時限は今迄種目ごとに基本練習を行った3つの種目を全部行います。方法は3組に分けて行いますが，1組は50m疾走→走巾跳→バスケットボール投→50mの順に，2組は走巾跳バスケットボール投→50m疾走→の順に，3組はバスケットボール投→疾走→走巾跳の順に夫々の場所で，交代をしながら行って行きます。なお次の時間の時は，順番を変えて1組は2組の順に，2組は3組の順に，3組は1組の順に行います。」

②　「3つに組分けをしますから，3数番号（1 2 3）を掛けて下さい。そし

て，2の番号の前列の人が1の番号の2人の間へ出ます。後列の人は，3の番号の2人の間へ下ります。この組分けで行います。」

　③　「この各組で先頭から2人ずつをその組のリーダーとしますから，リーダーはよく世話をして下さい。また，列の他の人達は，これに協力してお互いに能率が上るように努めて下さい。」

C　50m疾走（12分）

　①　「30m疾走を2回行います。」

　②　「続いて70m疾走を1回。」

　③　「最後に50mを走ります。」

D　走巾跳（12分）

　①　「立巾跳を3回行います。」

　②　「続いて，短距離助走からの巾跳を3回行います。」

　③　「最後に，正式に助走距離を取った走巾跳を行います（4～6回）。」

E　バスケットボール投（12分）

　①　「最初は先ず，徒手で，スイング，構え，投げの動作を練習します（3～5回）。」

　②　「続いて立った姿勢からの投てき練習を5回程行います。」

　「最後に脚をクロスして前に進み出て投げる練習をします。5回ばかり投げます）。」

F　整理運動（4分）

　①　200m緩走，100m歩行

　②　徒手体操，話合い，解散，後始末

（5）　本時の技術解説

　各練習場を巡廻し，その実施状況を観察指導する。また技術指導については，既に説明を試みた事柄について繰返し指導すると共に，新規の事柄を見出した時は，これを解説指導する。

　また先生の直接参加出来ない種目は，互いによく見合って悪い所を正すようにする。

第 8〜9 時 限

（1）　単　元　50m疾走，走巾跳，バスケットボール投，

（2）　主教材　30m疾走，70m疾走，50m疾走，立巾跳，短距離助走巾跳，走巾跳，バスケットボール投

（3）　準　備　ブロック5〜7個，巻尺1個，バスケットボール10〜15個，地均1個

（4）　指導例

A　ウォーミング・アップ

　①　徒手体操

　②　300m緩走，100m歩行

　③　スタート練習……前回同様

B　話合い（3分）

　①　「本時限も前回同様，3種目を綜合して練習を行いますが，少し趣きを変えて，最初に一番不得意な種目を行い，次いで，第二番目に不得意な種目，最後に一番得意な種目の練習をします。」

　②　「人員が不均衡になるかも分りませんから互に協力し合って能率よく，また混雑をしないように注意します。」

　③　「それでは各自の決めた種目の順に分かれますが，各組，先頭の人から2名ずつ，リーダーになって下さい。」

C　最初に行う一番不得意な種目（15分）

D　二番目に行う種目……（10分）

E　最後に行う種目（10分）

F　整理運動（5分）

　①　200m緩走，100m歩行

　②　徒手体操，本時の結果並に次回の測定についての話合い，解散，後始末

（5）　本時の技術解説

　各個人の特質を捕えて適切な指導を行い，特に最も不得意な種目につい\nては，活溌な巡廻指導を行う。

第 10 時 限

（1）　単　元　記録測定

（2）　主教材　50m疾走，走巾跳，バスケットボール投

（3）　準　備　ブロック10個，ストップ・ウォッチ5個，（または腕時計），出発用具2個，巻尺1個，地均し1個，記録用紙，筆記用具

（4）　指導例

A　ウォーミング・アップ

　①　徒手体操

　②　200m緩走，100m歩行

　③　スタート練習

B　話合い（3分）

　①　「本時限は今迄練習を行って来た結果について記録を計ります。みんな，自分の力がどれだけ進歩したかを知る機会ですから，大いに頑張って，よい成績が得られるようにして下さい。」

　②　「50m疾走は1回行います，他の2種目は夫々2回ずつ行って，その内よい方を採ります。」

　③　「測定の順序は，最初にバスケットボール投，次が走巾跳，最後に50m疾走の順に行います。」

　④　「名簿の順に1種目ずつ行いますから，順番の来る迄，適宜練習をして下さい。」

　⑤　「50m疾走は5名ずつ一緒に行います。手の空いている人が交代で，測って下さい。また他の種目の時も前回リーダーになった人が測定と記録をして下さい。人員が不足する時やリーダーに支障がある時は，次番者が代ります。」

C　記録の測定（36分）

D　記録の回集及び話合い（2分）

E　整理運動（4分）

　①　200m緩走，100m歩行

　②　徒手体操，解散，後始末

（5）　本時の技術解説

①　ストップ・ウォッチの押し方，ボール投，走巾跳の距離の測定の仕方について説明を行う。

②　各種につき，実施上フォームの要点と練習の方法について解説。

③　各種目の運動を夫々につき，最初から最後迄を総まとめにして，その輪画を，明瞭にしておく。

4　Dコース　（女子中学2・3年，高校1〜3年）

第　1　時　限

（1）　単　元　　導入

（2）　主教材　　ドリブルリレー，立巾跳，片脚跳，スタートの練習

（3）　準　備　　バスケットボール5個　巻尺1個ブロック5〜10個，ドリブルリレー用並に片脚用白線2本（30m間障）

（4）　指導例

A　ウォーミング・アップ（5分）

①　徒手体操

②　200m緩走，100m歩行

「本時限は，陸上競技を学習する最初ですから皆さんの身体を馴らせるために，主教材には直接入らないで，他の種々の運動を行います。」

B　ドリブルリレー（8分）

①　「ドリブルの仕方には，ボールを手で地面に突き乍ら走る方法と，脚で蹴りながら進む方法とがあります。」

②　「本時限は，手で突いて進む要領でやってみますから，現在4列になっている通りの4組になって，所定の位置に駈走で行って下さい」（Cコース，第1時限，ドリブルリレーの項を参照）

C　片脚跳（8分）

①　「今度は，この場所で，このままの態勢で片脚跳びをいたします。最初は，前へ跳び跳び方，次は，例へ進む跳び方で行います。」

②　「この片脚跳びは大変強い運動ですが，これから走ったり，跳んだり，投げたりする場合に大切な脚力を強くするよい運動ですから，出来るだけ，高く，大きく跳ぶようにして下さい。」（要領はBコース第1時限片脚跳を参照）

D　立巾跳（12分）

①　立巾跳の要領（Aコース第2時限参照）

②　「2組に分かれて行います。特に女子の人は高く上ることが少ないようですから，最初に高く跳ぶ練習のために紐を用意しましたから，皆，これを跳び越すようにして下さい。」（距離1mの所で，20m～30cmの高さとする。）

E　クラウチング・スタートの復習（12分）

①　スタンデング・スタート　50～70m 3回

②　クラウチング・スタートの位置の着き方「ヨーイ」の姿勢，出発第1歩迄を復習する。

③　クラウチング・スタート　30～50m　3～5回

F　整理運動（5分）

①　200m緩走，100m歩行

②　徒手体操　解散　後始末

（5）　本時の技術解説

①　ドリブルリレーの際のボールの突き方は手首のスナップをよく効かせ，ボールを前方に突くようにする。ボールだけをみて，上から真下へ突いたのでは，方向も見失うし，前へも進まない。

②　立巾跳の際，膝，腰をよく伸ばすこと，そのためには，高く跳び上るようにする。

③　片脚跳の場合，大きく跳ぶためには，腕を大きく前後に振ること。

④　スタートの要点については，度々述べているから，これを参照のこと。

第 2 時 限

（1）　単　元　80m疾走

（2）　主教材　50m疾走，100m疾走，80m疾走

（3）　準　備　ブロック，5～7個，地均1個

（4）　指導例

A　ウォーミング・アップ（7分）

①　徒手体操　特に，肩，膝足首，腰の各関節運動をよく行う。

②　300m緩走，100m歩行

③　腕振り練習

④　股上げ練習……其場駈走

B　スタート（15分）

①　「最初立った姿勢からのスタートを2〜3回行いますから，身長順に5人ずつ出発線に並んで下さい（距離　30〜70m）。」

②　要領については前コースを参照

③　「今度はかがんだ姿勢からのスタートを行います。要領は前の時間に学習した通りですから，よく思い返して間違いのないようにして下さい。」

④　「前と同様5名ずつ行います。最初30mを走りますが，特に出る時から最後頃迄の股の上がり具合，体の傾き加減等をよく考えて走ってみて下さい。」

⑤　「次に50mを走ります。股をよく上げて，腕も強く振って下さい。」

⑥　「最後に70mを1度走ります。」

⑦　「全員その場で軽く跳び上って下さい。肩の力を十分脱力します。」

⑧　「2列になって200m程歩きます（先頭から前進）。」

C　100m走（³⁄₄）（5分）

①　「今迄は，スタートを兼ねて目的の80m疾走よりも短かい距離（ショート・デスタンス）を練習しましたが，今度は長い距離（オーバー・デスタンス）を走ります。」

②　「その目的は80mを走るのに最後迄スピードが落ちないように耐久力をつけるためです。」

③　「しかしきょうは，自分の全力よりもやや遅いスピード（³⁄₄位）で走ります。」

D　80m疾走（8分）

①　「本日の目的種目である80mを1度走ります（出来ればタイムを計って見る）。」

②　「80mの能力階級を，初級が15秒，中級は14.5秒，上級が14秒としましたから，各自が夫々の階級を目標にしてよく練習をして下さい。」

③　「疾走の途中で止める人がありますが，最後迄走る習慣をつけて下さい。」

E　立巾跳（10分）

①　「本日は走る練習ばかりをしましたから，少し気分を転換するために，前時限に行いました立巾跳の復習をします。」

②　「2列に分かれて行いますから，前後2列になって砂場へ駈走で集合して下さい。」

③　「各自思い思いに，始めは楽に，段々遠くへ跳ぶように練習します。」

④　「領要は，前時間の時練習した通りです。」

F　整理運動（5分）

①　200m緩走　100m歩行

②　徒手体操，解散，後始末

（5）　本時の技術解説

①　女子で相当成熟した身体になっているため，総べての動作が重く，緩慢になって来るので，努めて動作を早く，大きくするように指導する。

②　従って耐久力にも乏しくなるので，オーバー・デスタンスの練習も加える。

③　走るための身体さばきの要点は特に強調して実行させる。

④　全般的な技術については，復習し，再認識をさせる。

第　3　時　限

（1）　単　元　走高跳

（2）　主教材　鋏み跳，ウエスタンロール，ベリーロール

（3）　準　備　走高跳用支柱1組，地均1個，バー3本（または紐）

（4）　指導例

A　ウォーミング・アップ（7分）

①　徒手体操，特に跳躍運動を念入りに行う。また上体を左右に大きく捻る

運動，脚を大きく振り上げる運動を加える。

　②　200m緩走，100m歩行

　③　スタート練習……クラウチング，スタンデングを各3回行う。

B　話合い（Bコース第3時限，走高跳の話合いの項参照）（3分）

C　鋏み跳（Bコース第3時限，鋏み跳の項参照）（10分）

　①　「自分の利足が右の人は左から，左足の人は右側から助走をしますから，両方一時にならないよう，交互に跳びます。」

D　ウエスタンロール（Bコース第3時限，ウエスタンロールの項参照）（8分）

　①　「今度は踏切が右脚の人は右側から，左側の人は左側から助走をします。」

　②　「この跳び方は大変有利な跳び方ですが，上体や腕がバーを先に越すため恐怖心が起ると思いますから，思い切って跳んで下さい。」

　E　ベリーロール（Bコース第3時限，ベリーロールの項参照）（7分）

　①　「ウエスタンロール同様ロール・オーバーですが，この場合は，左脚踏切りの人は右側から，右足踏切りの人は左側から助走します。」

　②　「また，この跳び方も多少不安が伴うかも知れませんから思い切って試みて下さい。しかし，どうしても跳べない人は止めます。」

F　立三段跳の練習（10分）

　①　「脚力と腹筋を強くすること，気分転換を計るために立三段跳を行います。2列に分かれて縦に並んで下さい。」

　②　「要領を覚えるために，最初その場で両脚を揃えて上に跳び上ります。着陸の時，利脚一本で着き，同じ脚で続いてもう1度跳び上り次に着く時に反対脚で着いて跳び上ります。」

　③　「この脚の交代の要領で，今度は軽く前へ跳ぶようにします。そして段々に力を加えて，3回で遠くえ跳ぶようにします。」

　④　他の総べての要領については，Bコース第1時限，立三段跳を項の参照のこと。

G　整理運動（5分）

① 200m緩走，100m歩行

② 徒手体操，解散，後始末

（5） 本時の技術解説

① 鋏み跳（正面跳）の場合において特に女子の場合は上体よりも下体が重く，また上体が弱いため，捻りも弱く，上体が立ち易く，膝が曲ったり立つ傾向が多いので，努めて上体を捻り，身体も脚も横に寝かせるようにする。

② ウエスタンロール，ベリーロールの場合は，上体が先にバーを越えるので，相当不安が起りがちになるので，思い切って行動しないと出来ないから，バーを低くして，フォームをよく覚えさせる，また，腕が弱いから，着陸の際は特に危険のないように注意をする。

③ 立三段跳を行う際，脚力の弱い者は膝を曲げることが難かしく，踏み附けるよりも踵から前に出して「歩く」かっこうになるから，努めて高く1歩1歩を確実に跳び上るようにして，膝を十分曲げて強く踏み附けるようにする。

④ 同時に腕も大きく，脚に合わせて振るようにする。

第 4 時 限

（1） 単　元　砲丸投

（2） 主教材　砲丸の支え方，構え方，突出し，ホップの要領

（3） 準　備　砲丸10～15個，ソフトボール15個

（4） 指導例

A　ウォーミング・アップ（5分）

① 徒手体操

② 300m緩走，100m歩行

③ スタート練習3～5回

B　砲丸の支え方（Bコース第4時限，砲丸の支え方参照）（5分）

① 「最初，軽いソフトボールで練習をしてみます。交代に2～3回持ってみて下さい。」

② 「次に砲丸を持ってみます。」

C　構え方（Bコース第4時限，砲丸投の構え方参照）（10分）

① 「最初は徒手で形を覚えます。その場で練習をしましょう。」

② 「次はソフトボールを持ってみます。同じく練習をしてみましょう。」

③ 「最後に砲丸を持って交代に練習しますが，相当重くて，今迄とは多少違いますから，しっかり持って構えて下さい。」

D　突出しの要領（Bコース第4時限，砲丸投の突出しの項参照）（10分）

① 「矢張り最初は徒手で行いますが，今迄の動作の時と違って，実際に砲丸を持つと，重さが大変影響して来ますから，形をよく含み込んでおいて下さい。」

② 「次にソフトボールを持って行います。これでも軽いからよく出来易いですから，正しくボールが真直ぐ飛ぶかどうか，高さは良いか等をよく見極めておいて下さい。」

③ 「それでは砲丸を持って投げてみます。しっかり，正しく構えが出来ていないと，重いから突出しが十分出来ませんから，しっかり構えて，身体全部で押し出すようにして下さい」

E　ホップの要領（Bコース第4時限，砲丸投のホップの要領の項参照）（10分）

① 「特に脚が弱いと思いますから，最初は徒手で行いますが，後脚で1度に跳び出ないで，1度前脚を途中に着いて出てみましょう。」

② 「ホップが出来る人は試みにやってみて下さい。」

③ 「今度は砲丸を持って同様のことをやってみましょう。」

F　蛙跳び（5分）

「補助運動と気分転換を計るために蛙跳び競走をしましょう。4列になって縦に並んで下さい。2mの間隔を取って左を向き，脚を3足長位開き，足首を握って下さい。その時，頭を上げないで，下へ深く曲げます。膝は曲げないようにします。先頭の人から順番に跳びます。」

G　整理運動（5分）

① 200m緩走，100m歩行

② 徒手体操，解散，後始末

（5）　本時の技術解説

①　構えの姿勢の時，脚力が弱いので，膝を伸ばしたまま構える傾向が多いから膝をよく曲げさせる。

②　突き出し動作の時，砲丸を首から離し過ぎると，肘が先に出る可能性が強くなるから余り離さないようにする。

③　構えから突出し迄の動作が遅く，身体が自然に前に傾くようなかっこうになり，突出しではなくなるから注意する。

④　突出しの最後の動作で，特に外側え体が逃げるから真直ぐに前に出ること。

⑤　ホップをした時も膝が伸び，腰が浮いた姿勢が多いから出来るだけ膝を曲げ，腰を落すようにする。この事柄は1歩前進の要領の場合も同様である。

第　5〜6　時　限

（1）　単　元　80m疾走，走高跳，砲丸投

（2）　主教材　50m疾走，100m疾走，80m疾走，走高跳，砲丸投

（3）　準　備　ブロック5〜10個，走高跳用支柱1組，砲丸10〜15個，ソフトボール15個　地均1個　バー（紐）3本

（4）　指導例

A　ウォーミング・アップ（6分）

①　徒手体操

②　300m緩走　100m歩行

③　スタート練習

B　話合い（2分）

①　「本時限からは今迄種目別に行って来た3種目の運動を綜合的に練習します。復習ですから今まで習った事柄をよく吟味しながら各自が研究的に練習をして下さい。3組に分かれ3つの場所で夫々行います。第1組は80m疾走→走高跳→砲丸投の順に，第2組は走高跳→砲丸投→80m疾走の順，第3組は砲丸投→80m疾走→走高跳の順に行い，次の時間は，この順序を一つずつ繰上げて変更して行います。」

②　「組分け……内2名リーダーになります。先頭から2名出て下さい。」

③　「リーダーは場所の移動，用具，練習場の点検，連絡事項の連絡等皆さんの世話をします。他の人達もよく協力して復習をして下さい。そして十分能率を上げるようにして下さい。」

C　80m疾走（12分）

①　50m疾走　1〜2回

②　100m疾走　1回

③　8m疾走　1〜2回

④　回走った後，スタートの位置に返る時は両側を通って速く返ること。

⑤　最後に軽いその場跳，または100m位を歩く。

D　走高跳（12分）

①　高さを低く（50〜70cm位）してフォームの練習。

②　徐々に高くして高く跳ぶ練習を行う。

③　早く失格した者は立巾跳の練習を行う。

④　最後に軽いその場跳びを行う。

E　砲丸投（12分）

①　最初は徒手でフォームの練習。

②　ソフトボールを持っての練習。

③　砲丸投げ。

④　最後に軽く立三段跳の復習。

F　ドリブルリレー，折返しリレー，円陣リレー，蛙跳等の内1（種目3分）

①　「おしまいにドリブルリレーを行います。5組に分かれます。先頭の人はボールを持って来て下さい。整列は縦に1列です。直ぐ所定の場所に着いて下さい。」

G　整理運動（3分）

①　200m緩走，100m歩行

②　徒手体操，解散，後始末

（5）　本時の技術解説

①　積極性に乏しいため，各場所における学習の際，互いに欠点を指摘し合い研究的な態度で行う様指導する。

②　基本動作を十分反復練習させる。

③　進んで数多く練習するように仕向ける。

④　この間に自己の最も弱点，欠けている点を発見せしめる。

⑤　3時間に亘るため1時間宛1種を主として直接参加指導し，他は，復習をさせる。

第　8〜9　時　限

（1）　単　元　80m疾走　走高跳，砲丸投

（2）　主教材　50m疾走，100m疾走，80m疾走，走高跳，砲丸投

（3）　準　備　ブロック5〜10個　走高跳用支柱1組バー（又は紐）3本地　1個，砲丸及びソフトボール10〜15個

（4）　指導例

A　ウォーミング・アップ（5分）

①　徒手体操

②　300m緩走，100m歩行

③　スタート練習

B　話合い（2分）

①　「本時限と次の時限は，今迄学習して来た種目の中で各自が一番不得意とする種目を重点的に練習しますから，80m疾走の人を1組，走高跳の人を2組，砲丸投の人を3組として夫々行います。左から走る人，跳ぶ人，投げる人の順にグループごとに縦に2列に並んで下さい。その各グループの先頭2名がリーダーです。互に悪い所を教え合うようにして練習を効果的にします。」

③　「残りの2種目については最初走った人は跳ぶ練習を行い最後に投げる練習をします。跳んだ人は次に投げる練習，最後に走る練習で。また投げた人は次に走って最後に跳ぶ練習を行います。」

④　「各種目の学習の方法と内容は，今迄行って来たのと同じ要領で行います。」

C　主に学習する種目（20分）

D　副に学習する種目（各10分）

E　整理運動（3分）

　①　200m緩走，100m歩行

　②　徒手体操，解散，後始末

（5）　本時の技術解説

　①　短距離疾走については特に股を高く上げることと，腕を強く振ることを繰返し強く要求する。

　②　曲って走らないで真直ぐに走ることを繰返し指導する。

　③　「ヨーイ」から出発に移る時，2段階にならないよう「ヨーイ」と構えと第1歩の出方を特に注意する

　④　走高跳では上体が立ち，腰が落ちることを極力防止せしめる。

　⑤　砲丸投で突出しの時，上体が外側へ曲ることを防止せしめる。

　⑥　また砲丸投を突出す腕の角度と，身体の伸び出る角度とが一致するように指導する。

　⑦　全種目について巡廻指導し，直接参加の出来ない種目は，互いに矯正し合って復習をさせる。

第 10 時 限

（1）　単　元　記録測定

（2）　主教材　80m疾走，走高跳，砲丸投

（3）　準　備　ストップ・ウォッチ5〜7個(または腕時計)，走高跳用支柱1組，バー3本，地均1個，砲丸10個，巻尺1個，ブロック7〜10個，出発用具（ピストル）2個，笛，テープ，その他（記録用紙等）

（4）　指導例

A　ウォーミング・アップ（6分）

　①　徒手体操　特に念入りに行う。

　②　300m緩走，100m歩行

　③　スタート練習

　　スタンデング　　｝30〜70m各3回〜5回
　　クラウチング

B　話合い（3分）

①　「本時は皆さんの今迄の努力がどんなに実ったかについて記録を計って
みます。」

②　「実施の要領は3組に分けて，夫々の場所で自主的に行いますから各自
がよく自覚して互に責任を持ってやって下さい。組分けは本日は名簿順にしま
す。各組の先頭から4～6名迄は世話係をして下さい。係の人に支障のある時
は次の人が代って交代で努めます。」

③　「80mの測定は3～5名ずつ同時に走りますから，計時員は夫々の受持
ちを決めて下さい。1名は出発合図係になります。また他の1名は記録用紙に
記録を記入して下さい。」

④　「走高跳は70cmから始めます。1mになるまでは5cm刻みとして，そ
れ以上は3cmずつ上げます。1人が同じ高を3回迄行います。 3回共失敗し
た人はその前の高さがその人の記録になります。リーダー2名でバーを上げて
下さい。1名は名前を呼んで記録して下さい。」

⑤　「砲丸投は1人につき2回ずつ行います。その内の記録のよい方を採り
ます。リーダー2名が砲丸を返し，1名が名前を順番に呼んで記録をします。
他の2名が巻尺で距離を計ります。」

⑥　「本日の結果をまとめて皆さんの夫々の階級を後程発表しますから，皆
んな頑張って下さい。なお各組の測定順は走，投，跳の順に行います。」

C　測定（38分）

各場所を巡廻指導する。特に測定に誤りのないよう，また危険のないようせ
注意する。

D　整理運動（3分）

①　200m緩走，100m歩行

②　徒手体操，解散，後始末

（5）　本時の技術解説

①　各実施種目の記録測定の要領を解説する。

②　種目ごとに現われた共通の欠陥を指摘し，これを指導する。

③　総合的に各運動のフォームをまとめて説明し概念を覚えこませる。

5 特別コース 指導例

第 5〜6 時 限

（1） 単 元 短縄跳，長縄跳，バスケットボール

（2） 主教材 短縄跳綜合練習，長縄跳，くぐり抜け， 1回跳， 3回跳，脚の屈伸跳，シュートの練習

（3） 準 備 短縄50本 バスケットボール5個 長縄5本

（4） 指導例

A ウォーンミグ・アップ（5分）

① 徒手体操 特に跳躍運動，肩の廻旋運動を念入りに行う。

② 200m緩走，100m歩行

B 短縄跳（10分）

① 「本日は主として長縄跳を行いますが，最初に今まで実施して来ました短縄跳を全部連続して行う綜合練習を行います。途中で，懸った人は最初から行います。各自で練習を始めて下さい。」

C 長縄跳（15分）

① 「本時から長縄跳を行いますから，今から5組に分れます。振る役は最初各組共大きい人から2人出て下さい。」

② 「先ず最初は，くぐり抜けを行います。縄の下ろされる側から入ります。途中縄にかかった人が振り方になります。」

③ 「次は1回跳んで出て下さい。連続で行います」

④ 「1回跳びが出来たならば，次は3回ずつ跳びますが，次の人は前の人が1回跳んだならば，すぐ入り，常に3人宛が跳ぶようになりますから，前の人は段々に前方へ出ます。また，回数を間違えたり，入る時を間違えた人は，振り方になります。」

⑤ 「入る要領と，跳び上る要領がわかったならば，次は跳ぶ度毎に膝を十分曲げて，指先を下に着け乍ら跳んで下さいこれも3回ずつ跳びます。」

D シュート練習（15分）

① 「それでは次に，バスケットボールのシュートの練習を致しますから，コートに駈走で集合して下さい。」

② シュート練習については．バスケットボールの項を参照されたい。

E　整理運動（5分）

① 200m緩走，50m歩行（但し体育館使用の際は軽い駈走運動を行う。）

② 徒手体操，整列，解散，後始末

F　本時の技術解説

① 長縄跳をくぐり抜ける要領。

② 入る場合の方向と，縄との距離について。

③ 多人数で跳ぶ場合の要領。

④ かがんで跳ぶ場合の要領。

以上各コースについての学習内容の展開例を示したが，男女共学の立場を尊重したために種目の重複が多くなった。しかし何分陸上競技の種目は数が多く，所詮全種目を綱羅することは不可能であるから，種目の選定及び学習展開については今迄述べた諸条件を考慮し，また技術解説の項を参照して，指導者各自において工夫作成されることを希望する。なお，同種目の重複しているものの解説の中で，特に挙げた内容は男子の場合に共通している欠点，或いは女子に見られる一般的な欠陥を考慮して述べてみたのである。また，測定要領や綜合復習の時限の方法等についてもまだ色々方法があると思うが，ここでは，一二の例を挙げて見たのに過ぎないから，この点についても各指導者において工夫研究されることを望みたい。

V　陸上競技の技術

　正しい指導目標設定のためには，技術の発展過程を知ることが大切である。詳細については，別途，技術解明の専門書に委ねることとして，今ここでは進歩を促すために，どうしても辿らなければならない最少限度の要点についてのみ概説することに止める。

1.　走　　技

　走技には，短距離走，中距離走，長距離走，障碍走等がある。厳密に云うとこれらの中には夫々幾つかの種目に分れ，その各々について異った条件，要素を持っているが，障碍走の跳越しの条件を除けば，皆，走る能力を競う競技であることにおいては共通している。今この共通点とその種目独自の条件とを拾い上げてみよう。

　（1）　腕の振り方

　走る場合，腕を振ることによって，直接推進力を得ることは考えられない。主な任務は，脚の働きを扶けて楽に動かすことが出来るようにすること，体のバランスを保つことにある。だから短距離競走のように，脚の踏着けが1歩1歩力強い場合は腕の振り方も大きく強くなければならないし，長距離競走のように体力，脚力を最も経済的に，楽に，しかも有効に働かせるような走法の場合は，腕もまた楽に軽く振り，身体のバランスだけを取る程度に振らなければならない。

　（2）　股の上げ方

　ここでは主として中間疾走中の股の上げ方を述べる。疾走の際の推進力は専らこの股を上げ，蹴下す力によるもので，強力な踏着け動作をするためには，強く正しい股の引上げが出来なければならない。

　（3）　重心の位置について

　人間が静止している時と，運動中では，形や姿勢によって，重心の位置は多少変化することはあるが，大体，腰部近辺にあるとみられる。

運動は続べて，重心の移動によって行われるもので，これの合理的，合目的に動くと云うことが，効果のよい運動結果を生むことになる，疾走中は，その移動が直線的に動作することが最もよい結果を得ることになり，途中，上下，左右に動揺することは，不経済な力の使い方である。蹴った脚の沿道線上に常に位置し，重心そのものは絶えず平行に一直線に移動しなければならない。

（4）　スタートの要領

出発する際の構えの要領には，その必要性に応じて，現在2種類考えられている。一つは両脚を前後に開いて立ったままで構える要領（スタンデング

スタート）他は両手，片膝を地面に着けて構える方法（クラウチング・スタート）である。前者は中・長距離競走のように，スタートの優劣が余り勝敗に影響しないような場合とか，発育が未完成で，クラウチングが出来ないとか，或いは行っても全然意味のない者のような場合に行う方法で，要

図90　スタンデング・スタート

領としては，「ヨーイ」の号令の時，軽く腕を一度前後に振り，上体をやや前かがみにして出発するのである。この要領は別に取立てる程困難なものでないから，小学校児童や中学初期の生徒等には適している。次にクラウチング・スタートの要領に移るが，この要領は，スタンデング・スタートの場合と反対に，スタートの巧拙が直接勝敗に関係する短距離競走の場合，しかも体力の充実した者が行うと非常に効力を現わす方法である。この要領の持つ意義は，身体が完全に静止の状態から急激に動の状態に移るためには，強力な力が必要である。しかもそれが最少限の時間で行われなければと云う制約を受けるので，先ず第一の条件として重心の位置が地面に近い事（低い構え）が必要であり，第二には「ヨーイ」の時，重心が出来るだけ前方に出ていること（重心が前方にあることは，それ自体において推進力が得られるので，自己の力が地球の重力に対して耐えられる限界において）第三には，第一，第二の条件を満たし，更に力強いタッチをしなければならないから，股を単に上方に引上げるのでなく，前上方に引上げねばならないから，構えの時，既にその態勢に入っていな

ければならない。およそ，この要領を必要とする短距離疾走においては，力の段階と，スピードの段階に区別されると思う。今ここで言うスタートは明かに力の段階であるから1歩1歩が力強い踏着けでなければならない。そしてこの段階を最小限に切上げられる人が有利の立場に立立つこととなる。従来スタート・ダッシュの域は30m位とされているが，これが15m位或いはもっと早く終了することが望ましい。但し，上体が前傾していることは別問題で，前傾姿勢と云うのは，出来れば最後迄続ければ更に有利である。ただ脚力がそれ迄維持出来ないので早く立つのである。次にこの要領を手足の位置の間隔から見て，区別すると現在は3種に分れている。バンチ・スタート，ミデアム・スタート，イロンゲート・スタートがそれである。

（5）　中間疾走（スピード）

身体各部の動きについては既に述べたから省略する。ただスピードはスタート（力）によって得るが，中間においてはこのスピードを落さないように持続させることに努力する。スピードはピッチ（一定時間内の歩数）とストライド（歩巾）に比例するのでこの2点に注意することである。

（6）　コーナーの廻り方

直線コースから急激に円形コースに入る時は，進行方向を急に変化させなければならないが，今迄の速度があるため惰性があって急にはなかなか困難である。そこで今迄の速度をなるべく落さないように，また一方遠廻りをして距離的に不経済にならないように走ることが必要になって来る。これがコーナーの廻り方である。要領としては，外足の爪先を内に向け，上体を内側に傾け，内足は踵を外に開き爪先で軽く支えるようにして走る。

（7）　障碍走について

障碍走も当然，走技の1種に相違ないが，障碍物を跳び越えると云う特殊条件が入るので，別に取上げた，種類は低障碍（現在日本では女子80m　高等学校200m）中障碍（400m）高障碍（110m）この外3,000m障碍，高等学校110m中障碍がある。このように障碍競走には，低・中・高と種類はあるが，跳び越える際の要領については一致している。原則としては，スピードを落さないで，重心が最短距離を通り，跳び越す動作によって時間の浪費を最少限に喰い

止めることである。従って高く跳び上り過ぎたり，膝を立てたり，振上脚の膝を曲げたり，上体を立てたまま跳ぶこと等は最もいけない。

（8）　ハードリングの要領

前述の原則を守って跳び越えるには，跳び越え，が走る途中の1歩となるよ

図　91　ハードリング

図　92　立った悪い姿勢のハードリング

うに諸動作が展開しなければならない。先ず越える際は両脚を前後に大きく開くと共に，踏切脚で，真直ぐ蹴り，これを後ろから大きく横へ廻わし，股の内側で障

図　93　脚の引つけ方

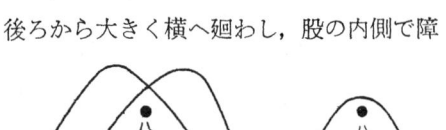
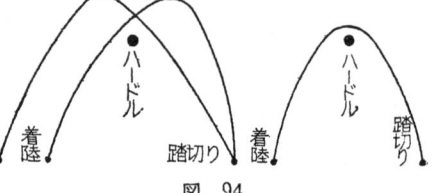

図　94

碍を越すようにする。また，低く越すために，上体を十分前傾（ディップ）して頭の位置は疾走中と常に一致するように努める。跳び上った際の最高の所が，ちょうどハードルの上になるようにする。また着陸の際，強い反動を避けるように，着陸第1歩の姿勢が走法の基本姿勢に叶っているように心掛けなくてはいけない。

指導上の着眼点

①　中間疾走（インタバール）は常に正確な歩数で走ること。

②　跳び越えの踏切脚はその引着けの時膝を必ず横に開いて，絶体に爪先が下に下らないこと。

③　振り上げ脚はを膝一直線迄よく伸ばし，両脚は大きく開くこと。

④　インターバルとハードリングを一つのリズム感覚で結びつけ，堅くならないで，同一の調子で継続出来るようにすると上達が思ったより早められる。

（9）　リレー競走について

リレー競走には普通　200m，400m，800m，1,600，　スエーデン・リレー等の種類がある。このうち，スエーデン・リレーの各人100m・200m・300m・400mの順に走るのを別として，他は皆等距離を分担して走るのであるから，その走法については既に述べた所で問題はないと思うが，ただ問題はその受渡しの際の要領にあると思う。そもそもこのバトンタッチの要点は前走者と，後走者のスピードが，相等しい状態で行われるのが原則であるから，受取る者は，渡す者のスピードを早くからよく察知し，タッチ，ゾーン（20m）を存分に活用して，早く出過ぎたり，遅くなり過ぎたりと云うことがないようにしなければならない。ただ1,600リレーのように1人が400mを走るような場合は相当に疲労して来るから，これは出来るだけ早く受取るようにした方が有利である。

指導上の着眼点

①　受渡しは確実に行うこと。手の使い方は種々あるが，渡す者は相手の掌

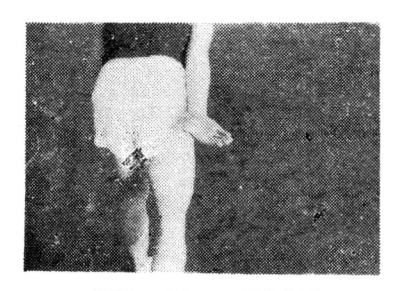

図95　バトンの受け方(1)

図96　バトンの受け方(2)

を目標に来るのだから，受取る人は，上下，左右に移動させないで，しっかり構えていることが大切である。

②　受取る者は，前走者の速度をよく判断し，どの辺迄近附いたら出発するかの判断力を養うこと。通常短距離リレーでは5m〜7m位の所から出発する。

図97　バトンの受け方(3)

③　受取る者はスタートを起したならば後方を向かないこと。相手の疲労の場合，自分から振り反ってつかむ時以外は後を向かないのがよい。ふり反ると，方向が狂ったり，スピードが止ったりするからである。

2.　跳　技

跳躍競技の種目は，走巾跳，走高跳，三段跳，棒高跳の4種がある。外見上は夫々異る種目であるが，これらの動作が皆，助走によって得た水平分力を急激に方向変位させると云う点において根本的に一致している。

（1）　走巾跳について

走巾跳を構成する要素は，助走によるスピード（水平分力）と，踏切り（垂直分力）の2つである。問題はこの両者を最も調和の取れた所で如何に生かすかと云うことである。全速力で助走をしたのでは，踏切ることが出来なくなるし，反対に踏切ることだけに力を入れるために助走力を弱めると，高くは上るが前方へは出ない。そこで両者を調和させるために助走を或る程度，減速（12%〜15%）し踏切り角度（重心の進行方向と地上とのなす角度）を15°〜18°位に跳ぶのが適当しているようである。

（2）　走高跳

走高跳も本質的には走巾跳と同様，助走によるスピードと踏切りの2つの要素から構成されている。ただ走巾跳に比べ，方向変化の角度が大きく，急激であるため，踏切りの際のショックが強いから，走巾跳程強い助走（スピード）をつけたのでは脚力が耐えられないので相当の減速をしなければならない。また急激に大きな方向変位を行うのであるか

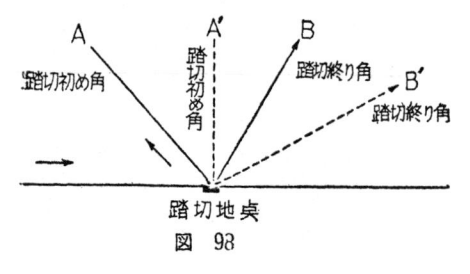

図　98

ら，踏切りの際の角度は進行方向とは逆の方向に強く大きくなければならないと思う。図98に示すようにBの方向に跳び上るためにはAの方向が示すように逆に踏込まなければいけない。踏切って直ちにA′の方向へ上がれると思うことは大変な錯覚で，実際にはB′の方向へ行ってしまうのである，従って跳び越

イルには種々あるが，次の条件が実行され易いと云うことが大切である。

△　第1……バーに対して近くで踏み切れること。

△　第2……助走の速力を大きく変位し易いこと。

△　第3……バーに対し大きな角度が取り易いこと。

△　第4……越す動作が楽であること。

△　第5……重心が出来るだけ下を通ること。

（3）　三段跳について

三段跳も走巾跳と本質的には何等変りはない。ただ走巾跳は1回の跳躍であるのに対し三段跳は3回の跳躍を連続行う所に多少の相違がある。三段跳を初めから終り迄一貫して観めて見ると，最初のホップは助走によるスピードに専ら依存し，踏切は軽く済ませ，次のステップではスピードが落ちて来るから，踏着けに力を相当入れて跳び，最後のジャンプはスピードが非常に落ちて来るから，強力なジャンプ力が必要となって来る。従って基本条件としては矢張りスピードと跳躍力の2つになる。

スピードは走巾跳同様と考えられる。跳躍については第1のホップは最後迄スピードを保存する意味からして極軽く，走り抜けるように踏切る。だからスピードと跳躍力は相当不均衡であるべきであり，次のステップの時に，ちょうどスピードと跳躍が均衡が取れるようにすべきである。最後のジャンプはスピードより，跳躍力が大きくなるのである。この3つの跳躍距離は従来，ホップ38・ステップ30・ジャンプ32　と云う割合が理想とされているが，以上の理論から考えれば，ホップ30・ステップ38・ジャンプ32　の割合位がよいと思う。

指導上の着眼点

①　助走について

走巾跳と大差ないが，既に述べたようにホップは走る延長だから踏切るための特別の準備態勢を作る必要がない。ただ普通に走って来て踏切る。

③　ホップについて

○　ホップの踏切の際は上体を肩で釣上げ，胸から前方へ出し，反対脚は前方に振り出す。

○　ホップの途中で脚を曲げないこと。これは早く脚を曲げ過ぎると腰が折

れ，また高く上り過ぎると，ステップを踏む前に脚が伸びてしまうことと，ステップを踏む前に脚が伸びてしまうおそれがあるからである。

図99　ステップの仕方

③　ステップについて

ステップの際は脚を前方に出し過ぎないこと。反対脚を大きく振り上げて身体を前上方に導くようにする。

④　ジャンプについて

ジャンプの要領は走巾跳と同様に考えられるが，スピードが少いからそれに代って股を十分引上げて強く跳ぶ。

（4）　棒高跳について

走巾跳や走高跳では，方向を（重心の進行方向）変えるための突張りは跳切脚で行うのであるが，棒高跳では棒で突張るのである。棒高跳で上昇する力は助走スピードによって得られることは，巾跳，高跳の場合と同様である。

そこでそのスピードを棒で突張る時，腕と肩の負担は大変大きくなつて，スピードが落ち負担が軽くなること，踏切りによって援護されて，耐えることが出来るのである。そしてこの腕による「ぶら下り」から引上げて行くタイミングが棒を立てる一の要素になるのである。だから棒を立てるだけから云えば，腕を伸ばしてぶら下りを長くして，出来るだけ後で引上げるのがよい。棒を立てることがわかれば，次はバーを越える要領である。これは重心の位置を規準に考えて見ると，重心はバーの上を越えないで，身体だけが越えれば非常に楽である。そこで要領を順序に従って述べると，踏切って腕と腰を伸ばして棒にぶら下り，棒がまで立った時「く」の字形になってぶら下っていたのから今度は膝を握りの手許迄引き上げる。腕は伸ばしたままで頭を後に反らせて，腰と半膝の引上げを容易にし，膝が目の高さに来た時から両足先を棒の先端目がけて振り上げ，腕で引いて上体を引き上げる。そしてそのままの姿勢で倒立がば終り身体が$\frac{1}{4}$ターンする。かくして体重は両腕にかかり，やがて完全倒立の姿で$\frac{1}{2}$ターンし押し上げが行われる。スイングは身体が$\frac{1}{4}$ターンから$\frac{1}{2}$ターンする中頃迄続き，スイングが終れば押し上げ，突き放し，バーを越えるのである。

指導上の着眼点

①　棒の握り方について

　両腕を肩巾の広さよりやや広く開き，前の腕は掌を前方に向け，拇指と人差指の間で支える。後腕は利腕になるが，指先が後方になり，掌が下になるようにして握る。前腕は肘を曲げ，後腕はやや伸ばして支

図100 棒の握り方

え，棒の先端が高過ぎないようにする。助走を始めたならば，棒を体側で保つようにする。

②　助走について

　棒を持って先端がふらふらしないように走り，ボックスに正確に突差せるようにする。距離は35m位である。

③　突込みと踏切りについて踏切りの2歩前で足が地に着いた時，後手を耳の辺りから前方に押し出す形で真直ぐに突込む，前の手は後ろ手の方に近附け10cm位の間隔を取る。踏切り前に完全に棒が，ボックスに突込まれていなければならない。踏切の際「握り」の位置は踏切点の真上にあるようにする，左右，前後，いずれでもいけない。脚は反対脚から前方に突き出す。腕は完全に伸ばし切らないで少し，しぼって余裕を残しておく。

図101 突込み，遅いもの

④　スイング，引き上げ，倒立と突き放しについては，既に述べた所を分析実行すればよい。

3.　投　　技

　投技の教材としては砲丸投1種目であるが，現在競技会で一般に行われているものに，砲丸投の外，円盤投，槍投，ハンマー投の3種目がある。これらの3種目は投てき種目としての一群をなしているものであり，人間が物を投げる4つの型を代表していると見られ，他の投技教材の根本をなすことにもなるの

で，簡単にその理論を述べておくことにする。

　先ず前記の走・跳と投を考えて見ると，走・跳は人体の重心が問題であったのに対し，投では投てき物の運動が問題になるのである。即ち走・跳では自己の身体を動かすために大きな力を必要とするが，その力は体重に比例してのことであるが，投では体重に無関係に投てき物に大きな力を加える必要があり，要求される力は絶体力である。即ち投技とは身体運動を通して物体に力を与える競技である，ここに投てき動作の複雑さと，困難さがあると云える。それでは投てき動作とはどのようにあるべきかと云うに，身体の動きは矢張り重心になるが，焦点は何と云っても投てき物の初速を如何に速くするかにある。投てき競技の万事を決定するものは初速にあるのだから，全知全能をこの一点に集結しなければならない。そのための基本条件は，次のようなものである。

　①　重心の運動コースが不当に変化しないこと。

　②　スピードが動作の途中で中断しないこと。

　③　運動動作中，身体に遊休部分がないこと。

　④　動作中，リラクゼェーションを完全に行うこと。

　⑤　運動をリズムに乗せること。

　⑥　続べてが運動力学の法則に従うこと。

　（1）　砲丸投

　前記の条件を満たす手段がフォームである。今砲丸投の性格を考えて見ると，砲丸そのものの弾道はほぼ一直線である。またルール上から見ても，目方からしても，投げること（スローイング）は許されない。最後は「突出し」でなければならない。このような砲丸投の特殊条件を加味して，その投射の方法を考えて見ると，ホップ（助走）→構え→突出しの順序となる。しかし学習過程としては，構え→突出し→ホップの順が行い易い。

　円盤投も砲丸投と根本的な点については同様であるが，ただ異る点は，円盤投は，遠心力を利用する点である。だから肩を堅くしたり，肘を曲げて半径を短くすることを注意し，出来るだけ半径を長くするように努めることが大切である。

　①　構えの要領

砲丸投の場合と体の**こなし**は同様である。

②　振り切りの要領

身体のこなしは砲丸とこれはまた同様であるが，砲丸は押出しであるから，出来るだけ身体の前方で手から離すことが大切であるが，円盤は遠心力を利用するのだから，投げる方向の直線と接点をなす所で離すのが正しい。形から見ると，腕が真横に来た時に当る。また左肩が下ったり，腰が折れ

図102　正しいかまえ　　　　図103　悪いかまえ

図104　正しい振り切り　　図105　悪い振り切り(1)　　図106　悪い振り切り(2)

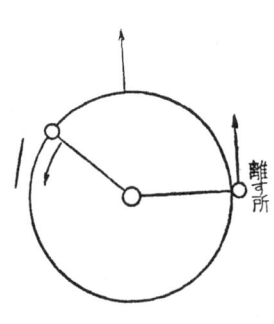

図107　　　　　図108　正しいターンの出方　　　　図109　悪い出方

ていてはいけない。

③　ターンの要領

円盤投においても初速が第一条件であることに間違いがない。だからターン

図110 右脚の引つけ　　　図111 正しい左脚の引つけ　　　図112 悪いもの

によるスピード＋振切りが初速になるから，このターンがまた重要な要素にな
る。要領は，投てき方向に対して 90°〜180° の角度を以ってサークルの後端に
立ち，最初右後方（右利）へ廻わして引き，その姿勢から右脚を軸として右膝
を先ず捻り，腰を同時に廻す。左脚は出来るだけ，外側へ廻し，着地する時は
極短時間，爪先で支え軽く突張るようにして離す。この間，上体を左へ廻転
し，右膝を左膝につけるようにして引つけ，直ちに着地する。身体は引続き廻
転を続け，左膝を右膝に引寄せ上体はそれ以上廻転をセーブし乍ら，左膝を後
方へ伸ばし着地する。この姿勢が構えであって，動作は中断することなく振切
る。

④　風の影響と投てき角度

円盤はその型，重さからして風の影響を受けることが大きい。風は円盤が飛
びことに対し，防害するばかりではなく，有効に働く面 も ある。円盤が飛ぶ
時，空気（気流）となす角を迎角と云う。この角度が適切であれば，揚力が作
用して，それだけ長時間飛ぶ結果となり，有利になる。しかし角度が大き過ぎ
るとすぐ失速状態に陥り落下するし，小さすぎても頭を押えられて早く落下す
る。しかし，力の強い間は少々迎角がマイナス（−）で頭をおさえられても，
間もなく頭を持ち上げて適角となり飛ぶことになるので，大小どちらが有効か

と云へば小さい方がよ
いのである。また円盤
の弾道そのものの角度
は大きさ，重さによっ
て（一般男，高校用，

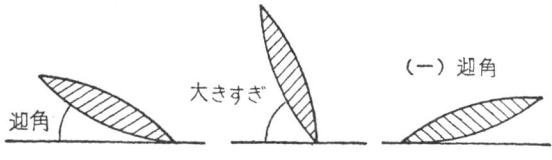

大きすぎ　　　（一）迎角

迎角

図113

女子用）多少相違はあっても大体 20° 位が
適当と思う。

　指導上の着眼点

　①　支え方は拇指を除く4本の指を自然
に開き，第一関節に掛け，掌に密着させ，
上端は手首につけること。

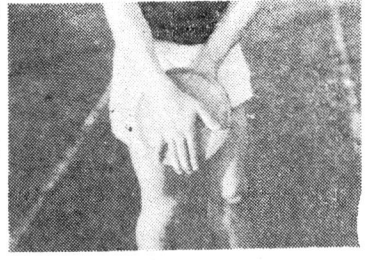

図114 握り方

　②　振り出しの場合肘を曲げたり，肩を

図115　握り方

図116　肘が曲っている

図117　はなれた支え方

上げたりして堅くしない
ようにし，脱力して出来
るだけ楽にする。また，
振切った際，左肩が下っ
たり，左へ曲ったり，廻
転してはいけない。腰を
折って，力を逃がしても
甚だ不経済である。

　③　ターンについて

図118　左へ曲ったもの

図119　左へ下ったもの

出発の際右肩を上げて，左脚に長く強く力をかけてはいけない，また廻転の際，各脚の膝を用いて廻わしてはいけない。また途中で，円盤を身体より先に出してはいけない。特に初心者の場合は腰の所に意識的に着けたまま廻転するのが間違いない。

（3）　槍　　投

投げる構えと，スナップの身のこなしは前二者と同様である。異っている点は，オーバースローであることと，走って助走がつけられる点の2点と思う。

①　スローイングの要領

構えの時，右腕（右利）を十分後方に伸ばし，その姿勢から，身体の動作に

図120　正しいかまえ　　　　　　図121　前かがみのかまえ

図122　穂先が上向きのかまえ　　図123　穂先が外向のかまえ　　図124　正しいかまえ

つれて，すぐ肘を内側に捻り，かつぎ上げ，肘を伸ばすと共に手首のスナップを効かせて，投げる。この構えの時，槍の穂先が外へ開いたり，また上に向き過ぎるといけない。

②　助走について

助走をして構える前にホップをして構に入る方法と，クロスをして構える方

法とがある。どちらにしても，その動作に
よって，重心の移動が上下したり，左右に
曲ってはいけない。また動作が中断されて
もいけないのである。最初のホップの要領
は投げ出す1歩前を大きくホップし，槍を
後方へ引いて構えるの で あ る。こ の方法
は，ホップによって，飛上り，重心が上下

図125　穂先が内側を向いたかまえ

に移動する傾が強いので，この点を注意し素速く足を地につけて直ちに投げな
ければいけないのである。次のクロス・ステップの要領は，助走中は槍を肩の

図126　ホップからのかまえ

図127　クロスの第1歩

所で持って進み，構える4歩前の時，次の踏出しに移る中間で槍を下げ，後方
に引く，その姿勢で2歩進み，次の出足と共に構え，次いで投げる方法（5歩
調）である。足を交叉する要領は段々に覚え，最初は歩いて行い，次ぎに3歩
調を会得し，5歩調に移るとよい。この要領は十分会得すると，重心が上下し
難いのと，何より動作（スピード）が止まらないのが特徴であるから，要領と
してはこの方が有利だと思われる。

　③　投てき角について

　槍も円盤同様空気の影響を非常に受ける。だから槍自体の空気 と な す 角度
（迎角）については，どの角度が適当であるとは断定出来ないが，余り大きく
しても小さくしてもいけない。投てき角については44°〜45°位がよいと思う。
しかし，追風の時はやや高く，迎風の時はやや低く投げるのがよい。

　指導上の着眼点

　①　助走の際，飛び上らないこと。そのまま構えの姿勢に影響するから注意

が肝要である。また構えの1歩前を大きく飛ぶことは最もいけない。これはホ
ップ式でもクロス式でも同様である。

　②　投げ出しの際，肘を十分返えさないと，肘を痛める可能性が強い。早
く，十分返すこと。また槍が左右，上下に体に対し，角度をつけると素直に力
が加わらず，腕を痛める原因を作ったりする。

　③　持ち方には四種類ある。(ⅰ) グリップの後端を普通に5本の指をかけて

図128 握り方（ⅰ）

図130 握り方（ⅲ）

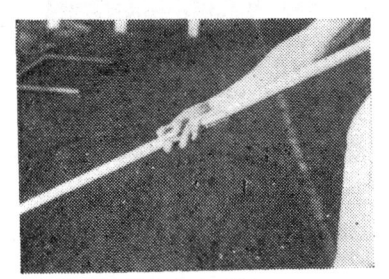

図129 握り方（ⅱ）

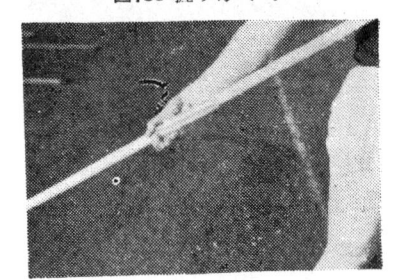

図131 握り方（ⅳ）

握る方法　(ⅱ) グリップの後端を人指指と中指に挟んで持つ方法　(ⅲ) 人指
指を伸ばして外して握る方法　(ⅳ) ペンを持つように拇指と人指指だけで握
る方法である。

　(4)　ハンマー投

　ハンマー投げは遠心力を完全に生かす競
技である。その性格から考えて廻転の速度
を速くすることと，投てき角度が問題にな
る。先ず廻転を正確に，スピードをつける
ためには廻転軸がしっかりしていなくては

図132 ハンマーの握り方

いけない。廻転軸は身体とハンマーとを合わせたものの重心と，軸足とを通る直線と考えられる。また投てき角は，ハンマーの廻転の傾きとみることが出来る。

① 廻転の要領について

　準備姿勢としては，両足を左右に2〜3足位の間隔を以って開いて立つ。ハンマーを右後方（右利）に置き，その位置から左肩上に引き上げて後方右下に向って廻す。これを2回繰返し，3回目からターンに移るが，スイングの時の廻転の角度が，投てき角に影響することが多いから注意する必要がある。この場合廻転の傾きはハンマーが右足の右側に来た時が最低で，左肩上方が最高になるようにする。さて，ターンの動作に入るが，スイングによって，ハンマーに加速が着けられたならば，それを利用して，左足踵を支点として，右足は膝を曲げて左足の膝に，右膝をすぐ着けるように引上げ，ちょうど1廻転した時に着地する。これが

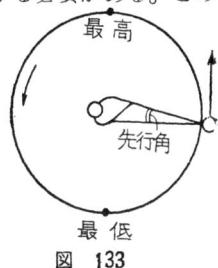

図　133

1廻転の要領であるが，馴れるに従い，2回　3回熟練すれば4廻転迄行う。この場合，軸足である左足は最初は踵を使うが廻転に連れて，爪先の方へ重心を移すようにする。これがないと，重心の位置が前進しなくて同じ場所でただ廻転だけすることになる。また1廻転終了した時には，最初の形になるよう，ハンマーが廻転して来る速度よりも脚のさばきを早くしないと先行角を失い，ハンマーを引っぱって投げると云うことが出来なくなる。また振り切る時機はハンマーの最低位と，最高位の中間が最も適している（図133）。つまりハンマーの廻転面の傾きと，投てき角が一致することになり，投てき方向と平行をなす線と，切点をなす位置に当るからである。引張り過ぎると投てき角を小さくする。

② 投てき角について

　投てき角は，ハンマーの廻転面の傾きと，一致させることが大切で，39°〜49°の間位が最適である。

　指導上の着眼点

　① スイングを正確に，

図　134

図135 スイング前のかまえ

初め行うスイングの要領を十分馴れさせ，ハンマーの最低位と，最高位の感覚をよく養っておく。

②　廻転について

爪先を軸足の支点としないこと。また踵を軸とする場合も，余り腰を引き過ぎないこと。腰を引けばそれだけ半径が長くなると云う錯覚を起し易いが，決してそうではない。また右足を左足の所へ引きつける際，膝の屈げ伸ばしを早くすること。特に爪先を内側にして行い，右足が外側へ廻ろうとするのを防ぐこと。

③　廻転動作中，ハンマーが最低位の時は膝をやや曲げ，最高位の時伸ばすようにして，バネを利用すること。

④　振り切りについて

最後の振り切りに当って，体勢が伸切びって後方に崩れないこと。ハンマーを離す時機を失い，ハンマーに釣られる結果となる。

VI 陸上競技の規則と測定法

　陸上競技の種目は非常に多く，規則も複雑多岐に亘り，審判に当っても臨機に処置をせざるを得ないこともあるので，詳細については日本陸上競技連盟発行の「陸上競技規則」及び，同連盟発行の「審判必携」を熟読されたい。

　1. スタートに関する事項

　① 位置についてた時競技者に身体のどの部分と雖も，出発線（巾5cm）上，及び前方に出してはいけない。……出発線（5cm）は既に競走距離内に入っているからである。

図136 手がライン上にある　　図137 手がラインを越えている。

　② 同一人が不正出発を2度繰返した時は失格となる。

　③ 「ヨーイ」の時，一端完全に静止しなければいけない。身体のどの部分が動いていても動作の連続とみられるからである。

　2. 疾走中の事項

　① セパレート・コースで走る場合は，その内側の線上及び外側へ踏み出してはいけない。内側の線は自分のコースの領域外になるからである。

　② オープン・コースの場合は，相手に危害を加えたり，防害してはならない。相手を追抜く時は原則として外側を走る。但しフィルドの外端から前走者の間が危害を加えることなく通過出来る巾があれば内側を通っても差支えない。

　3. 決勝に関する事項

　勝敗の順位は，決勝線に**胴体**の一部が到達した順に定める。肩や腕，腹や足ではない。決勝線上1,22mの所にテープを張るが，あれは決勝線ではない。

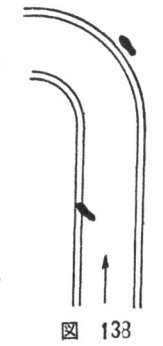

図138

　4. ハードル競走に関する事項

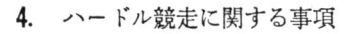

①　ハードルは倒しても失格にはならない。

②　ハードルを越す時，片足，または両足が，ハードルの巾より外へ出た場合は失格となる。

5. リレー競走に関する事項

①　タッチ・ゾーンを出て，リレーした時は失格する。

②　バトンを落した時は，その当人が拾わなければならない。

6. 走高跳に関する事項

①　同一の高さで3回試技し，全部失敗した時は失格となる。

②　競技者は片脚で踏切らなければならない。

③　バーの高さは，バーの中央における，バーの上面から垂直の地面との高さを云う。

7. 走巾跳に関する事項

①　踏切板の砂場に近い端を踏切線とする。

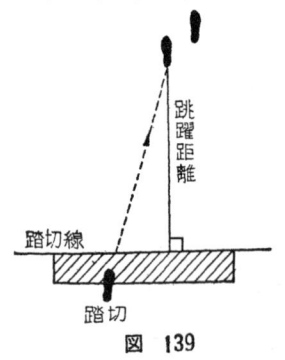

図　139

②　落下した最後端を着陸点とする。

③　跳躍距離の測定は着陸点から踏切線まで，踏切線に直角に計測する。巻尺は着陸点に先端を当てる。

8. 三段跳に関する事項

①　ホップとステップは同一の足で，ジャンプは反対足で跳ぶこと。

②　跳躍中，反対脚が地上に触れた時は，1回の無効試技となる。

③　その他のことは走巾跳に準ずる。

9. 棒高跳に関する事項

①　高さの測定は走高跳と同じ。

②　同一の高さで3回失敗した時は失格する。

③　跳み切った後，下の手の上に，また上の方の手を更に棒の上方に移してはいけない。

④　身体及び棒が，ボックスの面の後方（砂場の方）の地面に触れてはいけ

ない。

⑤　棒がバーあるいは支柱から離れない限り何人も棒に触れてはいけない。

10.　砲丸投に関する事項

①　砲丸を肩の後方から投げてはいけない。

②　砲丸は片手で投射する。

③　計測は砲丸の落下した印跡からサークルの中心を結ぶ線と足止材の内側の線との交る点をとり，印跡の後端からこの点迄を測る。

④　定められた投射範囲の外に落下した時は無効になる。

⑤　動作を起してからは，身体及び着衣の部分と雖もサークル外に触れてはいけない。

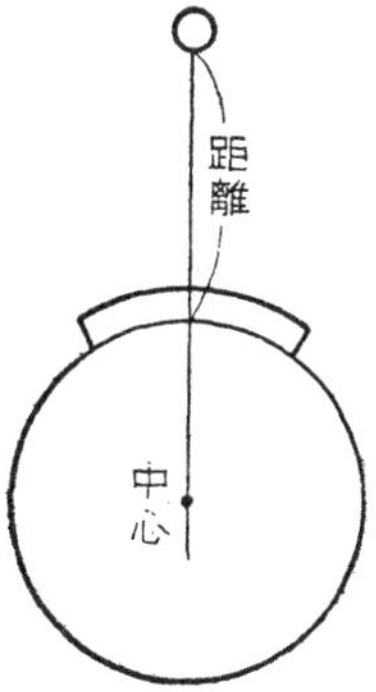

図　140

⑥　試技が完全に終了してからサークルの後方より出ること。

11.　円盤投に関する事項

砲丸投の場合と同様であるから，これに準ずる。ただ円盤投の場合は足止材は使用しない。

12.　ハンマー投に関する事項

ほぼ砲丸，円盤投の項に準ずるスイング，または廻転中にハンマーの頭部が地面に触れても無効にはならない。但し，その場合，動作を中断して更めて行う場合は無効となる。またその場合，ハンマーを下して，地面に着けてはいけない。

13.　槍投に関する事項

①　投てきは半径8mの円弧の後方から行う。この円弧の線の巾は7cmで，内側が踏切線である。

②　計測は槍の落下した印跡の最後部から円弧の内側まで，落下地点から円心に至る線上で円弧の内側迄を測る。

③　にぎりグ（リップ）の所を握らなければいけない。

④　やりの穂先よりも先に，その他の外の部分が地面に落ちた時は無効となる。

⑤　その他のことについては，砲丸，円盤の項に準ずる。

Ⅶ　運動会並に校内競技会

近来各学校の年中行事の一つとして運動会が取り入れられていることは既に常識となっている。これを学校の教育全般的な立場から眺めると，運動能力を向上させ，協同精神を養い，社会的接触を深め，健康を増進させ，大きな慰安を与えること等が挙げられる。一方正科時の授業との関連や，生徒個人の立場から考えてみると，その成果を測る一つの機会であり，生徒個人にとっても自己の能力を判定する機会ともなり，競技人として登龍する門戸ともなるのである。また，スポーツを愛好し，興味を養う機会となり，将来各種レクリエーション活動の基礎となるのである。

1.　運動会の形式

（1）　純粋な競技種目ばかりを行うもの（校内競技会）

正式に陸上競技種目として認められている走・跳・投の種目の中から適宜選択して行うもので，校内競技会と呼ばれているものの一つの種類である。これは殆んど，能力だけが勝敗を決定する関係上，一部特殊な者のみの活躍に終始するおそれがあり，全員参加と云う目的にそわない傾向があり，運動会の形式としては余り好ましくない。ただ他のスポーツと共同で行う校内競技会のような場合は，特に優秀者に活動の機会を与える意味で有意義である。

（2）　純粋な遊戯形式の種目（レクリエーション）を行うもの

どんなに運動能力の低い者にも喜んで参加出来ると云う意味からすると大変有効であるが，中学・高校生の年令層にあっては，より程度の高い競技種目に興味を抱く者も相当数あるので，それ等の者にとっては不満の気持ちを起こさせることになり，矢張り全体としての調和を欠くことになる。

（3）　前二者を混合して行うもの

前の形式は，そのいずれを採っても一部に活動の上からも，気分の上からも満足を得られないものがあるが，両者を織り交ぜて行うことにより，全員満足し，十分活動の出来るものとしたのがこの形式で，現在，中学校以上の学校で

行われている最も多い形式である。

2.　運動会の組織と運営

運動会は学校を中心とし，これを取りまく地域社会全体の一大行事であるか
ら，その運営の組織も，教職員，生徒，ＰＴＡ一体となったものが望ましいの
である。一例を挙げると下の図の通りである。

（1）　準備係（委員）

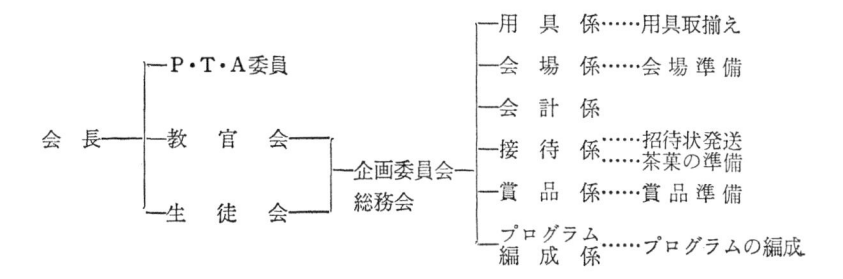

図　141

（2）　運動会当日の係

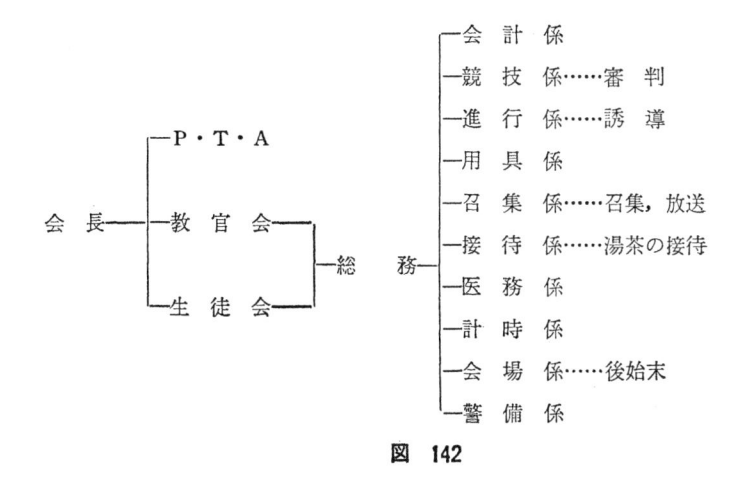

図　142

運営に当っては全係が一体となり，会の進行を計らなければなら ない。 特に，係と係の任務の上に空白が出来て支障が生じてはならないから，細部に亘って事前に打合わせておく必要がある。

3.　種目の選定とルール

①　各学級から委員を通じて，希望を取り，その内容，程度，重復の有無等につき委員会でよく検討して選択決定する。

②　委員会単独で決定せしめる。

③　各学年，男女に分けて種目を固定し，毎年繰返して行う。

等の方法があるが，選定に当っては，生徒の発達段踏に応じたも の か ど うか。また，品位の点はどうか等を考慮の規準として選ぶことが大切である。また同系統の種目を重ねることを避けることも考慮しなければいけない。

④　運動を円滑に進行させて行くためには，種目の内容に応じた適切なルールが大切な条件となってくる。従って既に常識化していて，誰れにでも十分知りつくされているものはともかく，内容も，ルールも難解なものや新らしく取り入れた種目等については徹底的に覚えさせることが必要である。また時には学校独自の運営上便利なルールを作ることもよい。

4.　参加について

①　全員参加が望ましいから個人につき，無制限に参加させてはいけない。種目の送定の時このことを十分考慮し，全員が数多く参加するように規定を設けることが必要である。

②　父兄，幼児等の参加についても，種目の選定，実施方法等を十分考慮して，進んで参加し，楽しい，愉快な思出となるように取り計らうことが必要である。

Ⅷ　クラブ活動への留意点

①　既に競技の性格，特質の項で述べた通り，陸上競技の種目は実に多種多様に亘っているが，成育期の生徒にあって，真に適した種目の決定迄には一定の期間を要し，その間の苦しみに耐えるには相当困難があるから，特定の指導者を，上級生か或いは先輩等の中から指定して，グループを分けて指導することが望ましい。

②　練習の内容及びその程度は第一線選手を標準にし易いから，身体の弱い者等については，過度にならぬよう，注意をすること。

③　基礎的な鍛練を必要とするから，補強運動を常に行う習慣が必要でである。

④　種目により，練習内容が著しく異うから，種目単位の練習が必要となるが，各種目ごとに責任者を決め，全体として，チームとしての統制のある練習が大切である。

⑤　試合出場の場合の選手の詮考については，単に技術の上だけでなく，練習態度，品性，学業等を十分考慮することが望ましい。

⑥　練習には綿密な計画表（スケジュール）が必要であるが，試合もまた練習の一環と考えて，これに臨むための準備，或いは，終了後における結果の活用を十分考慮する必要がある。またややもすると，試合過度による弊害を防止しなければならない。

⑦　時々は互に技術討論を行うことも有効である。

⑧　シーズンにより，練習内容，程度，或いは方法について工夫し，変化を附けることが大切である。

Ⅸ 評　　価

1.　評価のねらい

学習効果が，どのような結果になって現われるかを知ろうとするのが生徒の立場であり，結果を反省の資料とし，将来の指導の手懸りを求めようとするのが教師の立場である。所謂，学習が効果的に行われたが，否かを知ることが評価であってみれば，学習以前の能力を出発点とし，学習過程において資料を集め，結果としどのような効果が現われて来たかを知らねばならない。従って評価は，能力，進歩の程度，学習態度，技術，安全性，社会性，知的能力，出欠状況等多角的な観点からなされる可き性格のものである。

（1）　学習以前の能力測定

学習効果の巾を見るための起点であり，到達目標設定の元ともなるのである。測定内容としては

①　主教材の能力，及び技術の記録

②　学習態度

③　身体の発育状態

（2）　学習過程における資料

①　学習態度

②　技術（フォーム）

③　運動能力

（3）　学習結果の能力測定

学習以前の能力が学習をしたことによって，どのような結果を生じたかを見るのが目的である。

①　能力の記録測定

②　学習全般に亘る態度

③　運動の技術

2.　取扱い方法

　スキル・テストの要領を以上の見方の順に従って，100m 疾走の例を採って挙げてみよう。

（1）　学習以前の測定

　①　スタートの要領……指示を与えず観察する。

　②　中間疾走における諸動作……指示を与えず観察する。

　③　記録測定……16秒（仮定）

（2）　学習過程における資料

　①　腕の振り方……肘が正しく振れているか。

　②　股の上げ方……脇を開かず，高く上っているか。

　③　スタートの位置の着き方……順序は正しいか。

　④　「ヨーイ」の姿勢……腰の高さ，重心の位置肘の伸び具合，目のつけ所はどうか。

　⑤　スタートの出方……二段出発になっていないか，後脚で蹴っていないかどうか。

　⑥　中間疾走の形……腕が振れているかどうか，股が上っているか，コースは真直ぐかどうか。

　⑦　諸動作の態度……積極的に協力的な態度で動いているか，指示された通りに正しく規則正しく動作をしているか。

（3）　学習結果の測定

　①　スタートの要領……待機の場所は正しいか。位置の着き方の順序は正しく守られたか「ヨーイ」の姿勢は正しいか。出発第1歩の腕の振り方，股の上げ方はよいか。ブロックが完全に役立って使われたかどうか。

　②　中間疾走の要領……腕がよく振れているか。股は上っているか。腰，膝はよく伸びているか。顎は上っていないか。コースは正しいか。

　③　ラスト・スパートの要領……最後迄正しく力走したか。

　④　記録測定……14秒……（仮定）

　以上のような要領で，能力，技術，態度等を知り，これを他の要素と共に綜合して判定の資料とする。ただ，ここで強調しておきたいことは，ややもすると，判定の資料を結果の測定記録のみに依存しようとすることである。これで

は先天的な素質に恵まれている者は，何等学習努力をしなくても，相当な結果が現われ，恵まれない者は，可成り努力をして，自分としては相当な進歩をおさめても，結果的には余り好成績を上げることは困難である。それを，単に現われた最後のみの記録で二者を比較し，優劣を決定すると，一方には怠惰心を起させることになり，他方には失望感を抱かせ，向上心をなくさせることになって，今後の学習に甚だしく支障を来すことになる。例えば，Aは100mを走るのに最初16秒かかったが，学習の結果14秒に到達した。Bは最初から14秒の力を持っていたが，最後の結果としても同じく14秒であったとすると，この両者は，結果としては共に14秒であっても，内容的には甚だしい相違があるのだから両者を同一に扱うことは不当であって，Aの学習効果を大きく認めなければならない。このような取扱いがあってこそ，真の学習が成立するのである。評価の仕方，取扱は，将来の学習の出発点ともなるので，その取扱いは常に公正になされなければならない。

X 視聴覚教育について

　陸上競技の内容そのものは，日常絶えず行われているものなのであるが，さてこれを相手と競争する段迄，技術，能力を向上させるにはなかなか困難である。第一に苦しい，苦しいから面白味が乏しい，上達が長引く等の理由で，取付き難いものなのである。そこでこれらの人々に実行させるには，先ず興味を起させ次いで自発的に苦しみを乗り越えて向上の楽しみを味あわせることが大切である。このような見地から，競技の全貌を知らせ，興味と理解を持たせ，或いは形を覚え，方法を知らせ，ひいては研究工夫する境地にまで到達させる一助として，視覚，聴覚による教育が考えられる。

1. 映画，スライドによる方法

　最近は各学校共設備が充実され，また資料も各種豊富になって来ているが，その中での代表的なものが，スライド，映画の影写による方法である。使用する機会は，その目的によって度々あるが，数多く利用する事が望ましい。

　これを使用することによって，どんな利点があるか，具体的に挙げると

 ① 未知の者にあっては全貌を知ることが出来，方法が判る。

 ② 自己の欠点を発見する機会が得られ，比較矯正することが出来る。

 ③ 最初は模倣であっても，進歩するに従い自己の体質，体格，体力，技術に応じて活用することが出来る。

 ④ 優れたフォームを見て常にそのレベルに到達するよう刺戟される。

 ⑤ 欠点は絶えず移動するから，度々見ることによって矯正の機会を早め，進歩，向上を早める。

 ⑥ 根本課題である興味を与える。

 ⑦ 流れの中にリズム感覚を覚える。

等，以上のような事柄が考えられる。

2. 聴覚に訴える方法

　現在わが国では未だこの方法について実施している所はないが，すべて運動は，力，スピード，リズムの組合せであるから，音感によるリズム感覚の訓練は巧緻性の育成となり欠かすことの出来ない事柄である。特に中学生にあっては，筋肉発達よりも，感覚の発達段踏にあるのだから，強い筋肉運動を行うよりも寧ろ感覚訓練に主眼を置くのが適当であるとさえ云える。方法としては次のようなものが考えられる。

　　①　徒手体操，マット体操等を一連の動きとして構成し，この流れをリズム化し，リズムに合わせて諸動作を行わせる。

　　②　ダンスを十分行わせ，耳から体の動きを導かせる。

　　③　競技種目ごとの一連の動きを作曲し（出来れば音楽教師の協力を得る）暗誦させて，そのリズムに合わせて運動を行わせる。暗室等で，ピアノ，レコード等により常に暗誦させるのが最も効果的と思われる。

XI 補強運動について

　大きく考えれば，陸上競技そのものが，続べての人間の動作の基礎をなすと云えるが，その陸上競技の中にあっても，常に身体各部に強弱の差が出来て，能力を発揮する上に支障を来たすことが多い。陸上競技が能力スポーツで，力とスピードが強く要求されることは既に述べた通りであるが，それだけにその欠陥は大きく影響するのである。だからこれを是正し，またスポーツの目的から云っても，円満な身体の発育を促す事は大きな意義があると考えられる。また種目によっては，短距離疾走や投てき運動のように，極短時間に最高能力を発揮するものや，長距離競走のように長時間に亘って競争するもの等，それぞれによって要求される能力の条件が異っているので，それに応じた力を造る必要が生じて来る。従ってこの角度から観めても，その特徴を生かす特別の訓練が必要になって来る。これがここで云う補強運動で，その意味は非常に積極的なものである。次にその内容を夫々に応じて述べる。

1.　走技の技術と走技者に必要な特質を習得するための練習内容

　① 　股を90°以上挙げて，その場駈走，前進駈走

　② 　重量物を脚につけるか，ゴム紐（チューブ等）をつけて股を交互に挙げる。

　③ 　重量物を上体につけて，両脚および片脚の屈伸運動

　④ 　立巾跳……両脚，片脚共

　⑤ 　立三段跳，立三回跳

　⑥ 　腕力を養うために小さい鉛鈴を持った体操

図143 腕立伏臥

　⑦ 　ストライドを伸ばすため，両脚を前後，左右に開いて伸張し，腰，腿関節の可動性を発展させる。

　⑧　片脚跳（交互に行う）

　⑨　ストライドを伸ばすための大股走

　⑩　爪先で小きざみ疾走

　図144　アレイ体操　　　図145　小きざみ走

2.　跳技の技術を習得し，跳技者としての特質を伸ばすための練習内容

　走技者について行った外

　　①　短距離助走による種々の跳躍

　　②　各種跳箱運動

　　③　物を適度の高さに吊し，跳上って頭，手足等を触れる。

　　④　縄跳び

3.　投技の技術を習得し，投技者としての特質を伸ばすための練習内容

走技者，跳技者のためのものの外

　①　バーベル運動……軽量なものより順次重く。

　②　ホップ，ステップ，或いは短距離助走をしての種々の重量の砲丸投をする。

　③　索をつけたボール，或いは砂袋をその場から，また廻転して投げる。

　③　短棒または金属性の管を投げる。

　④　種々のハンマーをその場または廻転して投げる。

　⑥　種々の重量の石を投げる。

　⑦　腕立伏臥，腕屈伸運動

以上が手近に行い易い方法である。

水　　　泳

東京教育大学
教　　　授　　梅 田 利 兵 衛

東 京 大 学
助　教　授　　江 橋 慎 四 郎

I 水泳の歴史と特徴

1. 水泳の歴史

（1） 泳法の変遷

　水泳の起源は，遠く人類の発祥にまでさかのぼることができるであらう。しかしながら，これらは人間が単に水泳を行ったという歴史的事実が明にされる程度であり，水泳技術が問題にされるようになったのは，18世紀末頃であるということができよう。

　即ち，松沢一鶴氏によれば，ブライトン水泳倶楽部の第1回水泳大会の行われたのが1861年であるとされ，白山氏によればトラジョン泳法が英国競技会に出現したのは1873年であるとされている。このように競泳は英国が他国より一歩先んじていたようであり，19世紀には競技会も既に行われていたでのあるが，泳法は全く蛙足平泳の一点ばりで，実用にも競泳にもこの泳法が用いられていた。

　その後，蛙足は扇足となり横泳ぎが導入され，1855年頃には，片抜手一重伸が競泳用泳法として流行した。この頃，既に英国人によって英仏海峡を横断する偉業がなされている。

　1873年にはトラジョンが南米のアメリカ・インディアンから習ったトラジョン・ストロークといわれるものを英国に紹介して，この泳法の流行気運をつくった。もっとも，はじめの泳法は蛙足で，両腕を力ずくで抜き出すような強引な泳法であったらしいが，段々泳法も改善されていった。

　1896年，近代オリンピック競技が再興され，水上競技も行われたが，種目は自由型のみであり，泳法は横体泳法が盛んであり，短距離にトラジョン泳法が用いられる程度であった。このオリンピックを契機として，競泳が各国に次第に普及し，また泳法の改善が行われ，1900年の第2回オリンピックには新に背泳が加えられ，さらに次のセントルイスの第3回オリンピックでは平泳が加えられ，従来の泳法に何等の制限もない競泳種目に自由型 (free style) の名称がつけられるようになった。即ち，20世紀のはじめに，平泳，背泳，自由型の

3種目の競泳法が分離したのである。

この自由型は，はじめ扇足であったが，この脚を開くことはスピードを殺すというので脚を小さくうつことを濠州のカヴィルが考案し，1902年英国選手権に出場して100碼に1分の関門を割ってからこの泳法が俄然注目されるようになり，漸次改良が加えられて2ビートから4ビート，さらに6ビートのクロール泳法が発展した。

クロールの発達とともに，背泳も従来の蛙足からバタ足に変り，記録も著しく向上した。

平泳も1933年，両腕を同時に水中からぬいて前方にもってくる泳法が創案され，一時はこのバタフライ泳法が平泳界を牛耳った時期もあったが，ヘルシンキ大会（1952年）以後，バタフライ泳法は，従来の平泳から区別されるようになり，バタフライ泳法の足は蛙足ではなくして両足同時に水を打つドルフィンキックが創案され，今日ではこの泳法が一般的になっている。また，平泳では，潜水泳法が禁止され，頭は常に水面上にあることが要求されている。

（2）　日本における水泳の発展

わが国における水泳術のはじめは，能島水軍に発する水泳術能島流であるとするのが通説であるが，いろいろな流派が組織的系統的にも研究されるようになったのは徳川時代になってからである。即ち，三代将軍家光によって武芸十八般中に加えられるに及び全国各地に多数の流派が成立し，主なもので十派を数えるほどであった。

日本で最初に行われた競泳は明治31年，横浜在住外人と水府流大田派との間に行われたが，本当に競泳法を研究するようになったのは，1912年のストックホルムのオリンピック大会に参加して以来である。しかし，当時の日本の泳法は，日本古来の泳法が主流をなしており，1910年代の極東大会では日本泳法の優秀さをしばしば示した。

1920年アントワープのオリンピックに参加して，外国泳法の長所も紹介され，クロール泳法が急激に発達し，ついに，昭和7年ロスアンゼルスの大会で，400mを除く男子競泳全種目優勝という輝しい記録を樹立するほどの水泳国になったのである。

（3）　飛込競技その他

飛込競技の起源もつまびらかではないが，18世紀末にはドイツで行われたといわれており，1886年の全独水上選手権大会には飛込競技が行われていた。オリンピックでは第3回のセントルイス大会にはじめて男子の飛板飛込みが行われている。

水球は，1870年，英国のロンドン水泳協会が水中フットボールの規則を定めており，1887年，Water Polo の名称が用いられ，規則も定められ，第1回の全英水球選手権大会が行われている。オリンピックでは第2回のパリ大会以来加えられており，1929年には国際水連の中に国際水球局も設けられ，競技規程も国際間で統一されるようになった。わが国では，明治40年代に一時水球が行われたという記録があるが，一時中断し，大正14年第2回神宮大会の種目に加えられ，全国的大会が行われた。競泳に比較すれば，飛込競技，水球の普及は必ずしも十分ということはできないであらう。

シンクロナイズド・スイミング (Synchronized Swimming) は，米国で考案された競技であるが，その歴史は浅く，わが国にも数年前に紹介されたばかりであり，発展は今後にあるということができるが，競泳とは違った，女子にふさわしい水中舞踊ということができよう。

2.　水泳の特徴

水泳の特色は，なんといっても，他の陸上での諸運動とは異り，水中で行われる運動であるという点である。即ち，陸上の場合と違って，浮力や抵抗力，水の圧力等の物理的作用を著しくうけ，また油断をすれば生命の危険にさらされる点に著しい特色を有するのである。なお，主な特色をあげるならば，

①　泳ぎは全身運動であるから，身体を調和的に発達させる。

②　水圧を排して，大きな呼吸運動を行うので末梢の血管の抵抗が高まり，心臓の作業が増大する。

③　日光，水，外気の皮膚や内臓諸器官に及ぼす影響が適度であれば，各種のよい影響を身体に及ぼす。

④　夏季の代表的スポーツであり，老若男女それぞれの能力に応じて楽しむ

ことができる。

⑤　海や川の自然に親しみ，自然を理解し，自然に順応する態度を養う。

⑥　水に対する安全的な技能を高め，水禍から自己を守るとともに，他人の
　危急を救うこともできる。

⑦　適当な水泳場さへあれば，高価な種々の用具を用いず，簡易に実施する
　ことができる。

Ⅱ 水泳の性格と指導目標

水泳では，まず泳ぐということが基本目標であることはいうまでもない。しかしながら，その反面において適切な管理，指導をあやまるならば，とりかえしのつかない事故をおこすことにもなってしまうのである。従って「水泳を学習する最低限の要求は水上安全であり，水は危いから，水に入って安全に泳ぐ技術を学ぶのである」。即ち「安全」ということが大目的になってくるのである。次に体育の諸目標との関連を考えて，水泳の指導目標を列挙してみよう。

1. 身体的発達

① 水，日光，大気の自然的影響によって皮膚をたんれんし，身体諸機能のはたらきを丈夫にし，盛んにする。

② 全身を調和的に発達させる。

③ 筋力，持久力，柔軟性を発達させる。

2. 技能的発達

クロール，平泳，横泳，潜水，飛込，救助法が一通りでき，1km ぐらい泳げる技能を身につける。このことは将来さらに水泳への興味を深め，技術をのばしてゆくための素地ともなり，また水難の危険に遭遇した際，自己を守り，また他人の危急を救い得ることにもなるのである。

また，水泳の基礎的技能を身につけておくことは，泳ぎを楽しむ ここによって，自己の生活を楽しく明るくし，生活内容を豊にすることができるのであり，レクリエーション的な役割も見のがすことはできない。

3. 社会性の発達

水泳は個人的種目であり，個人スポーツは社会性の発達という面からあまり高く評価されていないようである。しかしながら，水泳の指導の場面ではやはり他のスポーツ種目の指導の場合と同じように社会的発達をはかり得る機会は

決して少くない。例えば，水泳場などの多くの人々の集る場所の利用のしかた
等は社会的観点なくしては，その水泳場の清潔，安全を保つことは不可能であ
ろう。また，技能の発達をはかる学習の過程でも協力，きまりや指導者の注意
をよく守る——すべて生命の安全とつながることである——自制，忍耐力など
が育成される。

　また，水泳は「自然的環境と共に文字通り子弟が裸となって接触する特殊な
親愛の情と，自らの技術と体力を頼む自律的精神」とが体得される機会でもあ
るといわれている。

4.　健康安全についての発達

　水泳が各自の身体的発達に寄与することは前述の通りであるが，特に水泳の
学習の際には，保健的な考慮が必要である。即ち水泳場の清潔の保持，適度の
練習と休養，入水前後の身体の処理など，水泳の学習は健康，安全についての
知識，態度，習慣を育成する機会に恵まれているということができるであろ
う。

　一応，便宜的に項目に分けて述べたのであるが，要するに，水泳は身体的発
達にたいして効果があるばかりでなく，いろいろな面の学習の機会に恵まれて
いる——即ち教育的潜在価値が大きい——わけである。しかし，このことは，
ただ慢然と水泳を行えば，上述の諸目標が達成できるというものではなくし
て，教育的な指導や管理の手順がふまれた場合においてのみ上述の目標の達成
が期待できるのである。水泳は「学習内容の巾が広いだけに」，また常に生命
の安全ということを心がけておかなければならないだけに，一層，教育的な指
導や管理が考えられなければならないのである。技術の指導とともに教育的な
指導がなされて，はじめて諸目標の達成がよりよくはかられるのである。

Ⅲ　水泳の指導計画

　現実に学校で水泳の指導をする場合，プールなどのあるところでは，正課時の年間計画の中に水泳教材を含めることができるであろう。しかし，水泳施設が全くない場所では上述のような計画は不可能であり，特別の行事——例えば水泳講習とか臨海生活など——を計画することになるであらう。従って，本章では，一応正課時の計画と臨海生活の計画とに分けて叙述することにしよう。

1.　正課時の指導計画

　前述のような水泳の指導目標を達成するためには，当然，事前に綿密な指導計画がたてられねばならない。体育ではややもすると，従来の指導の経験，自己のもつ指導技術にたよりすぎて，十分な計画もたてずに指導することがあるが，さらに，指導の進歩と改善をはかってゆくためには，計画をたて，その計画に基づいて実施し，評価するという手順がふまれるべきであろう。以下，正課時の水泳の指導計画立案の際，考慮すべきいくつかの点について考えてみることにしよう。

　（1）　指導組織をつくる。

　計画を立案する際には，まず指導組織を確立しておくことが大切である。指導者全部がよく目標を理解し，全体の計画について熟知し，指導の内容や段階について理解しておくことが必要である。そしてこの組織の中で，原案について討議し，修正するとともに，各指導者の仕事の分担（企画係，施設係，指導係，監視係，保健係，庶務係など）や責任もはっきりすることができるのである。

　この指導組織は，体育計画作成委員会があてられてもよいが，水泳を夏の重要な学校行事の一つとして組入れた場合には，もっと広汎な組織とすべきであろう。具体的には，各学校の実情に応じた最も能率的な組織とすべきであろう。勿論，全体を統轄する管理責任者がおかれるべきことはいうまでもない。

　（2）　目標を設定する。

計画をたてるためには，その計画によつて何を達成しようとするのかが明か
にされねばならない。即ち，水泳の指導計画についての全体目標とともに，そ
こから具体化されたいくつかの小目標が設定されるのである。水泳の指導計画
では，当然のことながら，次のような点は第一に考慮されなければならないで
あろう。

「水泳の学習の目標は，何といっても，まず泳ぐ技術の習得である。他の体育
運動では，かりに技術が全くものにならなくても，体育という見地から技術以
外に何か収獲がある。水泳の場合，かりにこの何かを得たとしても，もし泳ぐ
技術を身につけなかったとすれば，その人は常に水からの危険にさらされてい
なければならない。何かは他の運動でも得られる。危険をおかして何かを求め
る必要はない」。

即ち，目標の第一であり，最低限のものは「どうにか暫く泳いでいられる技
術を身につけ，自他の安全，事故防止について理解する」ことであり，この段
階にはいかなる場合でも到達させることが，目標の最低限としておさえられ，
そこから，次の段階の諸目標が設定されるのである。小学校でこの段階まで，
すべて到達しておれば，中・高校での指導目標がもう少し具体化されるのであ
るが，わが国の場合，水泳の能力は千差万別であり，中・高校それぞれの対象
に応じて目標が具体化されねばならないであらう。

なお，このような対象の質の他，配当時間，利用し得る施設，指導者の能
力，指導者数と対象数なども考慮されて，目標は具体化されるであろう。

（3）　グループ編成

組分けは，一般的には「異質グループ」と「等質グループ」に分けられる
が，上述の最低限の目標を達成し，指導の能率と安全をはかり，また現実の対
象に能力の大きな巾がある場合は，能力別の班編成をするのが一般であろう。
しかしながら，ある場合には，初心者1人対熟練者1人の仲間をつくって練習
するというような方法がとられてもよいし，熟練者が各グループのリーダーと
なって指導の助手とするようなことも考えられてよいであろう。このような方
法は対象の能力や指導の段階に応じて適宜とればよいであろう。

一つのグループの人数であるが，理想的には，「人数が10〜12人のグループ」

の指導が効果的であるといわれている。また，「1人の指導者が監督指導し得る生徒数は30名」といわれているので，理想的には，1人の指導者が，10人ずつ3つのグループを指導し，助手が3名つけば申し分ないわけである。しかし，実際には，正課時に，このような理想的指導の形態をとることはできないのであるから，現実には，このような理想案に近いかたちで実施でき得るよう工夫，努力すべきである。それがまた，安全を守ることにもなるのである。

（4）　管理上の諸問題

　しばしばいわれるように，水泳では「一に監督，二に指導」といわれているように，事故がおこらないようにするために，指導に必要な諸条件を十分ととのえておく必要があるのである。指導に関連することでもあるが，危険防止の上から留意すべき事項について，若干ふれておこう。

　①　水泳計画実施の場合には，必ず身体検査を行って，水泳に適しない身体状況の者は除外しなければならない。また毎日の水泳指導の際にも顔色のすぐれぬものや，身体的状況の悪いものは見学させるようにする。

　②　入水前，退水後には必ず人員点呼を行う。また自由練習時の監視，監督を厳重に行い，状況に少しでも変化のあった時は，直ちに人員点呼を行って，生徒を掌握すること。

　③　できれば同一色の帽子をかぶらせ，初心者には赤帽子をかぶらせるとともに，帽子には番号をつけておくとよい。

　④　指導者の指示，許可がなければ，絶対に水に入ったり，出たりさせないとともに，指定場所以外での行動をゆるさぬこと。

　⑤　泳ぐ時間は，泳者の能力，夏季の暑さや水温により適宜定めること。特に初心者は身心ともに疲れるので1回の入る時間を短くして休息と適宜配合し，慣れるに従って多くする。

　⑥　水温は23〜4度が適当であるので，20度以下の場合には時間を短くする。

　⑦　水泳前後の準備，整理運動は必ず励行すること。

　⑧　炎天より急に冷い水に入らないこと。頭，身体を徐々に冷して静に水に入らせる。

　⑨　炎天下では，身体は水中で冷え頭は大陽で熱されるので，時々頭を水に

浸させる。

⑩　水中では指導者のあたえた運動種目だけを行わせる。水中で脚をひっぱったり，押しあったりさせない。

⑪　常に2人1組にさせて，互いに注意させるようにする。

⑫　規律違反は事故のもとということを徹底させること。

⑬　練習は浅い所から深い所に向ってさせないこと。

⑭　とかく喧嘩になりやすく，開放的で指導者の留意が徹底しにくいので，叫び声，わめき声，うその「助けてくれ」などの声を発せしめないこと。

⑮　水泳場の選定

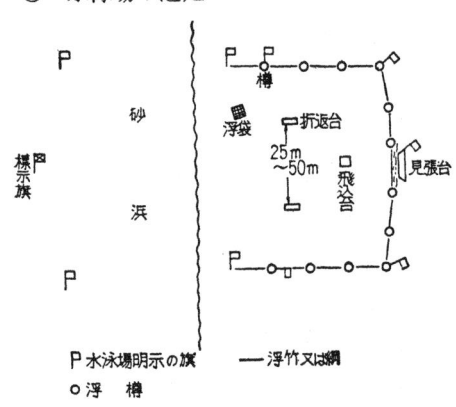

特に河川，湖沼，等を用いる場合は，淵，渦巻，早瀬，淵水，汚水のあるところ，水底には藻，岩石，古杭など不整なところをさけること。

海浜の場合は，波の荒いところ，潮の強いところ，海底に岩，藻，貝殻など不整なところはさけ，遠浅のところがよい。

また，河口は絶対にさけねばならない。上記何れの場合も，水泳区域をはっきり明示しておく。

またできれば水質検査を行うのがよい。海浜を水泳場とする場合の施設の一例を上図に示そう。

⑯　水泳場の設備，備品

プールの附属設備としては，脱衣場，シャワー，足洗場，便所が必要であり，プールに入る前には必ずシャワーにかかり，足を洗って入ることを励行する。

河川，海浜では，船，筏，飛込台，丸太，縄，板，竹竿，旗は必要であり，備品としてメガフォン，笛，鐘，時計，水温計，記録用具などを用意すべきである。救急用備品として救急箱，毛布，大タオル，薬用葡萄酒，その他の薬品を

備えねばならない。

（5）　時間配当

学習指導要領，1951年版では水泳15週，1956年版の高等学校篇では指導時間数として36〜45時間が配当されている。これは何れも3年間であるから，1年にすれば5週間，時間にして約15時間があてられるべき基準として示されている。

時間の多いことにこしたことはないが，全体計画との関連を考えれば，現実には，この程度の時間しか充当し得ないのであるから，本書でも，一応，正課時に15時間を充当し得るものとして述べることにした。

実施時期としては，地域の差もあるであろうが，6月末より9月中に行うのが最もよく，夏休み前にやっておけば，夏休み中，自習にも大いに役立てることができるであろう。

（6）　学習内容

学習内容は当然，目標との関連において考えられねばならない問題であるが，ここでは水泳という技能に関して学習すべき内容を学習指導要領より引用し，なお，若干の説明を加えておこう。

中　学　校　　　中学校学習指導要領1956年版より

水 泳 一 般	1.歴史　2.水泳心得　3.　練習法　4.　補助運動　5.規則と審判法　6.記録競技会の運営　7.例話
基 本 動 作	1.水かけ　2.沈み方　3.浮き方　4.立ち方　5.呼吸のし方　6.ばた足　7.体位の変換　8.各種遊戯
初歩の泳ぎ	1.初歩クロール　2.犬かき　3.あおむき泳ぎ
自己保全の動作	1.水中の歩き方　2.浮き上り方　3.泳ぎ方の変更　4.方向の変更　5.自己保全テスト
ク ロ ー ル	1.姿勢　2.足の動作　3.腕の動作　4.手足の関係　5.呼吸法　6.フォーム　7.スタート及びターン　8.競技
平 泳 ぎ	1.姿勢　2.足の動作　3.腕の動作　4.腕脚の関係　5.呼吸法　6.フォーム　7.スタート及びターン　8.遠泳　9.競技
横 泳 ぎ	1.姿勢　2.足の動作　3.腕の動作　4.各種横体泳法
背 泳 ぎ	1.姿勢　2.足の動作　3.腕の動作　4.手足の関係　5.呼吸法　6.フォーム　7.スタート及びターン　8.競技
立 泳 ぎ	1.姿勢　2.各種の足の動作　3.移動法

潜　　行	1. 呼吸のとめ方　2. 潜入法　3. 潜行法
リ　レ　ー	1. 引き継ぎ法　2. 競技
飛　込　み	1. 踏み切り法　2. 空間姿勢　3. 入水法　4. 高飛び込みの基礎 5. 飛板飛込みの基礎
救　助　法	1. 自己および他人のおぼれたときの動作　2. 接近法　3. 離脱 法　4. 運搬法　5. 人工呼吸

高 等 学 校　　　　高等学校指導要領1956年版より

| 水

泳

心

得 | 1.　一般的心得
　　(1)　同行者をもつ { 指導者のいる場合 / 指導者のいない場合 }
　　(2)　水泳場の選定
　　(3)　水泳の時期と水泳時間
　　(4)　入水時，退水時の処置
　　(5)　水泳医事
2.　自己保全の動作
　　(1)　水中の歩き方　　(2)　浮き上がり方
　　(3)　方向の変換　　　(4)　泳ぎ方の変更
3.　救助法
　　(1)　自己および他人に事故のあった場合の処置
　　(2)　器具をもってする救助法
　　(3)　接近法，離脱法，運搬法　　(4)　人工呼吸法 |
| 初歩の泳ぎ | 1.　沈み方，浮き方，立ち方
2.　面かむり（遠泳，平泳），犬かき
3.　初歩の速泳，初歩の平泳，初歩のあおむけ泳ぎ |

基 礎 的 泳 法	速泳・ 背泳	1.　正しいフォーム，速泳で50m以上泳げる 2.　正しいフォームの背泳で50m泳げる
	平泳ぎ	正しいフォームで100m以上泳げる
	横泳ぎ	横泳ぎで25mを15あおり（女子20あおり）以内で泳げる 各種の横泳ぎができる
	立泳ぎ	1.　立泳ぎで20秒間泳げる 2.　立泳ぎで移動ができる
潜　　行		15m以上潜行できる
飛　込　み		1.　約3mの高さから立飛込み，さかさ飛込みができる 2.　飛板飛込みの基礎，高飛込みの基礎

競技技術	1. スタート　2. ターン　3. タッチ　4. リレーの引継ができる
遠　　泳	1.　入水時の動作，速度の調節，上陸時の動作 2.　約1時間の耐水遠泳，約2マイルの遠泳ができる
ゲ　ー　ム	1.　各種水中遊戯　2.　簡易水球　3.　規則と審判法

　以上は，中学校，および高等学校における現行の技能に関する学習内容の一つの基準であるが，指導力，対象の水泳能力，施設，指導時間などが考慮されて，指導内容が構成されるべきことはいうまでもない。その一例を，計画例14～5頁に示したので参照されたい。

（6）　指導計画

　水泳の指導計画立案の際には．他の一般教育過程と同じように，次のような教授法の諸原理がおりこまれるべきであると指摘されている。

①　実物性……ただ説明に終るだけでなく実際に行ってみせること。説明と実演によって一層よく動作をのみこませることができるのである。

②　親近性……練習種目は実施者にでき得るものでなければならない。練習者にさしあたってできそうもない種目を課することがあってはならない。

③　持久性……水泳の技能は反覆練習によってのみ身につけることができる。反復練習は一定の技能を持久的に身につけ錬磨することに役立つのである。徒らに，あれもこれもの技能をおわずに，一時に一事主義に徹して反復練習することが大切である。

④　一貫性・系統性……練習の種目は簡単なものから複雑なものへと段階づけられ，系統性が考慮されていること。また，練習者の体力を考慮して，肉体的負担を次第に増加してゆくことが必要である。水泳では，基本的段階を経ずしては決して次の段階へ進むことは不可能であり，この学習の系統，順序をよく理解しておくことが大切である。

⑤　目的性……練習者はつねに何のためにあれこれの種目をならうのかを自覚していることが必要である。即ち，学習目的をよく理解し，指導者も学習者も一体となって学習を展開してゆく時，はじめて課業をよりよく消化してゆくことができるのである。課業の重点を常にはっきりさせておくこ

とが大切である。

　次に示す計画例，指導案例は何れも一例であり，夫々の学校の実情に応じ適宜具体化されたい。

水泳指導計画例 （混合法）

時限 ＼ 班別	初　　　　　級	中　　　　　級	上　　　　　級
第 1 時	テスト	テスト	テスト
第 2 時	バタあし 沈み方，浮き方，立ち方 クロールの腕	バタあし クロールの腕	バタあし クロールの腕 クロールのスタート
第 3 時	クロール 犬かき	クロール クロールのターン	クロール クロールのターン
第 4 時	かえるあし 平泳ぎの腕 平泳ぎ（綜合）	かえるあし 平泳ぎの腕 平泳ぎ（綜合）	平泳ぎ（綜合）
第 5 時	平泳ぎ（綜合）	平泳ぎ（綜合） 平泳ぎのスタート，ターン	平泳ぎのスタート，ターン
第 6 時	あおりあし	バタフライの脚 バタフライの腕 バタフライ（綜合） あおりあし リレー	バタフライの脚 バタフライの腕 バタフライ（綜合） リレー
第 7 時	あおりあし 横泳ぎの腕 横泳ぎ（綜合）	あおりあし 横泳ぎの腕 横泳ぎ（綜合）	あおりあし
第 8 時	横泳ぎ（綜合） 背泳ぎの脚	立泳ぎ 横泳ぎ（綜合） 背泳ぎの脚	立泳ぎ 背泳ぎの脚

第 9 時	背泳ぎの腕 背泳ぎ（綜合）	背泳ぎの腕 背泳ぎ（綜合）	背泳ぎの腕 背泳ぎ（綜合） 背泳ぎのスタート・ターン
第 10 時	潜入法 遊戯（ボール鬼）	潜入法 遠　泳	潜入法 水球（パス・ドリブル）
第 11 時	潜　行 逆とびの初歩	潜　行 逆とび	潜　行 逆とび
第 12 時	救助法	救助法	救助法
第 13 時	救助法	救助法	救助法
第 14 時	テスト（距離泳）	遠　泳	復　習
第 15 時	復　習	テスト（50m計時）	テスト（50m計時）

備　考
　以上の計画例は次のような基礎の上に立ってつくったものである。
　① 1クラス約50人の生徒で有能な指導者1人
　② 25m×15m，深さ2.5m（深部）〜1.20m（浅い所）程度のプール設備のある学校
　③ 1時限（50分）として，集合，脱衣シャワー，用便等に10分を要するとみて，実際の指導時間を40分とした。

水泳学習指導案例

対象: 中学校1年　生徒50名

場所: 校内プール (25m×15m, 深さ1.2m～2.5m)

本時: 水泳第2時間目

　　(第1時間目は, プールを使用して学習する際の準備——脱衣, 洗体, 集合場所——の訓練, および技能のテストを行う。)

本時の目標:

(1)　集合解散時の動作を敏速, 整然とすること。

(2)　泳法練習

　　初級班 (17名) バタ足, 浮き方, 沈み方—全員うけるようになること。

　　中級班 (18名) バタ足, クローの腕の動作。

　　上級班 (15名) バタ足, クロール泳ぎの調子の会得, スタートの練習。

集合: 班別に集合 (見学者もはだしになって各班の最左端にならぶ。)

(1)　集合が敏速, 静粛にできたかをみる。

(2)　脱衣所の整頓の状況　最初の使用区分通りになっているかを点検し, 全体に必要があれば適宜注意を与える。

(3)　点呼, 班長から報告　班長は確実に指名点呼して, 出欠状態を指導者に報告, 指導者は水に入る前の各班の人数を確実に掌握する。

準備運動: 徒手体操, 手足の関節を十分に屈伸する。(運動の後で身体の調子のわるい者はいないか尋ねる。)

話しあい: 見学者を各班にわけ, 各班の泳ぎをプールサイドからみて助言させるため, 各班に紹介する。各班の練習計画の大要を話し, 生徒から希望や意見があれば聞く。

練習: 指導者の予定計画

項　　目	時間	初　級　班	中　級　班	上　級　班
バ　タ　足	7分	水の中で足を上下に動かす要領を会得させる	水中での不必要な力をぬいて軽く行わせる	下へうつ動作を強くし, 打った脚の膝がよくのびているが, うちはじめに足首がよくのびているかをみる

沈み方浮き方	10分	浮き方，沈み方	顔をつけたまま，バタ足でプールを横に泳ぐ	初級班の補助
休　憩	5分	休　憩	休　憩	腕の動作および呼吸の練習
練　習	10分	バタ足の練習	クロールの腕の動作	手と脚の協応
テ ス ト	5分	バタ足で何m位すすむかをみる	顔をあげて犬かきで泳げるかをみる	手と脚の協応がどの程度できるかをみる
反　省	3分	全員上陸からだをふく各班予定どおり行ったかを班長にきく。よくいった点，まずかった点をきく		

点呼: よく顔色をみる。

解散: 洗顔その他は同時にできないので各班毎に順序よく行わせ，全部解散した後，忘れものなどはないかを調べる。

　1時限の中の区分は大体，次のように分けて各時限を構成すればよいであろう。

序の部分……5分以内　整列，人員点検，各グループで行うべき概要の説明

準備部分……陸上で5分〜10分

　(1)　一般的な体位向上のための運動

　(2)　水泳の際に働く，筋肉，関節を強くする特殊な運動

　(3)　泳法を研究するための運動

主要部分……水中で30分〜35分

　実施が予定されている水泳技術の練習

最終部分……水中及び陸上で5〜10分

　(1)　水中で自由な水浴，軽い遊戯

　(2)　組織的に陸にあがること

整列，点呼，反省，解散

以上の順序は一応守られるべきであるが，涼しい天気の日などは，準備運動をおこなって体があたたまってから，点呼や課題の説明を行ってもさしつかえないのである。

2.　臨海学校の指導計画

学校もしくはその附近に水泳施設のないところでは，臨海学校の行事を計画するところも多い。臨海学校生活は生徒たちにとっては一つの楽しみである。暑い生活から涼しい海浜生活へのあこがれ，家庭をはなれて友だちと共同生活をする新しい経験が生徒たちの大きな魅力になっているように思われる。

従って臨海生活のねらいとしては，

①　水泳のいろいろな技術を学び，併せて健康の増進をはかる。

②　海浜生活により，自然に親しみ，その理解，関心を深める。

③　友だちや先生と生活を共にすることによって，互いの親しさを一層深めるとともに，集団生活のし方を身につけ，民主的な社会生活におけるくらし方の諸方式を学ぶ。

などが主要なものとして考えられるであろう。臨海学校は，水泳の諸技能を学習し，体力を高めるとともに，共同生活のし方を具体的に学習し得るよい機会であるから，計画の立案にあたっては，水泳の指導計画とともに臨海学校生活全体の計画を十分検討しておく必要があるであろう。

（1）　計画にあたって留意すべきこと

　A　計画は誰がたてるか。

勿論，臨海学校の行事は，年度はじめに学校の全体計画の中に組みこまれ，その臨海学校の計画は教師が立案することは当然であるが，中・高校生になれば，自分たちで自分たちの生活や行動を律することも可能になるので，自分たちでできること，教師の助言があればでき得るようなことは，つとめて生徒たちで行わせるよう努めるべきで，学校側での案がつくられたならば，それをもとにして教師と生徒が協力してその計画を具体化，展開してゆく方向をとるべきであろう。そのためには学級生徒会，全校生徒会でもとりあげ，中心になっ

て活動してくれる委員会などをつくって，計画を具体化してゆくのも一つの方法であろう。

B　期　日

一応年度はじめに大体の日程はきめられておるが，参加人員，宿泊施設，指導者数，経費等で具体的に何月何日から幾日間ということが後にきめられることもあるであろう。しかし少くとも泳ぎをおぼえるということを主要なねらいとするならば，まる3日は最低必要であり，4泊5日間は是非みておきたいと思うのである。

C　場　所

臨海学校のねらいから，当然，水泳指導にふさわしい海浜が選ばれねばならず，そのためには海浜の状況などが事前に十分検討されねばならないであろう。

場所の選定にあたり考慮すべき事項をあげるならば，

①　海は水がきれいで，海底は砂地で遠浅がよく，潮流や波のはげしくないところ。

②　水泳の場所は一般海水浴客の使用するところとはっきり区別のできるところ。

③　宿泊施設が海の近くにあるところ。

④　宿泊施設は旅館等よりも臨海学校のためにつくられた海浜寮の方がよく，人数に応じた広さをもち，寝具，食堂，炊事場，洗面所，便所等が整い，環境がよく衛生的なところ。

⑤　その土地の公共機関(役場，警察，学校,保健所)と連絡のとり易い場所。

⑥　食糧の入手に便であり，近くに医療施設のあるところ。

⑦　学校からの交通が便利であるところ。

D　経　費

費用はでき得る限り節約し，少くとも経済的負担がかかりすぎて，参加者が減少したりするような計画をたてるべきではない。経費の主なものは交通費，食費，宿泊費，小遣などであるが，どんな費用がどれだけかかるか，あらかじめでき得る限り具体的に計算して予算をたてておくべきである。

E　諸準備

一応の計画がたてられれば，家庭にその計画を知らせる必要がある。その計画案内には臨海生活のねらい，実施場所，実施期日，指導者（引率責任者，生活および技術指導者）経費の概要，参考希望の有無などを記入しておくべきであろう。

次に何を携行すべきかも明かにしておくべきであろう。持参品としては，共通で持参すべきもの（主として学校側）と個人で持参すべきものとをはっきりさせ，個人の持参品には必ず氏名をつけさせておくこと，あらかじめ組分けが決まっておれば，色わけをしておくと便利である。

個人で持ってゆくべきものの一覧表は作っておくと便利であるが，日用品，学習用具，水泳用具の他，はらまき，セーター，タオル等は欠かすことのできないものである。

参加者が決定すれば，規律ある集団の生活を能率的に営んでゆくため，諸係をきめ，皆が責任を分担し，協力して，生活を送ることができるよう事前に相談をしておくのがよい。

（2）　臨海学校の日程と日課

どのような日程，日課をつくるかは，参加者の数や能力，指導者，期間などによって異ることは勿論であるが，以下4泊5日の場合の一例を示すことにしよう。

　　　　7月16日

　　　　8.00　　○○駅集合

　　　　8.20　　乗車

　　　　8.30　　発車

　　　10.30　　○○駅到着

　　　11.00　　宿舎着，入室，休憩

　　　12.00　　昼食

　　　13.00　　生活上の諸注意

　　　13.30　　水泳準備練習

　　　16.30　　自由時休けい　　入浴

18.00	夕食
19.00	各室ごとの懇談
21.30	点呼，就寝
22.00	消燈

7月17日～7月19日

6.00	起床，洗面
7.00	朝食，体操，生活上の諸注意
8.00	朝食
9.20	水泳準備
9.30 11.30	水泳練習
12.00 | 14.00	昼食 休けい
14.30 16.30	水泳練習，入浴，休けい
18.00	夕食，自由時
21.30	点呼，就寝
22.00	消燈

7月20日

6.00	起床，洗面，掃除
6.30	朝食，体操
7.30	朝食
8.30	荷物，整理，清掃
10.00	宿舎発
12.30	○○駅到着
13.00	解散

水泳指導の計画例

	A　　　　　　班	B　　　　　　班	C　　　　　　班
7 月 16 日	水泳上の注意 水際遊戯 浮き方 沈み方 ばた足	同　左 バタ足 水中遊戯 クロール，腕の練習	同　左 バタ足 水中遊戯 クロール（手と脚の関係）

7月17日	午前	ばた足 鬼ごっこ 面かぶり 犬かき	とびこみ 鬼遊び クロール（呼吸法）	クロール（沖の船から） 水中遊戯
	午後	クロール（腕の動作） 水中リレー クロール（手と足の関係）	クロール（手足の関係） 水中リレー 平泳（手と足の動作）	平泳（手と足の動作） 水中リレー とびこみ
7月18日	午前	クロール 水中遊戯 平泳（足の動作）	平泳(手足の関係) 水中遊戯	平泳 横泳
	午後	平泳（手の動作） 水中遊戯 平泳(手足の関係)	横泳ぎ クロール練習	横水 潜泳 水中遊戯
7月19日	午前	横泳ぎ 水中遊ぎ	潜　水 水中遊戯 　　後者	横廻り 水中遊戯
	午後	泳力検査 綜合練習 西瓜ワリ	泳力検査 綜合練習 西瓜ワリ	立泳ぎ 綜合練習 西瓜ワリ

（3）　臨海生活指導管理上の留意点

A　生活指導管理上の留意点

①　教師の側の生活指導組織を確立しておくこと。

指　導　組　織　の　一　例

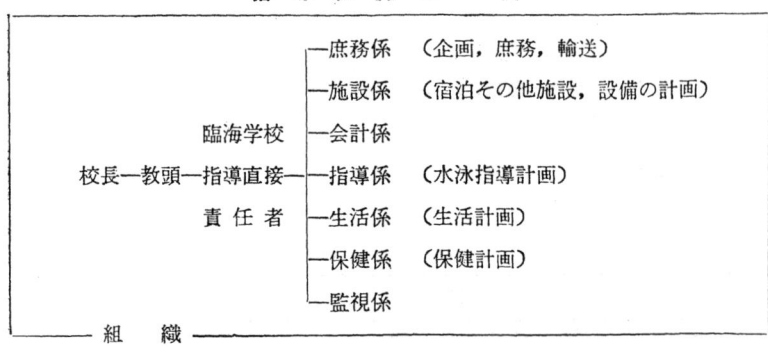

②　生徒の組織活動を促進するように心がけ，生活単位と水泳指導班との関

連を考え，自主的なグループ活動を重視する。

③　生活はすべて規則正しく，計画や日程表に従って行動すること。

④　栄養，睡眠，休養には特に留意し，過労をさけること。日々健康調査表などをつくるのもよい（睡眠，食欲，便通の三つで把握する）。午睡は必ず実行するようにし，消燈時以降の談話禁止は必ず励行すること。

⑤　人員点呼は，水泳練習前後だけでなく，朝（朝礼時）夜（就寝時）必ず行うこと。

⑥　生活プログラムの中に適宜レクリエーション活動をおりこみ，生活に変化とうるおいをもたせること。夜の時間もすべて自由時にしておくことはなく，趣味別グループ活動をおりこむのもよい（例えば天体観測班等）。

⑦　自由時の行動については特に注意し，適宜外出区域をきめておくのもよい。また，外出の場合単独行動はさけさせ，必ず2人以上で外出させるようにし，班長に連絡して外出する。

⑧　身体の異常その他異常の場合はすぐ班長，生活班担任教師と連絡をとること。

Ⅳ　単元の展開とその方法

　水泳の指導は天候，気温，水温等の自然的条件とともに水泳場の広さ，深さ，波浪等の物的条件，更に生徒及び指導者の数と能力等の人的条件等によって著しく影響を受ける。

　従って単元の展開も，それぞれの学校の特殊性に応じて，考えられなければならない。一般的に言って水泳の期間は六月末の梅雨あけの頃から夏休みまでと，休みあけの九月中旬までの正課の時間と，夏休み期間中の課外の指導や，臨海学校のような場合である。

　指導法も夏休み中などの課外の指導の場合は，臨時に指導者を委嘱したり，参加生徒全員を能力別に班に編成して指導できるので，問題は少いが，正課の時間に指導するような場合には種々の困難が生じてくる。

　先ず生徒の能力差が著しいので一斉指導は殆ど不可能であり，同一学年でも少くとも初級，中級，上級の三段階に分けて別々の指導をしなければならない。第二には監視の問題である。水泳では「一に監督，二に指導」と言われる程，監視の問題は重要であり，指導者はこの二つの仕事をしなければならない。第三には水泳指導では個人指導が極めて重要である。殊に初心者の指導においては文字通り手をとり，足をとって指導しなければならないことが多い。

　このような点を考えると，指導陣が充実していて，監視に専念し得る人がおり，各班毎に指導者がつき，生徒の中からも有能な助手が得られることなどが望ましいが，多くの学校ではこれらを急に求めることは困難であろう。一般に正課の時間にできる事と言えば，同じ時間のクラスを合併して，班を編成し，それぞれ担当の教官が指導を分担し，上級生の有能な者に助手をやらせるという程度のことであろう。

　以上のような点を考慮するといろいろの場合に応じた指導の展開が必要となってくるが，ここでは1人の指導者が1クラスを担当して，中級者の指導を中心に，初級並びに上級者の指導を兼ねていく場合の一例を示すことにとどめる。

なお参考のために各班の泳力と指導のねらいをあげてみる。

（1）　初級班（50m泳げない者）

①　水泳の基本動作（沈み方，浮き方，立ち方，呼吸法等）

②　自己保全の動作（深い所を安全に歩く，水底から浮かび上って仰向きに浮く，体位や方向の変換等）

③　犬かき（初歩クロール）平泳ぎ，横泳ぎ等で50m泳げる。

④　簡単な救助法

（2）　中級班（初級班のテストに合格した者）

①　クロールを正しいフォームで50m泳げる。

②　平泳ぎを正しいフォームで100m泳げる。

③　背泳を正しいフォームで50m泳げる。

④　横泳ぎで25mを15あおり（女子は20あおり）以内で泳げる。

⑤　立泳ぎで20秒間泳げ，移動ができる。

⑥　10m潜行ができる。

⑦　3mの高さから立飛びこみ，さか飛びこみができる。

⑧　競泳技術（スタート，ターン等ができる）

⑨　遠泳（約15分間の耐水遠泳）ができる。

⑩　各種の救助法

（3）　上級班（中級班のテストに合格した者）

①　クロール，横泳ぎ，背泳ぎ等が正しいフォームで100m以上泳げる。

②　バタフライ泳法ができる。

③　救助法ができる。

生徒全員が以上のようなねらいを達成するには，かなり多くの時間の指導を必要とする。

ここであげる一例は，15時間の各班の指導内容を示したものであるが，時間的にはかなり無理があり，本当に指導の効果をあげるためには，本案の3倍程度の時間を必要とするであろう。

ここでは計画案の一例と指導の段階を一通り示すという意図から出たものであるから，単なる参考にとどめられたい。

　各学校で指導される場合は，それぞれの学校の特殊性に応じて時間配当や指導内容を適宜変更していただきたい。

第　1　時　限

（1）　単元　テスト

（2）　ねらい　全員の泳力をテストし，初級，中級，上級の3班に分ける。

（3）　準備　参加者名簿，ホイッスル1個，鉛筆，竹竿，浮き袋2個，プールの深い所と浅い所を区切ってコースロープを張る。

（4）　点呼　名簿によって呼名点検をする。（2分）

（5）　テスト実施について次の注意をする。（3分）

　①　他の運動でも同じであるが，水泳に於ても自分の力を知ること，指導者の側からいえば指導する相手の力を知ることが，安全や練習，指導の効果をあげる為に必要である。

　②　テストの結果，自分はもっとうまいつもりなのにと思う者が出るかも知れないが，シーズン初めで調子の出ていないものも多いかも知れないから，後からでも実力のあることがわかれば上級の班に入れる。

　③　スピードをテストするのではないから楽な気持ちで泳ぐ。

　④　全然泳げない者は名を呼ばれた時その旨を告げ，少しでも泳げる者は浅い所で泳いでみる。

　⑤　名前を呼ばれたらプールに静かに入って，プールを横に（12〜15m）クロール，平泳ぎ，横泳ぎの順序で泳ぐ。

　⑥　今から準備運動をした後，少し泳いでみよう。きょうは初めであるから，最初はコースロープからこちらの浅い所で泳ぐ。

（6）　準備運動（5分）

　全身的な比較的軽い体操を実施した後，特に手首，足首を軟かくする運動を加える。この場合強い跳躍運動や走運動をさける。（従手体操，水泳の準備運動の項参照）

（7）　自由練習（3分）

　きょうのテストは，クロール，平泳ぎ，横泳ぎをやるから，今から3分間準

備運動を兼ねて泳ぐ。泳げない人も浅いから一度水に入ってみよう。泳げる人もコースラインから向うの深い方には行かないように注意すること……などの注意を与えて自由に泳がせて監視する。

（8）　テストの実施（25分）

図1のような配置に集合し，最初は1名ずつ上記の3種目をそれぞれプールの巾だけの距離を泳がせる。

指導者は，泳ぎのフォーム，力などをみて結果を次のような評点にあらわす。

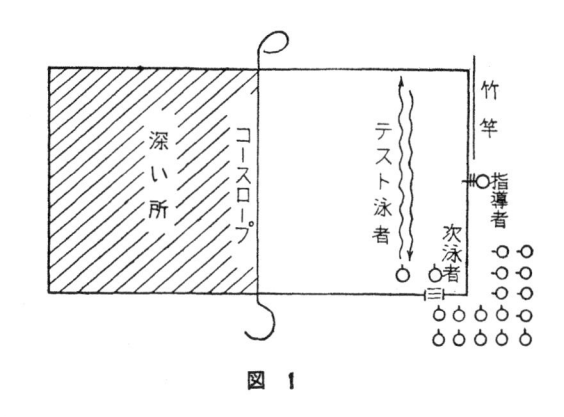

図　1

5点（非常に上手な者）

4点（かなりうまい者）

3点（普通の者，大体泳ぎができている）

2点（下手な者）

1点（殆ど泳げない者）

なお要点だけでなく，それぞれの泳ぎの特に目立った欠陥を記録しておいて指導の参考にするのがよい。

（9）　テストの所感（2分）

全員を集めてテストしてみた結果について例えば次のような批評をする。

①　かなり泳げる人もいるが，全般的に言って，我流の泳ぎの人が多い。おそらく正規の指導を受けていない為だと思われる。これから上手な人ももう一度基本の動作から練習し始めるつもりでやろう。

②　からだの固い人，特に肩や手首，足首の関節の非常に固い人が多い。他の運動でも同じであるが，水泳では体の柔軟性が絶対に必要であるから，補助体操等でうんと体を柔かくするようにしよう。

③　泳ぎのできない人は何かはずかしそうに泳いでいる。下手なのをはぢる

ことはない。泳ぎではもっとのびのびと思い切って動作をしないと上達しない。

(10)　自由練習（3分）

時間があれば全員に自由練習を行わせ，指導者は泳げない生徒を集め水に入れて手をつながせ水の中を歩かせる。

(11)　指導上の注意

①　テストは綿密に行う方がよいが，班別を主としたねらいとするのであるから，大体の見当をつければよい。全員50人として，泳げないものは実施しないし，泳げない種目のテストを行わないにしても25分間で全員をテストするには，かなり手廻わしよく実施しなければならない。次の泳者は前の者が終ると同時に実施できるように待機させておく。

②　テストの結果は秘密にする必要はないから生徒にみせてもよいが，ただ点数で表現されていると問題であるから，何かの記号で示した方がよい。

<h3 style="text-align:center">第　2　時　限</h3>

(1)　単元とねらい

初級班――バタ足，浮き方と立ち方（バタ足の初歩と自己保全の基礎を練習しながら水になれる。）

中級班――クロール（クロールの基本動作の練習）

上級班――クロール及びスタート（正しいフォームと競技々術）

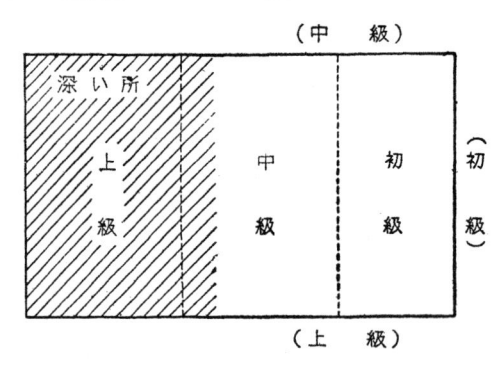

（2）　準備　班別名簿，ホイッスル，メガフォン,救助用具（竹竿，ブイ等),バタ足練習板10枚

（3）　班別（3分）

前回のテストの結果に従って編成した班の所属を発表し，図2のように班毎に集合させ，班長及副班長を発表し，各班の集合場所並に練習場を知らせる。

図2　各班の練習場（及び集合場）

班別について次の注意を与える。

①　班別は指導と安全の立場からきめるので，階級ではない。

②　班長は特に泳ぎの上手な者を選ぶ。教官のいない時は班長の指示に従って練習する。人員の点検も確実にはやく行う。

③　各班毎にきめられた場所で，自由練習のほかは，毎時の練習課目を練習する。

（4）　指導例

A　ウォーミング・アップ（7分）

全身的な体操を実施した後，プールの縁に図3のように腰をかけ，陸上のバタ足の練習を行う。この場合特に①足首の力をぬくこと，②膝を屈げすぎないこと，③蹴りあげる時にだけ力を入れることに注意する。

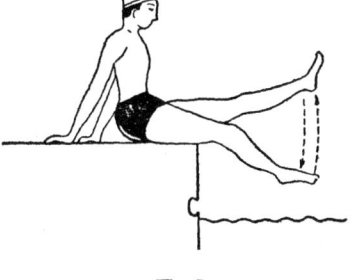

B　バタ足（初級，中級班）（10分）

（a）　全員を集めてバタ足について次の注意を与える。

①　バタ足はクロール，背泳ぎの基礎で

図　3

あり，これがうまくできないとスピードが出ない。

②　やわらかく，しかもきびきびと力強く打つ。丁度竹の鞭を振るようになるのが理想である。膝を屈げすぎない。

③　上下の開きは足先で50m程度。

④　特に足首の力をぬいて，打ちおろす方に力を入れる。

⑤　水面を叩くのでなく，水面から下に水をけりこむ気持ちで行う。大体足をあげた時足首から先が水面に出るくらいがよい。

⑥　壁や板などにつかまって練習する場合は，肩をじゅうぶん沈め，肩や腕に力を入れないで，最初はゆっくり長く続ける。

説明後，水に入って模範を示し，悪い例（肩，腕に力を入れる。足が水面を叩く。足が沈みすぎる例）を示した後，全員に練習させる。

（b）　初級・中級班の者をプールに入れ，上級の者は初級班につけて（でき

れば1人ずつ）個人的に指導させる。指導にあたっては前記のバタ足練習上の
諸注意をよく守らせるほか，次の点に留意して指導する。

　　①　膝のまがる者に対しては，図4のように膝のあたりを軽く保持して動

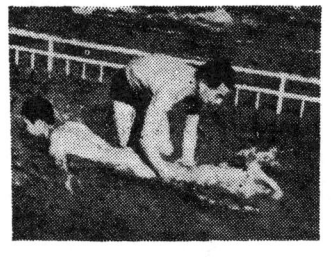

かしてやり，正しいバタ足の感覚を覚えさせ
る。

　　　②　足が沈みすぎる者に対しては，肩の方
をじゅうぶん沈めさせ，次第によっては，一
方の手を水面下40〜50mの所に指先を下にし
てつけて体を支えるようにして行わせる。

　　C　沈み方，浮き方，立ち方（10分）（初級
　　　　班）

図　4

　この間中級班にはバタ足練習板を使って1人100mずつバタ足の練習をさせ
る。

　また上級班は下級班の者についてほう助をする。

　（a）　沈　み　方

　2人ずつ組となり，腰ほどの深さの所に向いあって両手をつなぎ，1人（上
級班の者）は立ち，他の者は軽く水底を蹴った反動で体が沈むのを利用してし
やがみ，全身を水中に没してじっとしている。この場合水中では眼を開き，苦
しくなったら脚を伸ばして立ちあがる。

　（b）　浮き方と立ち方

　じゅうぶん呼吸した後前記と同じような動作
を行うと体は自然に浮いてくる。体がじゅうぶ
ん浮いたら，腰と脚を伸ばして浮き，立つ時に
は膝を屈げて胸の方へ引きつけるようにする。
体がじゅうぶん立ってから脚を伸ばして立つ。

　この動作を数回くりかえしたら，手を放して
やってみる。この場合脚を屈げてひきつけると
同時に両手で水を下に押さえて体の垂直になる
のをたすけ，体がじゅうぶん垂直になった時静

図　5

かに脚を伸ばして立つ。（図5参照）

　次には両手を横に拡げながら，静かに後方に倒れ，顔を上に向け，仰向けの姿勢で浮く。なれるに従って前身を伸ばす。立つ時には前と同じように脚を届げて引きつけ，体がじゅうぶん立つたところで脚を伸ばして立つ。

　更に時間があれば図6のように種々の浮き方を変える練習をする。〔（イ）→（リ）→（イ）〕

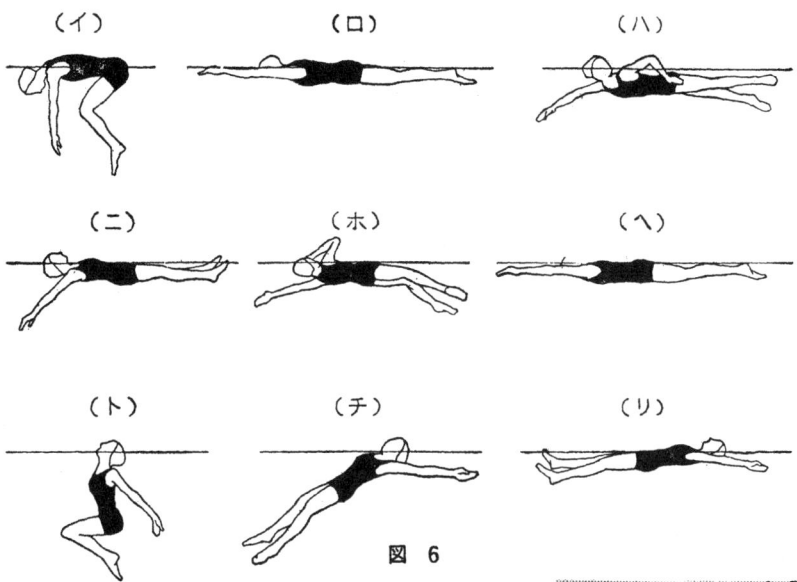

（イ）　　　　　　　（ロ）　　　　　　　（ハ）

（ニ）　　　　　　　（ホ）　　　　　　　（ヘ）

（ト）　　　　　　　（チ）　　　　　　　（リ）

図　6

D　クロールの腕の練習（5分）

　全員をプール・サイドに集め，指導者は腕の動作を説明した後，全員に図7のような方法で練習させる。

　この場合特に次の点に注意する。

　②　体をじゅうぶん倒し，泳いでいる気持で行う。

　②　肩をじゅうぶん大きく廻わす。

　③　腕を肩の前にまっすぐに伸ばす。

　次に全員を腹ぐらいの深さの所に入れ，初級班と

図　7

中級班には陸上と同じような姿勢で練習させ，上級班の者には初級者の動作をなおさせる。次の点に注意する。

①　水に手を突込む時は全部の指を軽く揃え，手首を僅かに屈げて指先から入れる。この場合肩もじゅうぶん伸ばす。

②　水に突込んだら，水を押さえながら肘を僅かに屈げて，まっすぐ体の中心線に平行に肩の下をとおり，股の近くまで一気に水をかく。

③　かき終った腕は力をぬき，図8のように空中を運び，再び水に突込む。

次に呼吸の動作もあわせて行わせる。左右何れかの腕を水面上に抜きあげる時，同じ側の方に頭を廻わし，大きい口を開いて吸気した後，再び頭を戻して下を向き，鼻から呼気する。

次にはこの要領で顔をつけて行う。この場合顔を下向きにするとすぐ呼気をしないで，しばらく息をとめ，再び頭を廻わしながら呼吸して，呼気を終った瞬間新しく呼吸できるようにする。

E　スタート（6分）（上級班）

この間中級班はクロールの自由練習，初級班は2人ずつ組となし，今までの復習をさせる。

生徒の中から上手な者を選ぶか，自ら実施してみせながら説明をする。この場合，特に次の点に留意する。

①　用意の合図で，図9のように両足を確実に台端にかけ，上体が水平になるまで前に倒し，膝をわずかに屈げ，体位を拇趾球のあたりにかけ，眼は飛込む附近（3mぐらい先）をみ

図　8

る。

②　ピストルの音と共に大きく強く腕を振り，体を前に倒しながら，あしで
蹴り，両腕は手先をそろえて前方に伸ばし，全身
を棒のようにしてできるだけ遠くへ飛ぶ。

③　水に飛びこんでもしばらくはこのままの姿
勢で進み，惰性が弱まって来たら，小さいバタ足
を始め，足が水面に出始めたら，左右何れかの腕
で水をかいて浮かび上がって泳ぐ。

つづいて数人ずつスタート台に立たせて，最初
は飛び込むだけの練習をし，どのようなモーショ

図　9

ンでどのような角度で入水するのがよいかを研究させた後，正式の練習を行わ
せる。

F　点呼（3分）

各班ごとに人員を調べた後，諸道具を整理し，解散。

第　3　時　限

（1）　単元とねらい

初級班——犬かきまたは初歩のクロール（大体の形ができ，5mぐらい泳げ
る。）

中級班——クロール（大体正しいフォームで泳げる。）

上級班——クロール（よいフォームとターンの要領）

（2）　準備名簿，ホイッスル，メガフォン，救助用具，バタ足練習板10枚，浮
き袋（5個）

（3）　指導例

A　ウォーミング・アップ（7分）

全身的な準備体操と陸上のバタ足練習並に腕の練習（第2時限と同じ）を行
う。

B　クロール（10分）（全員）

（a）　クロールのフォームにおいて特に注意すべき次の点を説明する。

①　クロールの姿勢は，体をまっすぐに伸ばして水面に伏した姿勢がよい。髪の生え際が丁度水面になるくらいになる。胸を極端に張ったり，腰を無理に反らせる必要はない。

②　腕の運動に伴って体がローリング（左右に廻転する）しすぎてはいけない。

③　腕を水に突込む時，肘が一番先に水に入るようではいけない。必ず手先から入れる。

④　両腕の関係は，図10のように一方の手先が水に入る瞬間，他の腕は垂直よりやや前にある程度がよい。腕が肩の前で重なるようになったり，両腕が別々に水をかくようになってはいけない。

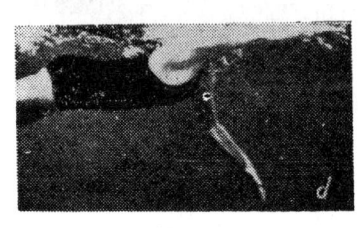

図　10

⑤　腕と脚の関係は，左右の腕で1回かく間に足は6回打つのがふつうである。

⑥　練習にあたっては，最初は速く泳ぐよりも，ゆっくりとのびのびしたフォームで長く続けて，よく考えながら泳ぐことが大切である。

以上のような点を指導者は陸上で動作をして説明しながら，生徒にも同じ動作を行わせた後，上級班の者を1名ずつ25mぐらいに泳がせて，初級班・中級班の者にみせ，批評をさせる。

（b）　犬かき（10分）（初級班）

この間中級班の者は自由練習とし，互いにフォームを矯正しあう。

上級班の者は初級班の者についてほう助をする。

初級班は次の順序で練習する。

①　顔をつけてバタ足で進む。

両手を揃えて腕を伸ばし，首まで水につかり，体を前に倒しながら水底を蹴って水面に伏して浮いた後，バタ足で進む。

②　水中に首までしゃがんで犬かきの腕の練習をする。

両手を胸の前から交互に，掌を下にして指先の方から水面下を水平に前方にをき出し，腕が伸び切ったら手で水を下に押さえながら肘を屈げてひきつけ元

の位置に戻す。

　③　顔をつけて犬かきを行う。①と同じようにバタ足で進みながら，腕の動作を加えて行う。

　④　犬かき

顔をあげて泳ぐ。

C　クロールのターン（10分）（中級・上級班）

　この間初級班は2人ずつ組をつくって，犬かき及びクロールの自習をする。中級・上級班は次の順序で練習する。

　（a）　陸上でターンの要領を説明して，次のような要点を理解させる。

　①　最初は速くやろうとしないで確実に行う。

　②　5〜6m前で水中で見るか，呼吸の時に顔をあげて壁の方を見て左右何れでつくか見当をつける。（これはなれるとむずかしくない。）

　③　右（左）腕が壁につくと同時に右（左）腕で体を壁の方にいくぶん水面上に引き上げるようにして引き寄せるとともに，両脚をちぢめて胸の方にひきつける。体がじゅうぶん壁に近づいたら右（左）腕を放し，左（右）の体側を下にして体を壁と直角の方向に倒して体をじゅうぶん沈め，両足を水面下40cm前後の壁につけ，両手を揃えて前方に伸ばしながら，水平に蹴り出す。

　④　蹴り出した後の動作はスタートの場合と同様であるが，浮き出すのは壁から4〜5mの所である。

　（b）　説明後指導者自らやるか，生徒の中の上手なものに，上記の動作を部分的に実施させながら説明し，よくおこりがちな欠陥等についてもやってみせた後，綜合的な動作をしてみせる。

　（c）　プールの両サイドを利用して次のような順序で実施させる。

　①　体をひき上げながら壁にひきつける動作

　②　体を廻わす動作

　この場合，壁につかまっていない腕は，水をかいている途中であるが，これを反対側に向け壁の方へ水を押し，体の廻転を助けるとともに体を壁と直角の方向に廻わしながら倒す。

　③　体を沈めて蹴り出す動作

壁につかまっていた手を放すと幾分水面上に引き上げられていた体が沈むから，この瞬間を利用して，全身を沈め，壁に足をつけ，水平に蹴り出す。

④　以上の部分的動作を練習した後綜合的に練習する。この場合一般に次のような点に注意する。

（i）　体（尻）をじゅうぶん壁に引きつけてから廻わる。あわてて廻わると壁が蹴れない。

（ii）　体が完全に廻わって壁と直角になってから壁を蹴ること。あわてると壁に対し斜めの方向に蹴り出す。

（iii）　体をじゅうぶん沈めてから蹴り出す。あわてて体を沈めないで蹴ると，蹴った力が無駄となる。

（4）　点呼と諸注意（3分）

班ごとに人員点検をした後，本時限の全般についての感想や注意を与え，諸用具を整理し，解散。

第　4　時　限

（1）　単元とねらい

初級班——平泳ぎ（基本動作が確実にできる。）

中級班——平泳ぎ（正しいフォームで泳げる。）

上級班——平泳ぎ（競泳用の平泳ぎ）

（2）　準備　名簿，ホイッスル，メガフォン，救助用具，バタ足練習板10枚，浮き袋（5個）

（3）　指導例

A　ウォーミング・アップ（5分）

全身的な準備体操を行う。

B　平泳ぎ（初級・中級班）（19分）

この間上級班は班長，副班長の指示に従って互いにフォームをなおす。特に次の点に注意させる。

①　左右相称になる。

②　吸気の時以外は顔を水につけること。

③　両腕は肘を屈げて深くかいて進行をたすける。

④　姿勢をできるだけ水平に近くする。

⑤　1回ごとに脚を強く蹴りスピードを出す。

初級・中級班は次の順序に従って練習する。

（a）　かえるあしの動作（14分）

イ　陸上の練習

プールサイドや芝生の上で，指導者は図11のような姿勢で説明しながら，足の動きを理解させる。この場合特に次の点に注意する。

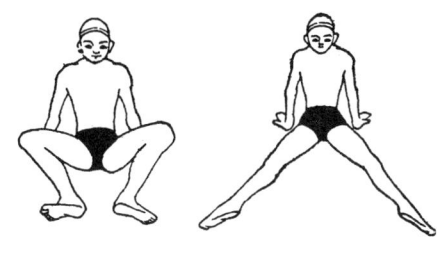

図　11

①　水中では全然見えないから，陸上で脚の動きをよく見ながら練習し，正しい動作をよく理解させ，習慣づけておく。

②　脚を屈げる時には，力をぬき，足首を自然に伸ばす。

③　両足は脚を屈げて引きつけるにつれて自然に少しずつ離れる。

④　股が胴体と直角になる迄屈げたら，足首を屈げ，足の裏を斜め前に向け，両股をできるだけ大きく開くようにして伸ばす。

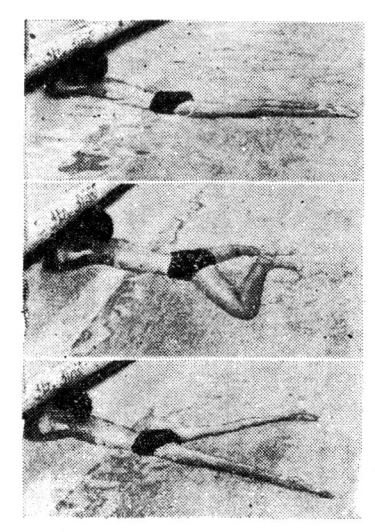

図　12

⑤　伸ばしきった脚は，足首を伸ばし，両足の裏を向いあわせるようにして閉ぢる。

ロ　水中の練習

プールの壁につかまって図12のような姿勢となり説明しながらやってみせる。この場合次の点に注意する。

①　腰を常に伸ばし，脚の屈伸につれて上下動をしないようにする。

②　脚を屈げきった時，股は水面に対して大体45度ぐらいの角度をなし，足の裏が

水面を向いているのがよい。

　③　足の裏でじゅうぶん水を蹴り，脚が伸びたら両脚で水をはさみながら閉

ぢる。

　④　伸ばした脚はしばらくそのまま休

む。

　説明後，生徒を水に入れて練習させる。

この場合うまくできない者に対しては図13

のように，ほう助者は後に立ち，自分の拇

指が泳者の足の裏に当るように両側から保

図　13

持して動かしてやりながら，だんだん正しい動きを覚えさせる。

　この動作ができるようになった者には，両腕を揃えて前方に伸ばして水面に

伏した姿勢で脚の動作だけで進む練習をさせる。

（b）　腕の動作（5分）

　生徒をプール・サイドに集め，指導者は浅い所に入って図14のような姿勢で

図　14

動作をやりながら説明した後，生徒を水の中に入れ，同じような動作の練習を

させる。この場合次の点に注意する。

　①　腕を屈げた時は上膊部が軽く体側にふれ，両手は掌を下に向け，よくそ

ろえて，手首が胸にふれる程度にする。

　②　前に伸ばす時は，水面下10cmぐらいの所を指先から先に水平に伸ばす。

この際掌で水を押してはいけない。

　③　伸ばした腕はしばらくそのままの姿勢を保った後，掌で水を押さえなが

ら横に開く。

④　両腕が体と直角をなす少し前の位置から肘を屈げ，掌で水を押えながら最初の位置に戻す。

大体の要領がわかったら，水中をしゃがんで歩きながら同じ動作を行わせる。

（ｃ）　綜合練習（13分）（初級・中級班）

イ　陸上の練習（3分）

全員をプール・サイドに集め，手足の関係を理解させる。直立した姿勢で上体をやや前に倒し，膝をなかば屈げたり，伸ばしたりしながら，腕の動作を行い，手足の関係を説明する。特に次の点に注意する。

①　腕を伸ばし始めるのと脚を蹴り始める動作は同じである。

②　伸ばした腕はすぐ開かないでしばらく止める。

③　腕を開いて，肩の横に来た頃，始めて脚を屈げる動作を始める。

以上の動作を説明した後，生徒に同じ姿勢をとらせてやらせてみる。この場合次のように呼称をつけて，泳ぎのリズムを覚えさせるのがよい。

用意……膝を屈げ，両手を胸にとる。

イチ……腕と脚を伸ばす。

ニーイ……腕を横に開く。ニーイの終りに脚を屈げる。

この場合「イチ」と「ニーイ」の間にはそれぞれ1〜5秒ぐらいの間をおく。

ロ　水中の練習（初級班）（10分）

この場合，中級班は自習，上級班の者は，初級班の者につけて，個人的に指導させる。

初級班の者は次のような練習をする。

①　上級班の者に図15のように保持して貰って，手足の動作を練習する。

図　15

②　水面に伏し，顔をつけたままで，手足の動作を練習し，次第に顔とあげるようにする。

（4）　点呼と話しあい（3分）

人員点検をなしきょうの学習について話しあい，用具を整理して解散する。

第　5　時　限

（1）　単元とねらい

初級班——平泳ぎ（10mぐらい泳げるようになる。）

中級班——平泳ぎ（競泳用の平泳ぎ及びスタート・ターンができる。）

上級班——平泳ぎ（スタート・ターン）

（2）　準備　名簿，ホイッスル，メガフォン，救助用具，バタ足練習板，浮き袋

（3）　指導例

A　ウォーミング・アップ（5分）

　全身的な準備運動をやった後で，図16のような姿勢で足をじゅうぶん後退させてつま先きで立った後，体を揺って足の裏が地面につくようにし，腓腸筋を伸ばす。

B　平泳ぎ

図　16

（a）　一般的な注意と見学（5分）

全員をプール・サイドに集め，平泳ぎで一般に陥りがちな次の欠陥について説明する。

①　腰の上下動——これは脚を屈げる時に無理に力を入れる習慣や，今準備運動でやった腓腸筋がちぢんでいてじゅうぶん伸びないためにおこるが，練習にあたっては常に腰を伸ばして安定させることが必要である。腰が上下動するとせっかく脚の動作をしても，この上下動のために推進力が消されてしまう。

②　腕を前に伸ばすと直ちにかき始める人がかなり多い。これは脚の蹴りが弱いのをカバーして，体が沈むのをたすけようとするのであるが，一つは習慣である。腕を早く開くことは水の抵抗の大きい姿勢をして，せっかく生じた脚による推進力を殺すことになる。

③　頭をできるだけ低く保つことが大切である。吸気の際（手足をじゅうぶんかいて体がよく浮いた瞬間）口が水面上に出ればよいのである。また頭を挙

げると自ら体が立ち進行の妨害となる。

　以上のような注意を与えた後，上級班の者に泳がせて（25m）泳ぎの批評を
しながら見学させる。

（b）　ターンとスタート（12分間）（中級・上級班）

　イ　ターン

既に上級班は第2時限に於てスタートの要領を練習しているのでターンを先
に練習することにする。

　指導者は生徒をプール・サイドに集めて上から見せ，自ら水の中に入って実
施しながら要領を説明する。特に次の点をよく理解させる。

　①　壁が近づくにつれて泳ぎの調子を考え，ちょうど腕が伸び切ったところ
で壁につかまれるようにする。

　②　壁につかませると同時に，体を水面の方向に引き上げ気味に壁に引き寄
せると同時に脚を屈げ，膝を胸の方へひきつける。膝が壁に近づいた瞬間両腕
で壁を右（左）の方へ突き放し，頭を左（右）の方へ振りながら体を壁と反対
の方向に向ける。

　③　手を放した反動で体が沈むのを利用して，壁を背にした姿勢で水面に沈
みながら，両掌をそろえて水を水面の方に押しあげて，上体が壁と直面になる
のをたすけ，両足を水面下 40cm 前後の壁につけた後，両腕を揃えて前方に伸
ばして蹴り出す。

　④　蹴った推進力を有効に利用して進んだ後，この推進力が弱まって来た
ら，両脚を屈げて図17のように蹴った後，これにつづいて両腕を長く股までか
いて図18のように顔を出して呼吸し泳ぎつづける。

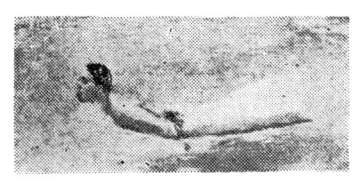

図　17　　　　　　　　　図18

説明を終った後次の順序で生徒に練習させる。

　①　水底を蹴った反動で体の沈むのを利用して上体を沈め，蹴り出してから

浮き上がるまでの動作の練習。

　②　タッチから体を廻わすまでの動作。

　③　綜合的な練習。

練習に際しては次の点に注意する。

　①　体を廻わす時は調子をつけてとび上がるようにしながら廻わる。

　②　体をじゅぶん沈めてから蹴り出す。

　ロ　スタート

上級班は飛びこむ迄の動作は既に練習しているので，飛びこみから浮かび上がる迄の要領を説明する。特に次の点を理解 さ せ た 後上級班には自習をさせよ。

　①　飛びこむ時は両脚をよくそろえ，バタ足のような動作をしない。

　②　飛びこんでしばらくは，両腕を前方にそろえて伸ばしたまま進み，推進力が弱くなってきたら，ターンの場合と同じ要領で浮きあがる。

中級班には，第2時限の上級班のクロールのスタートと同じ要領で水に飛びこむまでの動作を説明して練習させる。

最後は，中級・上級班を一しょにして練習させる。

（c）　平泳ぎ（15分）（初級班）

この間中級班は班長の指示に従って，プールの一側を縦につかい，スタート，ターンの練習を行いながら各人100mずつ泳ぐ。

上級班は初級班につき，平泳ぎのほう助をする。

初級班は次のように練習する。

　①　指導者は1人ずつ平泳ぎをさせてみて，特に悪い点を本人及びほう助の者に示し，練習法を教えて，練習をさせる。

　②　全員終ったら，全体を見廻わりながら，個人的に指導する。

　③　よく泳げる者に対しては，プールを縦に，中級班と反対側を利用して何米ぐらい泳げるか泳がしてみる。この場合は必ず上級班の者2名ぐらいに竹竿や浮き袋などをもってつき添いをさせる。

（4）　点呼と話しあい（3分）

人員の点検を終った後，本日の練習について気づいたことを話しあい，用具

を整理して解散する。

第　6　時　限

（1）　単元とねらい

初級班——横泳ぎの基本（あおりあし）

中級班——バタフライ泳法及び横泳ぎの基本（バタフライの腕及び脚の動作，あおりあしの動作）

上級班——バタフライ泳法（ドルフィン・バタフライ泳法が大体できる。）

（2）　準備　名簿，ホィッスル，メガフォン，救助用具，バタ足練習板

（3）　指導例

A　ウォーミング・アップ（5分）

全身的な準備運動をやった後で，図19のように2人で組になりい股の筋肉を伸ばす練習をする。

B　バタフライ（20分）（中級及び上級班）

この間，初級班は2人ずつ組をつくり，平泳ぎの自習をする。

脚の動作には，かえる足とド

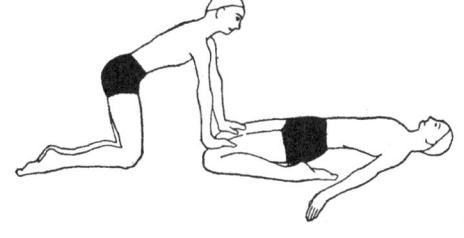

図　19

ルフィンとがあるが，一般にドルフィンが多くなったのでドルフィンの練習をすることにする。

（a）　脚の動作

プールのスタート台側に生徒を集め，脚の動作を説明する。脚の動きはクロールの脚の動きと殆ど同じで，これを同時にやればよい。特に次の点に注意する。

①　両足首の力をぬいて両足先を内側の方へ屈げて足首を伸ばし，両足先を僅かに開いてクロールのバタ足のように同時に足の甲で後下方に水を蹴る。

②　この場合単に膝から先で蹴るのではなくて，腰を中心にして脚全体で蹴るような気持ちで動かせる。2回連続して蹴り，最初はやや小さくする気味

に，少し休んで2回目は大きく蹴るつもりで行う。

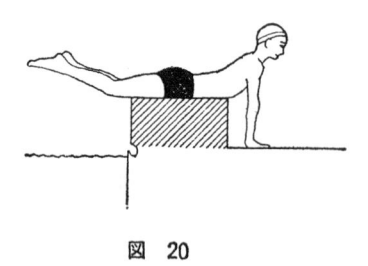

図　20

　指導者は図20と反対に生徒の方に足を向けて動作をしながら説明し，よく理解させた後，生徒に図20と同じような姿勢をとらせて練習をさせる。この場合，スタート台にはタオルなどを敷くのがよい。

　最初各自に動きを研究させて個人的に指導した後，何人ずつか指導者の合図（笛）等に応じて一せいに行わせる。

　次には水の中に入り，両腕を揃えて前方に伸ばし，顔をつけて水面に伏せた姿勢で脚の動作を行う。この場合腰は若干上下するが，上体がなるべく上下動しないようにする。

　指導者は自ら模範を示すか，誰か上手な生徒に動作をやらせて見せた後，水に入って練習させる。

　（b）　腕の動作

　生徒をプール・サイドに集め，指導者は水の中に入って図21のような姿勢で，写真に示されたような腕の動作を説明しながらやってみせる。この場合次の点に注意する。

図　21

①　両腕を体の前で水に入れる時は，完全に力をぬき，頭も一しょにたたき
こむようにする。普通の平泳ぎの場合のように，両手をくっつけないで10〜20
cm 前後開く。

②　水をかく時は体側にそって，わずかに肘を屈げて一気に後方 に か き ぬ
く。

③　かき終った腕は完全に力をぬいて，水面近くを前方に運ぶ。この場合上
体が立ったり，上体が水面上に飛び上がらないようにできるだけ低い姿勢を保
つ。

説明後生徒を水に入れて練習させる。うまく行かない者は，プール・サイド
につかまらせ，クロールのバタ足練習の場合のように，膝の附近を保持して動
かしてやり，次第に正しい動作を覚えさせる。

（c）　綜合練習

生徒をプール・サイドに集め，指導者は床上に伏臥して手足の関係を説明す
る。特に次の点をよく理解させる。

①　両腕を前方で水に突込む動作と小さい方のキックとは同時である。

②　しばらく両腕を前方に伸ばした姿勢で休んだ後，両腕を体側にそって動
かし，水中をかきぬくまねをすると同時に，２回目の大きいキックを行う。

③　腕を前方に運こび，水に入れる直前に脚を屈げて第１回のキックに入る
準備をする。（図22参照）

説明後生徒を水に入れて練習させる。この場合最初の間は顔をつけて行い，
なれるに従って顔をあげて行う。綜合練習では特に次の点に注意する。

①　のびのびと大きく泳ぐ練習をする。

②　呼吸は脚を前方に運こぶ時に，水面上に口を出して行ってもよいが，こ
の時頭の位置が高くなりがちであるから，クロールのように顔を横に向け，頭
をできるだけ低くするのがよい。

③　一般に腕を突込む時，頭が起きがちであるから，腕と同時に頭も意識的
に水に突込むようにする。

C　あおりあしの動作（12分）（初級・中級班）

この間，上級班は自由練習をする。

図　22

図　24

あおりあしは横泳ぎの基本として重要であるだけでなく，一気に強いスピードが得られるので不意にスタートしたり，方向変換などをする時に有効であり，水球や救助法によく使われる重要な動作である。

（a）　陸上の練習

全員をプール・サイドもしくは芝生の上に集め，あおりのあしの動きをやってみせながら説明する。図23のよう

図　23

な姿勢をとり，次のような順序で説明をする。

①　脚を伸ばしてそろえる。この場合上側の足の裏と下側の足の甲とを重ねる。

②　脚の力を抜いて体の方にひきつける。この場合最初は両脚をそろえて屈げ，足首を伸ばし，脚を胴体の方に引きつけながら屈げる。膝が直角ぐらいに屈がったあたりから，上側の脚は前に，下側の脚を後に開きながら図24のような形になる。

③ 次に前の脚の足首を屈げて，足の裏で水を蹴りながら斜後方（体と45度ぐらいの方向）に，後の脚は足首を伸ばしたまま，足の甲で水を蹴りつつ伸ばし，両脚が伸びきったら，前の足首も伸ばして前後から水を挟さむようにして閉ぢ，最初の姿勢に戻る。

以上の動作をやってみせた後，最初は前記の順序に区切って行わせた後，全体的に行わせる。この場合次の点に注意する。

① タオル等を利用してからだが痛くないようにして練習させる。

② 脚を開く時，一般に前には開きやすいが後脚は開きにくいから，前の開きをやや小さく，後をじゅうぶん開くような気持で練習する。開いた時は図25のようになる。

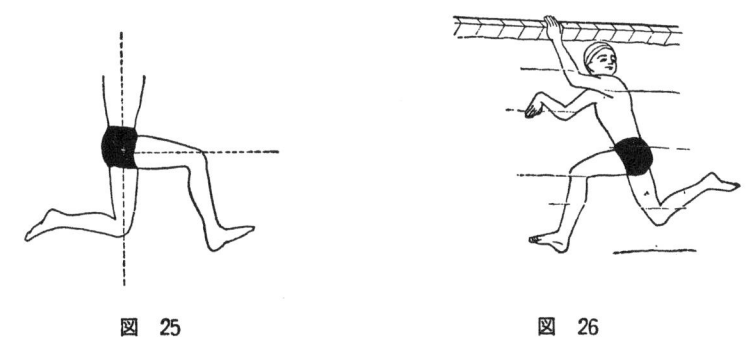

図 25　　　　　　　　図 26

（b） 水中の練習

全員をプール・サイドに集め，指導者は水に入って図26の ような姿勢をとり，動作をやりながら説明する。

この場合特に次の点に注意する。

① 肩の方を沈め，足先の方を浮かせて自分でよく見ながら練習する。

② 水をじゅうぶん蹴る。

③ 脚を伸ばした時，胴体と脚が一直線になる。

D リレー（5分）（中級・上級班）

初級班は見学

中級・上級班別々に，1人25mの平泳ぎのリレーを行う（バタフライを行ってもよい）。最初引継ぎについて説明した後，各班を同数の組に分け（端数の

出た場合は誰かに2度泳がせる)，各組をプールの両端に分けて行う。引継ぎの場合，次泳者は前泳者が壁の前3mぐらい近づいたら，前泳者の進行とよく調子をあわせて大きくゆっくりスタートのモーションをおこし，タッチの直後に足が離れるように飛こむ。

　(4)　点検及び話しあい（3分）

　人員点検終了後，本日の練習について話しあう。特にリレーにおける泳法，スタート，ターン引継ぎ等の競技技術について目についた点を指導者からも述べる。その後用具を整理して解散する。

第　7　時　限

　(1)　単元とねらい

　初級班——横泳ぎ（基本練習及び綜合練習をやってみる。）

　中級班——横泳ぎ（正しい横泳ぎのフォームができる。）

　上級班——横泳ぎ二段（二重伸^{のし}）（正しいフォーム）

　(2)　準備　名簿，ホイッスル，メガフォン，救助用具，バタ足練習板

　(3)　指導例

A　ウォーミング・アップ（5分）

　全身的な準備運動

B　あおり足（5分）（全員）

　全員プールの壁につかまり，次の点に注意しながら練習する。

　①　屈げる時力を入れない。

　②　後の脚をできるだけ大きく開く。

　③　脚を屈げた時止めないですぐ蹴りの動作に移る。

C　横泳ぎの腕の動作（5分）（初級・中級班）

　この間上級班はバタフライ泳法の復習とする。

　生徒をプール・サイドに集め，指導者は水に入って，膝を屈げて一方の体側を下にして体を横に沈めた姿勢で腕の動作をやりながら説明する。(図27参照)

　①　両肘を屈げて軽く体側につけ，両手は胸の前に指をそろえて向いあわせるようにする。

②　上側の腕はその位置から肘を伸ばし，掌で水をかき腹にそって後方に伸ばす。これと同時に右腕は掌を下に向けながら，耳の下を通すように水面下10cm前後の深さを指先から前方に伸ばす。

③　伸ばした両腕はしばらく止めた後，上側の腕は体にそって指先から先に戻すような気持ちで胸の位置に戻し，下側の腕は掌で水を下に押さえながら，肘を屈げて体の下を通って胸の位置に戻す。上の腕は下側の腕が中ば水をかいた頃元の位置に戻し始める。

説明を終ったら全員を水に入れて練習させる。なれるに従って上体を倒した姿勢のまま歩きながら練習させる。

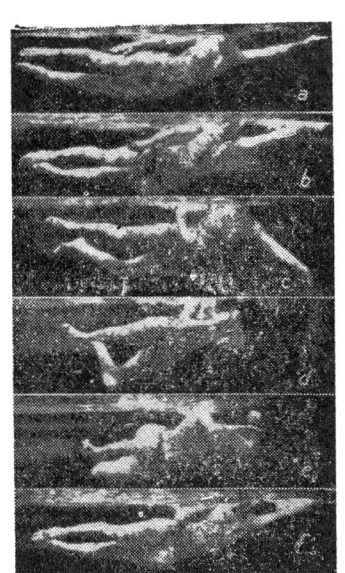

図　27

D　綜合練習（12分）（初級・中級班）

この間上級班は初級班についてほう助の役を演ずる。

イ　陸上の練習

全員をプールサイドに集め，指導者は直立の姿勢で一方の脚（横泳ぎの時上側になる脚）の膝を屈げて前に挙げたり，降ろしたりしながら腕の動作を加えて腕と脚との関係を説明する。この関係は大体平泳ぎの場合と同じで，同じような練習をするが，特に次の点に注意する。

①　脚と腕を屈げた姿勢から，脚を蹴るのと両腕を伸ばし始めるのは同時である。

②　腕は伸ばしたら暫くの間はそのままの姿勢を保つ。

③　しばらくしたら上方に伸ばした腕をおろし始め，この手が肩の高さまで近づいた頃下に伸ばした脚と腕を屈げて元の位置に戻し始める。

大体要領がわかったら，平泳ぎの場合と同じように指導者の合図（イーチ・ニーイ）に応じて行わせリズムを覚えさせる。この動作は更に正しいフォームで泳いている者の動作を見せながら，陸上でこれに合わせて練習させると効果

的である。

　ロ　水中の練習

最初指導者は水に入って次のような練習段階をみせた後，生徒に練習させる。

　①　顔を水につけ，水面に中ば伏したような姿勢で手足の動作を練習する。

　②　なれるに従って顔を上に廻わし，水面上に顔を出して練習する。

　③　正しい姿勢（正しく一方の体側を下にし，顔を真上に向けて顎を僅かにしめた姿勢）で行う。

なお初級班の者に対しては，図28のようなほう助を加え，だんだんと自力で泳げるようにするのがよい。

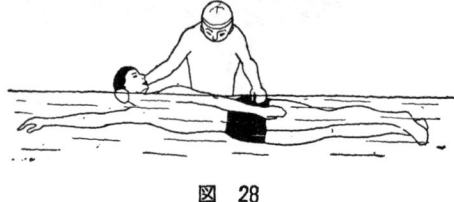

図　28

　E　横泳ぎ二段（二重伸）（10分）（上級班）

　この間初級・中級班は自由練習をする。

上級班は次の順序に従って練習する。

　イ　陸上の練習

横泳ぎの陸上練習の場合と同じように，直立の姿勢で一方の膝を屈げて上下しながら練習する。指導者は1節ずつ動作をやってみせ生徒に模倣させる。

　①　膝を挙げ両手を胸の前にとった姿勢から膝をおろすと同時に，これと同じ側の腕をおろし，反対側の腕を伸ばす。

　②　上方に伸ばした腕をそのままにし，反対側の膝と腕を屈げて最初の位置に戻す。

　③　続いて再び①と同じ動作をくりかえす。

　④　③の動作が終ると同時に右腕は体側から下におろす。

なれるに従って以上の動作を指導者の合図に応じて行い，泳ぎのリズムを覚えさせる。

　イチ……①の動作

　ニイ……②と③の動作を連続して行う。

　サン……④の動作，この後でしばらく休む。

□　水中の練習

指導者は水中で泳いで見せ，生徒はプール・サイドから見学した後水に入って練習する。この場合特に次の点に注意する。

①　2回連続して行うあおりあしのうち，最初の1回はやや小さく，2回目を大きくするような気持で行う。

②　最初にかいた上側の手は股につけると，2回目の脚の動作の妨害となるから，股の近くに流しておく。

③　最後の動作で手で水を強くおさえると，体が浮きあがりその反動で再び沈むというように，上下動が著じしくなるから，肘を屈げながら水をかくだけに力を用いるようにする。上下動の大きい人はあおりの力が弱いためであることも多い。

④　最後には両腕を体側（上側の手は内股）につけた姿勢で進む（伸びをとる）。

（4）　点検と話しあい（3分）

人員点検をした後，本日の練習について話しあう。時間があれば日本泳法について次のような点を話す。

①　日本泳法は武術として徳川時代に非常に発達したが，武術としての意義がなくなってから体育やレクリエーションとして活用されるようになった。

②　型や形式を重んずるが，わたしたちはあまり細かい点に気を使う必要はない。

③　スピードを競うよりも，美しさ・余裕・安定・余いん（伸のように動作が完了した後の進み方）等を重んずる。

④　日本式泳法は年をとってからでもできるのでレクリエーションとして極めてよい。

最後に用具を整理をして解散する。

第　8　時　限

（1）　単元とねらい

初級班——横泳ぎ（大体正しいフォームで 10m 以上泳げる。）・背泳ぎの基

本（脚の動作）

　中級班——横泳ぎ（正しいフォームで泳ぎる。）・背泳ぎの基本（脚の動作）

　上級班——泳ぎ（ふみあし立泳ぎ）及ぶ背泳ぎのスタート・ターン（大体の動作ができる）

　（2）　準備　名簿，ホイッスル，メガフォン，救助用具，バタ足練習板，浮き袋

　（3）　指導例

A　ウォーミング・アップ（5分）

　全身的な準備運動を行う。

B　立泳ぎ（10分）（中級・上級班）

　この間初級班は横泳ぎの復習をする。

　中級・上級班は次の順序で練習をする。

　（a）　陸上の練習

　立泳ぎは泳ぎながら手で作業をする時，物を水にぬらさないで運こぶ時，溺れた人を救助する時，水球をする時などに用いられる。あしだけで泳ぐが，このあしの動作には，おりあしを用いるもの，ふみあしを用いるもの，まきあしを用いるものなどがあるが，きょうはふみあしを用い立泳ぎを練習してみよう。

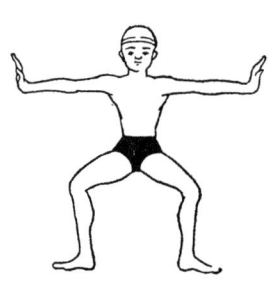

　　　　　　　基本姿勢は図29のように正しく椅子に腰をかけたような姿勢で両股を直角ぐらいに開く。

　　　　　　　指導者はこの姿勢をとつてみせ，生徒に同じような姿勢をとらせる。この場合次の点に注意する

　　　　　①　上体を真すぐにする。

　　　　　②　両股を直角ぐらいに開く。

　　　　　③　胴体と股も直角ぐらいになる。

図　29　　　　　　イ　脚の動作

　基本姿勢であしふみのような動作を行うのであるが，陸上では困難なので片脚ずつ別々に行って動きについて理解させる。

　指導者は動作を行いながら，次の点をよく指導する。

　①　基本の姿勢からでは行えないので，直立のまま，片脚だけを屈げて前に

あげた姿勢から，足首を直角にし，足の裏で水を蹴るつもりで，斜外後方に蹴りおろす。

　②　脚が伸び切ったら，力をぬき，足首も自然に伸ばしながら，膝から引きあげるような気持で元の位置に戻す。

　（b）　水中の練習

　生徒をプール・サイドに集め，指導者は水の中に入って次のような順序で動作をしながら説明する。

　①　プールの壁につかまって正しい姿勢をとった後，ふみあしを行って水の蹴り方を覚える。

　②　両腕を水の中につけたままでふみあしを行う。

　③　両手先を水面上に出して行う。

　④　移動する場合には，移動しようと思う方へ体を倒せばよい。普通図30のような姿勢で行う。

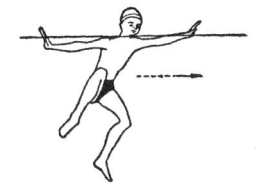

　説明を終ったら生徒を水に入れて練習させる。

図　30

C　横泳ぎ（15分）（初級・中級班）

　この間上級班の者は初級班につけ，個人的に横泳ぎのほう助をさせる。最初中級班に対し指導者は個人的に泳法をみて矯正し，正しいフォームで泳げる者に対しては，25mが何回で泳げるかを試みさせる。

　次に初級者のうち泳ぎのできない者について個人的に指導する。

図　31

D　背泳ぎの脚の動作（7分）（全員）

　次の順序で指導する。

　（a）　陸上の練習

　全員プール・サイドの端に腰かけ，クロールのバタ足の練習と同じ動作を復習する。

　（b）　次に指導者は水中において，図31のような姿勢で脚の動作をやってみせ，次のような注意を与える。

①　腰をじゅうぶん伸ばすこと。

②　頭を水面高くあげないこと。

③　水を蹴り上げる時にだけ力を入れること。クロールをうら返したような動作をする。

　説明を終った後全員に練習をさせる。この場合最初は両腕を体側におき，掌を下に向けて水を押さえながら小さく動かして浮きをとって泳ぐ。なれるに従って両腕を前方に伸ばして行う。この場合は手先を水面上に出すようにする。

（4）　点検と話しあい（3分）

　人員点検の後次のような点を話しあう。

①　25mを何回で行けるか。横泳ぎでは25mを15〜20あおりで行けるくらいになればよい。

②　背泳ぎは簡単なようで仲々むずかしい泳ぎである。この泳ぎでも脚が基本である。泳げない人はまずこの脚の動作だけでもできるように練習しよう。

　話しあいの後，用具を整理し解散する。

第　9　時　限

（1）　単元とねらい

初級班——背泳ぎ（腕の動作と初歩の背泳ぎ）

中級班——背泳ぎ（正しいフォーム）

上級班——背泳ぎ（正しいフォーム，スタート，ターン）

（2）　準備　名簿，ホイッスル，メガフォン，救助用具，バタ足練習板，浮き袋

（3）　指導例

A　ウォーミング・アップ（5分）

　全身的な準備体操を行う。最後にプール・サイドに腰をかけて，背泳ぎの脚の動作の陸上練習を加える。

B　背泳ぎの腕の動作（5分）

（a）　陸上の練習

　指導者はプール・サイドに仰向きに寝て，腕の動作をやりながら説明し，次

の点を理解させる。

　①　肩をよく伸ばし，手首を僅かに屈げ，指をかるくそろえて肩の斜前方に掌をやや下向きにして水に入れる。

　②　水に入れた腕は掌を水面に直角に向けながら肘を僅かに屈げ，掌が水面下20cm前後のところを通過するように，まっすぐに股の下の近くまで水をかく。（図32参照）

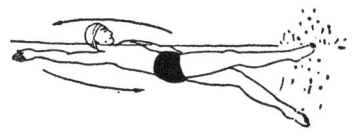

　③　かき終った腕は力をぬいて掌を下に向けながら，水面上にぬきあげた後，前に運んで再び水に入れる。

図　32

　④　以上のような動作を交互に行うが，左右の腕の関係は，かく方の腕と水面上を運ぶ腕は同時に体と直角をなすくらいの位置で交叉するようになる。

　　　説明後，生徒を同じような姿勢に寝かせ，よく自分の腕を見ながら練習をさせる。この場合に腕を水に入れる位置は，顔を正しく横に向けたままで前を見た時見える範囲においてできるだけ前方に入れさせる。（図33参照）

　（b）　水中の練習

　プールに特別に浅い所があれば利用できるが，そうで

図　33　　　　　　　　　　　図　34

なければ，図34のようにオーバーフローに両足先をつっこんで仰向けに浮くか，図35のように友人に持ってもらって練習するのがよい。また浮き袋を利用して脚の方を浮かせて仰向けに浮いて練習するのもよい。

図　35　　　　　　指導者は以上の練習法を実際に

やってみせた後，生徒に練習させる。

C　綜合練習（15分）

　陸上の練習はあまり効果的でないので最初から水に入って練習する。最初生徒をプール・サイドに集め指導者は水に入って正しいフォームで泳いでみせた後，特に陥りやすい次の欠陥を実際にやってみせる。

　　①　腰がおちる。

　　②　腰が左右に動揺する。

　　③　腕を内側に入れすぎる。このため有効に水をかけるまで時間と労力の無駄を生じ，コースが左右にまがる原因となる。

　　④　腕を別々にかく。一方の腕で水をかき終つた時に，体側に流したまま休ませる。

　説明の後生徒を水に入れて練習させる。この場合初級班やその他の力の弱い者に対してしは浮き袋を胴体にはめさせて練習するのがよい。

　練習にあたっては次の点に注意させよ。

　　①　頭をできるだけ低く保ち，わずかに顎をしめるような気持で泳ぐ。

　　②　大きくのびのびと泳ぐ気持で練習する。

　　③　初めは非常に疲れやすいが，なれればいくらでも泳げるようになるから，ゆっくり長い距離を続けて泳ぐ練習をする。

D　スタート，ターン（上級班）（12分）

　この間初級班はプールの浅い方の一側で従来の復習，中級班はプールの深い所を廻って平泳ぎで10分間泳ぐ。この場合班長・副班長をプール・サイドで竹竿等を持って監視にあたらせる。

（a）　タ　ー　ン

　練習の順序としてはターンの方を先にやった方がよい。

　最初生徒をプール・サイドから見学させ，指導者は次のような動作をしながら説明する。

　　①　鼻から呼気をする練習

　壁につかまり，顔まで沈みながら，鼻から少しずつ呼気をする。だんだんと顔を上に向けて呼気をし，鼻から水が入らぬようにする練習をする。

②　背泳ぎの脚の動作で進みながら，手先の方から水にもぐり，水中で鼻から呼気をしながら水面下を進み，再び水面上に浮かび上がる練習をする。この場合腕を巧みに操作し，体の反らせ方を増減することによって自由に潜ったり，浮いたり，深さを調節する練習をする。

③　壁を蹴って潜行する練習

両手でオーバーフローを握って，両足の裏を水面下 40cm 前後のところにつけた後，一たん体を上方に引きあげた後，その反動を利用して全身を水に浸し，体を後方に倒しながら仰向きとなり，両掌を上に向けて壁と反対の方向に伸ばしながら，壁を蹴って，水面下を水平に蹴り出す。

④　浮き上がる動作

③のようにして壁を蹴った後，脚の動作を行い，しばらく手先を上に向けて体が浮くのをたすけた後，左右何れか一方の腕で水をかいて水面上に浮かび上って泳ぐ。

⑤　体を廻わす練習

（ⅰ）　壁が近づいたら頭を廻わして，左右何れの手がつくか見当をつける。

（ⅱ）　右（左）手がついたらオーバーフローを握って体を引き上げるような気持で引っ張ると同時に，両膝を屈げて右（左）の方に廻わしながら壁に近づける。

（ⅲ）　体が完全に廻わり終ったら，水面下 40cm 前後の所に両足をつけながら，右（左）腕を壁と反対の方向に掌を上に向けて水中に伸ばし，これに右（左）をそろえながら体を後方に倒して水中に沈めた後壁を蹴る。

以上の説明をした後，指導者は更に①から⑤の動作を一つずつ生徒に練習させる。

⑥　綜合練習

上記の部分動作の練習を終ったら，綜合的に練習をさせる。この場合特に次の点に留意する。

（ⅰ）　あわてないで，それぞれの動作を確実に行うこと。

（ⅱ）　じゅうぶん体を沈めてから蹴り出すこと。

（ⅲ）　なれるに従って，クィックターン(とんぼがえりターン)を練習する。

（b）　スタート

指導者は水に入って動作をしながら，次の点を説明する。

①　準備姿勢

両手でプールの壁につかまって腕をらくに伸ばし，両膝を屈げて，ちょうど陸上の短距離におけるクラウチング・スタートの足の開きを縮めたような姿勢をとり，上側の脚の膝が水面上に出る程度のところの両足の拇指球を壁につける。

②　用意の姿勢

両肘を屈げて体を上方に引き上げながら，体を壁に近づける。

③　号砲とともに，両手で壁を突き放しながら体を後方に倒し，両脚を伸ばして壁を蹴り，両腕をそろえて伸ばし頭をはさむようにして体を反らせながら後方水面上に飛び出す。

④　手先の方から水面に入り，全身が水に没したら．体全体をまっすぐにした姿勢に戻る。

⑤　両手先を水面の方にわずかに屈げ，脚の動作をしながら進み，左右何れか一方の腕で水をかいて水面上に浮かび上がる。

説明後同じような順序で生徒に練習させるが，最初は準備姿勢から飛び出すまでの練習をさせ，次に浮かび上がるまでの動作を加えて綜合的に練習させる。この場合一般に次の点に注意する。

①　思いきり水面上に飛び上がるようにすること。一般に水面を滑走するようになりやすい。

②　全身が水に没した時，体を反らせたままでいるとどんどん深く潜ってしまうから体をまっすぐに戻さなければならない。

③　何度も反ぷく練習を行って，水に入る角度，水中の姿勢，浮きあがりの動作，鼻から呼気の仕方等を練習しなければならない。

（4）　点検及び話しあい（3分）

人員点検後，初級班，中級班はどのくらい長く続けて泳げるようになったか，これから泳ぐ距離を伸ばしていこうなどと話しあった後，用具を整理し解散。

第 10 時 限

（1）　単元とねらい

初級班——潜入法（水面から水中に潜入 する動作）・自己保全の動作（いろいろの泳ぎを変えながら方向を変えることができる。）

中級班——潜入法（水面から自由に潜入できる。）

上級班——潜入法・水球のパスとドルブルの基本

（2）　準備　名簿，ホイッスル，メガフォン，水球（ゴム製のボール）4個　救助用具

（3）　指導例

A　ウォーミング・アップ（5分）

全身的な準備体操を行う。

B　潜入法（10分）（全員）

全員を深い方のプール・サイドに集め，指導者は次のような潜入方法をやってみせながら説明する。

（a）　足から潜入する方法

水面に浮いた姿勢から，かえるあし，あおりあし（この場合は両脚を前後に開いてあおる。）などの動作を行うと同時に，両手で水を押さえ，体をじゅうぶん浮かせ，その反動で沈むのを利用して全身を垂直にしてよく伸ばし，両腕は体側につけるか，上方に挙げた姿勢で水中深く潜入する。

（b）　頭から潜入する方法

（a）と同じように，脚と腕とを使って体を浮かせるが，この場合，上体を前に倒しながら体を浮かせ，体が沈む瞬間，首を前に届げ，図36のように頭から水に突込みながら，倒立するような姿勢で潜入し，上体

図 36

が沈んだら，両腕で水を後上方にかき上げるようにして潜入し，更に深く潜入する場合には，あおり足やかえる足を用いて進む。

以上の動作をした後，初級班は浅い所で，中級・上級班は深い所で練習をさ

せる。この場合次の点に注意する。

①　体が一たん浮かび上って再び沈下する瞬間を巧みに利用することが大切である。

②　頭から潜入する時は，体が水に沈んだ時腰を伸ばすことが必要である。

よく女子などは腰を屈げた姿勢でバタ足などをやって図37のように水の抵抗のために潜入できない人がある。

③　初級班のように浅い所で潜入する場合は，平底を蹴って飛び上った反動で潜入するのがよい。

図　37

C　水球の基本（15分）（上級班）

この間初級班は2人ずつ組となり，立たないで泳ぎをいろいろ変えたり，方向を変える練習をさせる。

中級班はプールの深い所を使い，班長，副班長の指導で（15分間）の耐水遠泳を行う。

上級班は浅い方の中央よりの所で，次のような勢習を行う。指導者は次の動作を説明しながらやってみせた後，生徒に練習をさせる。

（a）　ボールを水面から拾いあげる方法

次の二つの方法がある。

イ　ボール下からすくいあげる方法

図38の（イ）のように掌を上にしてボールの下にじゅうぶん腕を伸ばして入れてすくいあげ

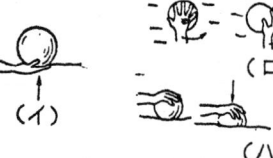

図　38

る方法と，図38の（ロ）のようにボールを上から片手で軽く押さえ，その反動でボールが浮かびあがる瞬間を利用して，手をボールと一しょに廻わして下からすくいあげる方法がある。

ロ　ボールを持ちあげる方法

図38の（ハ）のようにボールを上から押さえた反動でボールがはね上るの

を利用して，そのままボールを持ちあげる。

（b）　ボールのパス

最初は上体を垂直にして浮きながら，向いあって（3 m間隔）パスの練習をする。この場合次の点に注意する。

　イ　ボールを投げる時

　①　体をじゅうぶん浮かし，投げる方の腕をじゅうぶん水面上に出し，ボールを肩の上，頭の近くに保持して相手の直前に投げる。

　②　余り強いボールを投げない。

　ロ　ボールを受ける時

　①　上体をじゅうぶん水面上に出して受取る。

　②　ボールの飛んでくる方向や距離を判断し，前後左右何れの方向へでも自由に動く。しかしこの場合，ボールを追いかけるというような気持でなく，ボールがちょうどうまく自分の所へ来るように動くことが必要である。

（c）　ドリブル

ドリブルはパスに次いで重要な技術である。図39は顔を水面上に出し，額と両腕の間にボールを入れてボールを逃がさないようにクロールで泳いで運ぶ方法である。ボールが逃げそうになったら両腕で巧みに防ぎながら進む。

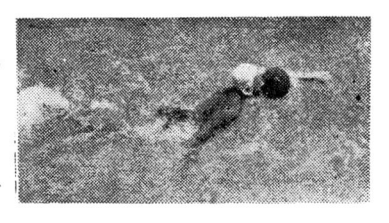

図　39

　指導者は説明と模範とによって要領を理解させた後，生徒をプールの両側に向いあって列ばせ，交互に反対側のサイドまでドリブルをさせる。

D　ボール鬼（7分）（初級班）

　この間，中級・上級班はプールの深い所において自由練習をする。

　ボール鬼は次のような方法で行う。

（a）　準　備

プールの深い所と浅い所の中間をコースロープ等を用いて明瞭に区劃する。やわらかいゴムのボール1個。

（b）　方　法

全員を集め，鬼を2名きめる。残りの者は遊戯場に分散し，次のような規則で実施する。

① 鬼はボールを投げて当てたら，当った者と鬼を交代する。

② 鬼はボールをパスしあってよいが，ボールを持って歩いてはいけない。

③ ボールを受取っても，ボールに触れても鬼と交代しなければならない。

④ ボールをさけるためには，もぐってもよいし，歩いても走ってもよい。

⑤ 鬼に水をかけてもよい。

以上のような規則に従い，鬼になった者は自由に動いて逃げ手に近づき相手の鬼からボールをパスしてもらって投げ当てる。

（4） 点呼と話しあい（3分）

人員点検の後，水中遊戯や水球などが，泳ぎに対する興味を増し，水に対する力を養う上に極めて有効であることについて話す。

最後に用具を整理して解散する。

第 11 時 限

（1） 単元とねらい

初級班——潜行（水中を潜行できる。），逆とび（ふみ切り，入水の動作）

中級班——潜行（3m以上），逆とび（3m），立とび（3m）

上級班——潜行（15m以上），逆とび（3m以上），立とび（3m以上）

本単元のうち飛びこみは高さ3mの飛びこみ設備と，2・5m以上のプールの深さを有することを前提としている。従ってこれらの設備のない学校では高さを低くするか，他教材，例えば平とび（順下）などを指導するのもよい。

（2） 準備名簿，ホイッスル，メガフォン，救助用具，バタ足練習板，浮き袋。

（3） 指導例

A ウォーミング・アップ（5分）

全身体な準側体操を行う。

B 潜　行（7分）

（a） 陸上の練習

　水中で動作をしながら説明することは困難なので，陸上でじゅうぶん要領を
のみこませておくことが必要である。

　全員をプール・サイドに集めて，潜行の方法について次の点をよく理解さ
せ，生徒にも練習させる。

　①　水中では頭の位置を最も低くし，足の位置を高くする。これは浮力のた
めに頭の方から浮いてくるのを防ぐためである。

　②　水中を進む泳ぎ方としては次のようなものがある。

　（ⅰ）　平泳ぎ——かえるあしと腕
の動作（図40のように股までかく）
とを交互に行って進む方法。

　（ⅱ）　横泳ぎ——普通の横泳ぎよ
り体を伏せあおりの動作と一しょに
両腕で前方から股まで体の前を大き
く水をかいて進む。

　（ⅲ）　バタ足——小さいバタ足で
進む。この方法は長い距離を潜行す
るには適さない。（ⅱ）の手足の動作
の終った後次の手足の動作までの間
をつなぐように利用することもあ
る。

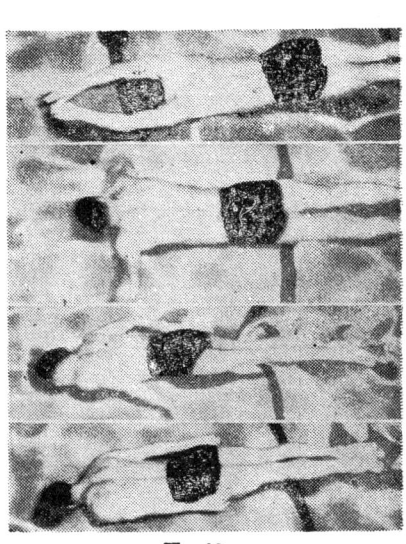

図　40

　③　手で水をかく時は何時でも，水を後上方にかきあげるようにする。一般
に水面の浮きでは水を下に押さえて体を浮かす習慣がついているが，水中で同
じ動作をすると体は浮き上ってしまう。

　以上の諸点を陸上で動作をしてみせながら，生徒にも模倣させてよく理解さ
せる。

　（b）　水中の練習

　指導者は水に入って各種の潜行の方法を行ってみせた後，生徒に練習させ
る。この場合次の点に注意させる。

　①　潜入の前には，数回深呼吸をした後，最後には8分間程吸気する。（胸

一杯吸気すると心臓を圧迫して苦しい。)

　　②　潜入はできるだけ静かに行って，勢力を費さないようにする。

　　③　水中では必ず目を開いて前方をよく見ること。

　　④　一回毎手足の動作で生じた推進力を有効に利用して進み，いそがしく動作をしない。動作を速くすることは苦しくなる原因ともなり，水の抵抗を多くして不利である。速く潜行するより，長い時間をかけて，らくに潜行する方がよい。

　　⑤　苦しくなってきたら，だんだんと浮かび上がりながら潜行する。

指導上次の点に注意する。

　　①　常によく水中を監視すること。

　　②　水の濁っている時は潜行をさせない。

　　③　深かい方に向っては潜行をさせない。

C　立とび（5分）（全員）

（a）陸上の練習

スタート台，プール・サイドの端等を利用して次のような動作を説明しながら生徒にも行わせて指導する。

　　①　準側姿勢

台端に確実に両足先をかけて直立する。

　　②　ふみ切り

一方の足を前に出し，体を前に移動しながら，反対側の足で軽く踏みきってとび出す。

　　③　空中姿勢

両足をそろえ，両腕は体例につけたまま，まっすぐ前方をみる。

以上の動作を陸上で数回練習した後，中級，上級班の者は深い方で，初級班は浅い所でスタート台から飛んで練習し，中級・上級班はだんだん高さを増す。

なれるに従って両足同時に踏切り，腕のモーションが加えて，図41のように飛ぶ練習もする。

D　逆とびの初歩（10分）（初級班）

　この間，中級・上級班は班長の指示に従って各自何メートル潜行できるかテストしてみる。

　初級班は次の順序で練習する。

　（a）　入水の姿勢

　入水の姿勢は安全に気持ちよく飛びこむ為に絶対に必要である。両腕をじゅうぶん伸ばして両耳をはさむようにし，両手は，一方の拇指と他の指の間に他の拇指をはさみ，全部の指をよくそろえる。（図42参照）

　（b）　ふみ切りの要領

　指導者は生徒1名をつかって図43のような姿勢をとらせ，腰の附近を保持した後，そのまゝ，前に倒させ

図　42

図　41

ながら，手を放す。この場合特に次の点に注意する。

　①　ほう助者は飛びこむ者が準側を終らないうちに水に落ちないように確実に保持する。

　②　入水者は入水の姿勢を確実にとったまゝ倒れる。腰をじゅうぶん屈げる。

　③　最初の間は絶対にふみきらない。

　以上の要領を理解させた後，生徒を2人ずつ組とし，プール・サイドの低い所から練習させる。この場合

図　43

プールが1・2m以下の時は，プールの階段等を利用し，膝から下が水に入れるぐらいの所から行わせる。

　なれるに従って，体がじゅうぶん倒れてから，足をかるくふみ切る動作を行わせ，だんだんと腰を伸ばすように指導し，次第にスタートの要領で飛びこめるように指導する。

逆とびの初歩は図44のように単独で練習させる方法もよい。

図　44

E　逆とび（10分）（中級・上級班）

次のような順序で指導する。

（a）　3mより，スタートの要領でできるだけ遠くへ飛びこませる。この場合特に入水の姿勢に注意させる。

（b）　台端に確実に足先をかけ，全身を伸ばし，両腕で耳をはさみ，両手先を確実にそろえた入水姿勢で棒のようになったまま前に倒れる。この場合絶対にふみ切らないようにする。思い切ってやらせることが大切である。

（c）　プールサイドで図45のような空中姿勢の練習をさせた後，bの要領に空中姿勢の動作を加えて図46の飛びこみを行わせる。矢印は目の方向を示した

図　45

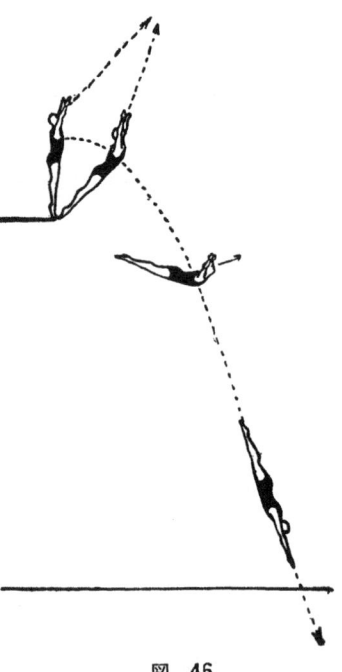

図　46

ものである。

（d）　ふみ切りのモーション

以上の動作ができるようになったら図47のような踏切りの腕のモーションを

図　47

加え，体がじゅうぶん倒れた時ふみ切って飛ぶ練習を加える。

　飛びこみの指導全般を通じて次の点に注意する。

　①　飛びこむ前には必ず水中の状態（水の深さ，人や危険物の有無）をたし
かめる習慣をつける。

　②　飛びこむ前には確実な準備姿勢をとり，心を おちつけ，思い切って飛
ぶ。

　③　段階をおって指導し，決して無理をさせない。

　④　高さと深さとの関係によく注意する。逆とびを行う場合には，大体5m
の高さに対しては3m，3mの高さに対しては2・5m，2mの高さに対して
は2mの深さが必要である。

（4）　点検と話しあい（3分）

　人員点検後，飛びこみの安全について話し，用具を整理して解散する。

第 12 時 限

（1）　単元とねらい

初級班――救助法（補助具を用いたり，泳がないで救助する方法）

中級班――救助法（救助具を用いて救助する方法，泳いで救助する方法）

上級班――救助法（救助具を用いて救ける方法，泳いで救ける方法）

（2）　準備　名簿，ホイッスル，メガフォン，救助用具（竹竿，板，浮袋，ネットに入れたボール，ロープ等）

（3）　指導例

A　ウォーミング・アップ（5分）

全身的な準備体操を行う。

B　自由練習（5分）

全員に準備運動もかねて行わせる。

C　救助法（27分）

救助法は泳げる者も泳げない者にも必要である。救助法の原則はなるべく安全で，確実で，しかもはやい方法で行うことであるが，これをそれぞれの具体的な場面に応用し，とっさの場合に最も適切な処置を講じることは極めてむずかしい。従っていざという場合に役立つためには，単に方法についての知識を持つだけでなく，実際に反ぷく練習して自信と力を養っておくことが必要である。

（a）　岸近くで溺れている時

附近にある竹棒，杖，板切れなどをさし出してつかまらせて引き寄せる。適当なものが見当らない場合は，岸の杭，岩，友人の手などにつかまって水に入

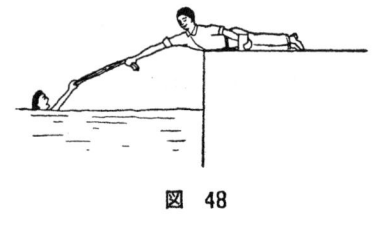

図　48

り，手や足を伸ばして溺者をつかまえたり，つかまえさせて引寄せる。シャツやズボンをぬいで一端につかまらせて引き寄せる。図48このような場合に，特に次の点に注意しなければならない。

①　溺者に逆に引きこまれないように，確実に岸の固定物を保持したり，じょうぶん足場をかためるとが必要である。

②　溺者は一種の精神錯乱状態にあり，また力がつきしまっていて1mも進

めないのであるから，竹竿やその他の物につかまらせる場合には，溺者のから
だに直接当ててやることが必要である。近くにさし出して，つかまれつかまれ
とどなっても，つかまれないことが多い。

　③　救命ブイ，ゴムの浮き袋，ボールをネットに入れたものなどにロープをつ
けておいたものは極めて有用であるが，これらを丁度溺れる人の所に投げるこ
とはむずかしいから，図49のように溺者の向う側に投げておいてロープを引き
ながら，自分の位置を変えて丁度溺
者の所に届くようにするのがよい。

　（b）　岸から離れている場合

　いろいろの場合があるが，次のよ
うな方法をとる。

　①　溺れている附近の水深，水流
　溺者の状態等を判断して次のよう
なことを考える。

図　49

　（ⅰ）　泳がないで歩いて近づけな
いか。

　（ⅱ）　回わり道をして近づけないか。

　（ⅲ）　溺者は救けを求めているが，すぐ沈んでしまう程かどうか。

　（ⅳ）　流れのすぐ下手が浅くなっていないか（川の場合）。

　そして歩いて近づいたり，流れの下手で待つなり，船などを出す用意をする
などなるべく泳がないで確実に，安全に救助する方法を考える。

　②　付近にいる人達に知らせて援助を求める。

　③　船のほか，救助に使用できる浮き袋，板ぎれ，材木，棒などをさがし，
少しぐらい泳がなくてはならぬ場合でも，これらの物に溺者をつかまらせて引
っ張るような対策を講ずる。但しこれらの補助物を探している間に溺者が沈ん
でしまって，その場所を見失うことのないように，たえず溺者に注意していな
ければならない。

　（4）　点検及び話しあい（3分）

　人員点検後，溺死の例や救助の実例について話し，用具を整理して解放する。

第 13 時 限

（1）　単先とねらい

初級班----見学

中級班----救助法（泳いで救ける方法の概要）人工呼吸法

上級班----救助法（泳いで救ける方法の概要）人工呼吸法

（2）　準備　名簿，ホイッスル，メガフォン，救助用具，**タオル**

（3）　指導例

A　ウォーミング・アップ（5分）

全身的な準備運動を行う。

B　自由練習（3分）

準備運動も兼ねて自由に泳ぐ。

C　泳いで救助する場合（中級・上級班）（29分）

この間初級班の者は見学する。

泳いで溺者に近づき直接溺者をつかまえて身を以て救助する場合は，いよいよ最後の手段であるという事と自分に助けるだけの力と自信のある場合に限ることをよく指導しておかなければならない。

（a）　接近法

溺者に接近する場合には次のようなことを考え，その対策を講じなければならない。

①　溺者に近づく時は，溺者にたえず注意し，見失わないようにする。

②　近づく時は全力を使い果たないで，帰えりには溺者を運ばなければならないことも考え，じゅうぶんの余力を残しておく。

③　溺者に近づいたら，更にその状態をよく確かめ，大声で呼んで安心させることも必要である。溺者に接近するには後方から近づくのが原則であるが，溺者が今にも水中に没しようとしているような場合には何れの方向からでも近づいて先ず安全に保持しなければならない。但しこの場合でも，常に溺者に近づいたら逆行の姿勢（図50のように相手がとびついて来たら何時でも逃げられる準備と相手を引き寄せる対策を兼ねて）をとることが必要である。

（ⅰ）　溺者が沈みかけて，腕だけが水面に出ている 場合は逆行の姿勢をとり，溺者の水面上に出ている腕の手首を，それと同じ側の手で さ か手で握って，大きいあおりあしなどを使って引張ると溺者は引き寄せられながら自ら後向きになるようになる。

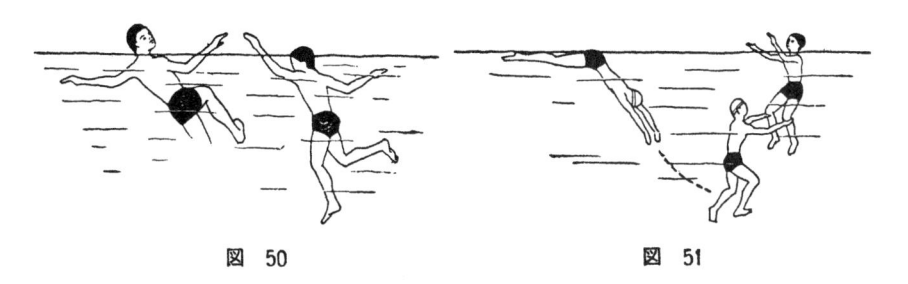

図　50　　　　　　　　　　　　　図　51

（ⅱ）　もう一つ溺者がまだ浮いてもがいているような場合でも，正面から近づく方法として図51のような方法が あ る。即ち溺者の2mくらい前から潜行し，溺者の膝の附近を一方の手で前から，他方の手で後方から，保持し，前の手は押し，後方の手は手前に引くようにして溺者のからだを廻わしてうしろ向きとした後，溺者の体を保持しつつ溺者の背中に接して浮かび上がる。

（ⅲ）　後方から近づいた場合には，後方から相手の腕，頭，胴体などを保持して支える。

（ｂ）　運搬法

①　溺者が単に疲れたとかけいれんのおこった場合で比較的落ついている場合は，溺者と向いあい，図52のように肩に両手をおせて，両股を開かせ，仰向きになった姿勢をとらせてから平泳ぎで運こべばよい。

②　溺者に自力で泳ぐ力がないか，意識のない場合には，溺者の頭腕等を保持

図　52

したまま，膝又は他の手で溺者の腰付近を押して溺者の体を水平に 近 く した後，図53のような運び方で運ぶ。

溺者を運こぶ時には，溺者の顔に水がかからないように，溺者にしがみつかれないように常に注意し，咽喉を締めたりしないように注意して運ぶことが必要である。

実際にやってみればわかるように，泳いで人を運ぶということは極めて困難な仕事であるからじゅうぶん練習して力をつけておかなければ役立たない。

比較的浅い所なら水底を歩いて溺者をさしあげるようにして運こび，時々顔をあげて，呼吸をするというような方法もとれるだろう。

（c）　離　脱　法

泳いでいる途中不意に誰かにしがみつかれるとか救助の目的で近づき誤って溺者につかまれた時，これから離脱する方法である。

これにはいろいろの方法があるが，要は相手と一しょに水に沈んで，落ちついて対策を考えてこれから

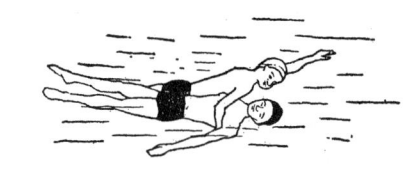

図　53

のがれることが必要である。水に潜入する場合には，じゅうぶん吸気することを忘れてはならない。水に沈むと相手は苦しいので手を放して浮かび上がろうとする。

相手から離脱することに成功したら，じゅうぶん準備や対策を講じてから改めて救助するようにする。

（b）　人工呼吸法

溺者を水から引き上げて呼吸をしていない場合（糸くずのようなものを鼻の入口においてたしかめる）は寸秒を争って人工呼吸を行わなければならない。

また本当に死んでいるのか，仮死の状態にあるのかわからない時でも医者がくるまで人工呼吸をやることが必要である。

　人工呼吸法には，シェーファー法とニルセン式が多く用いられているが，ここではニルセン式について述べる。

　ニルセン式は次のように行う。

①　溺者を俯向けにねかせ，肘を屈げて両手を重ねる。

②　溺者の顔を横に向けて手の上に頬をのせる。

③　術者は溺者の頭部の方に片膝（この場合は，溺者の顔の向いた方の膝をおろす）が両膝をついて足の上に腰ををおす。

④　術者は両肘をじゅうぶん伸ばし，両手の指をよく開き，両拇指の先端がふれる程度に，掌を下にして溺者の背中の上におく。この場合，両掌のつけねを結んだ線が溺者の腋の下を結んだ線に　なる　ように　する（これがイチである）。（図54参照）

⑤　両腋を伸ばしたまま，腰をあげ，体を前に出し，腕が垂直になるようにする。そして1〜2秒ぐらいこの状態を保つ（これがニイ・サンである）。

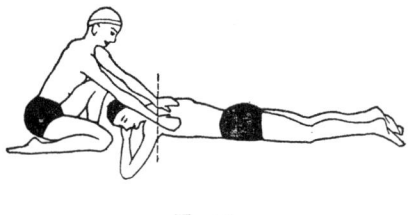

図　54

⑥　体を元に戻しながら，両手を溺者の背から離した後，両手で溺者の上膊を保持して引っぱり（これが再びイチである），そのまま引きながら腰を　おろす（これがニィである）。

　以上の動作をつづけ，イチ・ニィ・サン，イチ・ニィ……と呼称をつけながら1分間に12〜18回のはやさでくりかえす。

　これとともに，他の人はタオル等で体をまさつしたり，たき火をして体を温めたりする。

　指導者は以上の動作を説明しながらやってみせた後，生徒を2人ずつ組にして実際に行わせる。この場合特に次の点に注意させる。

①　体を前に出す時肘を屈げないこと。

②　同じリズムでくりかえす。

③　常に溺者の顔に注意すること。

④　交代の時も休まないで，同じリズムで続けること。

⑤　人工呼吸は医師が来て診断を下すまで続けること。

（4）　点検と話しあい（3分）

　人員点検後，泳いで人を救助することの如何に困難なこと について 話しあ
う。人を救助した経験のある生徒，他人が救助したのを見た生徒がいたら，そ
の時の模様などを話させる。

　用具を整理して解散する。

第 14 時 限

（1）　単元とねらい

初級班──泳力テスト（どんな泳ぎでもよいから続けて何メートル泳げる
か。）

中級班──遠泳

上級班──復習

（2）　準備　名簿，ホイッスル，メガフォン，救助用具，コースロープ1本

（3）　指 導 例

A　ウォーミング・アップ（5分）

　全身的な準備体操を行う。

B　テスト（15分）（初級班）

　この間，中級・上級班は自由練習

　初級班は一番端のコースを利用して次のような方法で泳ぐ。

①　どんな泳ぎでもよい。

②　プールの端まで泳いだら，一たんつかまって再び折りかえし泳ぐ。折り
かえしの時休んではいけない。またコースロープや途中の壁につかまったり，
水底に立ってはいけない。

　指導者は次の点に注意する。

①　班長及び副班長に竹竿等を持たせて，泳者についてプール・サイドを歩
かせ，何時でも竹竿をさし出せる準備をしておく。

②　泳者の用いた泳法，距離，泳ぎの技術（第1時限のテストの基準と同じように，評点と目立つた欠点を記入しておく）について記録しておく。

C　遠泳（15分）（中級班）

一列でプールをいっぱい廻って泳ぐ。この場合特に次の点に注意させる。

①　泳ぎはなるべく平泳ぎを用いる。

②　前の者との距離を正しく保つ。（最少限頭と頭との間隔は2mを必要とする。）

③　常に同じリズムで，正しいフォームで泳ぐ。

（4）　点検と話しあい（5分）

人員点検後，本日のテストの結果について特に目立った点を話し，用具整理後解散。

第 15 時 限

（1）　単元とねらい

初級班——復習

中級班——テスト（50m自由型）

上級班——テスト（50m自由型）

（2）　準備，名簿，ストップ・ウォッチ（1〜3個）ホイッスル，メガフォン，救助用具，コースロープ4本

（3）　指導例

A　ウォーミング・アップ（5分）

全身的な準備運動を行う。

B　自由練習（5分）

準備運動を兼ねて自由に泳ぐ。

C　テスト（中級・上級生）（27分）

（a）　準　備

①　コースロープをはってコースをつくる。

②　次の係りをおく。これを見学者は初級班の中から出す。

計時員……3名

　　　計時員助手……3名（ストップ・ウォッチの足らない時，泳者のタッチを
　　　　　手を打って合図する役）
　　　記録員……2名（1名は助手）
　　　出発合図員……1名
　　　救助員……2名
　　　教官の助手……3名（フライング等をしたり，コースを誤った者を止めた
　　　　　りする）
実施上の注意実施にあたって次の注意を支える。

イ　実施の順序

ロ　役員の任務

①　計時員ストップ・ウォッチのねじをまくこと。

②　スタートの前には，指針が元に戻っているかどうかをよく確かめる。

③　助手とよく協力して正確に測定し，記録係に大きい声で伝える。

④　時計を押すことを忘れたり，その他の故障のおこった時は直ちに先生に
　　合図する。

⑤　記録員は計時員とよく連絡をとり，正確に記録する。助手は傍について
　　よく補佐をする。タイムとともに用いた泳法も記入する。

⑤　救助員は竹竿などをもって，常にプール・サイドの中間附近にいて，い
　　ざという時には何時でも救助できる準備をしている。

⑦　出発合図員は教官の合図があつてからスタートさせる。

ハ　生徒に対し次の注意を支える。

①　泳ぎはなるべくクロールを用いる。但しやむをえない時は途中で他の泳
　　ぎに変えてもよい。

②　最初頑張りすぎると後半に動かなくなってタイムが悪くなるから，前半
　　はらくな気持で泳ぐこと。

③　ターンであわてないこと。

④　最後のタッチは壁をよくみて行い，確実に怪我をしないようにする。

以上の注意を支えた後，名簿順に生徒をコースの後方に列に並べる。

準備が完了したら指導者は笛を吹いて合図をなし泳がせる。

（4）　検点及び話しあい（3分）

人員点検を終った後，テストの結果について話しあう。クロールで50mを40秒以内で泳げればよい。現在の日本記録は25秒8である。最後に用具を整理し解散する。

V　特殊行事との関連

1.　海辺遊戯

　水泳では，その技能の指導というここが重要な要素であることはいうまでもないが，あまりにも泳ぎの技能ということにこだはりすぎて，その効果がかへってあがりにくい場合も決して小くない。楽しかるべき水泳練習が，いつまでたっても同じ形成の反覆練習であっては興味もそがれがちになってしまうであらう。そこで，水泳の技能を遊戯という数材の中に包含させて，しらずしらずのうちに技能の向上に役立てられることが当然考慮されねばならないであらう。

　遊戯という言葉にとらわれて，幼稚園か小学生の指導の際にのみ役立つ教材と考えてしまうのは早計であり，永泳の指導過程に変化をもたせ，生徒の興味を増し，また学習救果を高めることにもなるものである。泳げるようになるためには水に親しまなければ，いくら陸上や畳の上での練習がよくできても何もならないので，以下に述べる水中や海辺での遊戯は容易に生徒に水に親しむ機会を豊富に興えることができるであろう。

　水中遊戯の目的としては，

　①　初心者に対して，水に親しみ，水を楽しみ，水になれさせることができる。

　②　水泳に必要な技能を楽しい遊戯形式の活動の過程で自然に習得することができる。

　③　休憩時や寒い時にも役立てることができる。

　（1）　海辺遊戯の実例

　（a）　泳げない者でもできる遊戯，ここで泳げない者というのは水に浮く能力を持たないものとする。

　この段階の生徒にたいしては，できるだけ早く，水をおそれず，水になれさせ親しませることが大切であるが，いろいろな遊戯活動によってこの目的を達成させるようとするものである。従って，水深は，膝位のところより腰または

腹位のところまで水底に立ったままの姿勢である。水なれの段階に従って，順次深いところで行うようにする。

従って，この段階では，陸上で行はれる各種遊戯が，工夫次第で水中遊戯として役立てることができるであろう。

主な教材例をあげれば，

① 並びっこ　　　　　② 鬼遊び（各種）

③ リレー　　　　　　④ 順送球

⑤ 円形ドッヂボール　⑥ 水中野球

⑦ 水中ポートボール

など以上は，主としてたったままであるが，さらに，顔を水中に入れること，水中で目をあけることの指導が必要であり，この点をねらった教材としては次のようなものがある。

⑧ 水かけごった　　　⑨ 水中にらめっこ

⑩ 水中じゃんけん　　⑪ 水中ものとり

⑫ 水中騎馬戦　　　　⑬ 水中すもう

（ｂ） 泳げる者が楽しみながらできる水中遊戯。

泳げるようになった者を一層水に親しませ，あわせて泳力の増強，技能の向上をはかり水中での各種体型変換になれさせることを目標とするもので，楽しみのうちに以上のような意図を達成することができるのである。

次に主な種目を列挙する。

イ バタ足競泳

① 肩をつかんでバタ足競泳（図55）

② ３人１組のバタ足競泳（図56）

初心者の場合には，腰位の水深のところで行うことができる。

（図57）

③ ボールまたは浮板につかまってのバタ足

図　55

図　56

図　57

競泳

ロ　二人三脚

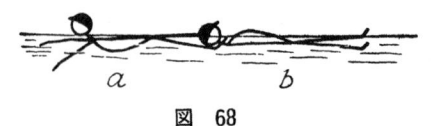

図　68

1人は仰臥姿勢でバタ足，前の者は，両足の者の首を足をはさんで手だけので前進する。（図58）

ハ　運搬競泳

ニ　障害物競泳

ホ　スプーン競泳……陸上のスプーン・レースと同じ。

ヘ　旗廻りリレー

ト　置換えリレー

チ　ドリブル・リレー

リ　タライ合戦

ヌ　水中帽子とり

ル　ポート・ボール

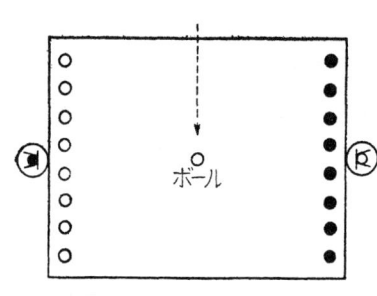

図59　ポート・ボール

プールの両端に図59のように円を画き，円内に1人ずつ立たせる。紅・白両軍は，合図で両端から，中央に投げ入れられたボールをとりにゆき，パス，ドリブルなどで相手側のプールの端に立っている味方の者にボールをパスした時1点とする。得点毎に両軍はプールの両端に戻る。はじめの時はプールの端につかまっていても同時にとびこんでもよい。相手側のプール壁面にボールをあてれば得点とするようにしてもよい。

オ　イカダおとし

ワ　龍戦沈めっこ

カ　簡易水球

2.　水泳大会

　ここでは校内競技として，プールまたは海辺で行われる競技会や泳力テスト会の計画，準備，運営について述べることにする。

（1）　プールで泳ぐ場合

　A　期日　何日頃行うかを年間計画水泳指導計画の中であらかじめきめておく。

　B　大会の性格の決定　級対抗か，学年対抗か，あるいは地域対抗か，全くの個人競技にするのかなど競技会の性格について検討する。

　C　参加者及申込法　参加資格や制限を明にしておく。例えば水泳部員はどうするのかなども決めておき，何日頃まで出場申込をするか，申込用紙はどうするかなども決めておく。

　D　競技種目　プールの大きさ，参加人員，参加者の泳力，競技会の時間などの諸条件で種々の泳法及び距離が明にされねばならない。しかし，中学校，高等学校の校内競技としては次のような種目の中からえらばれればよいであろう。

種　目 ＼ 性　別	男　子			女　子	
速　　　　泳	50m	100m	200m	50m	100m
平　　　　泳	50m	100m	200m	50m	100m
背　　　　泳	50m	100m		50m	
バ　タ　フ　ラ　イ	50m			50m	
リ　　　レ　　　ー	200mリレー			200mリレー	
	400mリレー				

　E　競技場の設備，競泳を行う際，会場に観覧者が殺到すると，競技会の運営の防げになるので，選手席・役員席・観覧席をはっきり区別しておくべきである。特に25mプールの場合，観覧者が多いと整理が困難になるので，この点は事前に十分検討しておかねばならない。

　また，参加者のための脱衣場，足洗場，控室及び選手通路や召集場を混雑しないよう設備しておくのがよい。

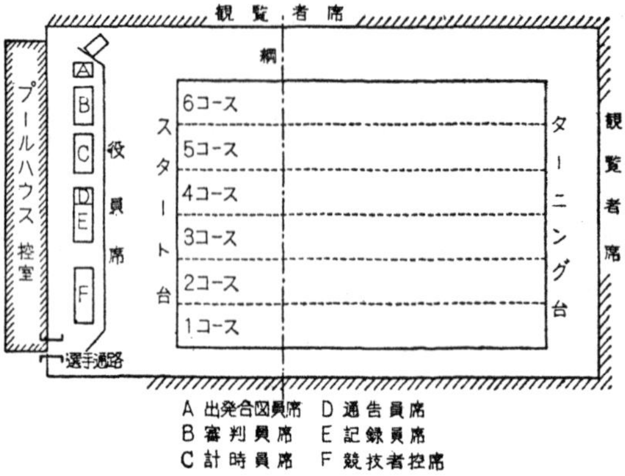

A 出発合図員席　D 通告員席
B 審判員席　　　E 記録員席
C 計時員席　　　F 競技者控席

図60　競技場の設備の1例

F　競技会に必要な用具

笛，ピストル（2個）時計（最低3個），鉛筆，審判紙，記録用紙，メガフォン（あればラウドスピカーの設備），綱(ファウルスタートしてピストルで間にあわぬ場合の設備)，役員用机，腰掛などを用意する。

	コース	着順	氏　　名	所層	所要時間	
審判長	1					
	2					
計時主任	3					
記録主任	4					
	5					
	6					
	7					

No.　種目＿＿＿＿　予・決　　実施期日＿＿＿＿　場所＿＿＿＿

（記録用紙）

G　競技役員

競泳大会を開催するには次のような役員が必要である。

審　判　長	1名
審　判　係	3名以上
監　察　係	
出発合図係	1名
計　時　係	3名以上
召　集　係	2・3名
記　録　係	2・3名
総　務　係	
通　信　係	1・2名
測　定　係	

救　護　係

```
┌─────────────────────┐
│      審　判　用　紙      │
│  種目_____   予......組 │
│            決........ │
│ 1 ................... │
│ 2 ................... │
│ 3 ................... │
│ 4 ................... │
│ 5 ................... │
│ 6 ................... │
│ 7 ................... │
└─────────────────────┘
```

審判用紙（大きさはメモ用紙程度）

審判長は競技全般を統轄し，一切の問題について最終的な判定を与えるのである。

審判は着順の判定を行うばかりでなく，途中，折返えしなどの反則の判定もする責任がある。審判主任が審判の結果をとりまとめる。計時は1人につき3名で計時するのが原則であるが，校内競技の場合にはそれほどの厳さを要求する必要はないであろう。

なお，大会運営の際には，受付，接待，場内整理その他の諸係も必要な時もあらう。

競技会開始の時は，記録用紙に各種目毎，あらかじめ記入しておく，レースが終る度に審判主任が着順を，計時主任所要時間を記入して，通告員が発表し，記録係がその結果をとりまとめておくとよい。また決勝の組合せは記録係で作成し審判長の承認を得るようにする。以上の一連の仕事を円滑に行うために，会場を図60のように施設しておくとよい。

勿論，水泳大会の計画，準備や運営には生徒も参加させるようにすべきことはいうまでもない。競技役員なども，生徒に各係も分担させ，教師と協力して大会を運営するようにするのがよい。

（2）　海浜で行う場合

　ブールがなくとも適当な海浜や川でも上記に類似した大会を行うことは可能であらう。特に海浜で行う場合には，運動会や学校プールで行えないような，水陸混合させた競技を行うことができるので，独特の海浜運動会を実施することができるであろう。

　例えば，海辺遊戯の項であげた諸種目や水陸走泳種目（砂浜から走ってゆき海中の旗を廻ったり，ターニング台おりかえしをしたりする。砂浜は走り，水中は泳ぐ，泳げない者のためには水中での折返えし点を背の立つところにする）や普通に陸上で行われる種目を適宜組合せるなどすればよい。

　ただ，海浜で行う場合には，特に次のような諸点に留意すべきである。

　①　運動する区域，観覧者席などを旗，網などではっきる区画する。

　②　水中で運動する種目があるので監視を十分にする。

　③　水中と砂浜の運動なので，疲労を招きやすいので，時間に考慮をはらう。

　④　日陰のない海辺で直射日光にあてられているので，長時間にわたらぬようにし，各自が手拭い，たおるなどでしや光させるようにする。

3.　遠泳の計画と指導

　遠泳は長い距離を泳ぐことによって泳力を試し，各種の試錬に耐えて，自己の体力や泳ぎに対する自信を強めることを主なねらいとしている。この点陸上のマラソンに似ているが，マラソンのように競争ではなく，全員がそろって同一のコースを泳ぐことを理想としている点は，むしろ遠足に近いということができよう。しかし，遠泳に必要ないろいろな条件がそろってさえおれば，楽しい海の遠足ということができるが，天候や海の状態が急変したり，泳者のちょっとした身体的故障や心理的動揺などによって事故をひきおこす場合もある点では全く遠足の比ではない。（かって団体で行う長距離競泳──例えば熱海初島間など──も行われたことがあるが，ここでいう遠泳には含めない）

　従って，遠泳の計画をし，指導する場合には事前に十分な準備と綿密な計画をたてるべきであり，そのためには遠泳の特性をよく理理し，事故防止のため

のあらゆる対策を講じておくことが必要である。

（1）　練習期間と計画

予めプールなどで十分練習して参加者の能力が高ければ別であるが，遠泳を実施するまでには少くとも4日間位の練習期間がほしいと思う。次に練習期間を5日間の場合の遠泳のための練習や準備についての日程の例を示そう。

遠泳実施日を最後にもってくると，当日海の状態や天候の関係などで遠泳が実施できなくなるおそれもあるので，期間に余裕のある場合は1日前に実施するよう計画するのがよい。期間にそれ程の余裕のない場合には，最終日に予定しておき，経験者や特に泳力のすぐれた者だけを選んで実施するようにしてもよい。

また遠泳の実施予定日をあらかじめ決定したならば，船頭や船の交渉はできるだけ早くし，海の状態やコースの選定についても相談し，予備的な知識を得た上で，計画をたて指導を行うのがよい。

	第 1 日	第 2 日	第 3 日	第 4 日	第 5 日
午前	1. 遠泳の練習日程の作成	1. 正しい平泳ぎの練習	1. 樽廻り（正しい距離間隔） 2. 泳法の矯正	1. 小遠泳	1. 遠泳
午後	1. 船頭との予備交渉	1. 並んで泳ぐ練習 2. 泳法の矯正	1. 樽廻り（長く続けて泳ぐ） 2. 船頭との交渉（コース等の相談）	1. 遠泳計画図作成 2. 遠泳携行品の点検 3. 船頭との連絡 4. 教官の打合せ	予備 1. 遠泳の反省記録の整理

遠泳の練習計画（5日間の場合）

（2）　泳ぎに対する準備

A　泳者にとっては正しい平泳ぎの泳法を身につけておくことが，遠泳の準備の第1条件である。著しく他の者よりおくれたり，けいれんをおこしたり，途中で疲れてあがったりする者の多くは，泳ぎのフォームの悪い者である。従って，練習の段階では長い距離を休さずゆっくり泳ぐとともに泳法の矯正に留意しなければならない。

手足の調子のうまくゆかないもの，不必要な部分に力のはいりすぎるもの，

腰の上下動のはげしいものなどは，遠泳には致命的な欠陥者などでよく矯正し
ておかねばならない。

　B　悪い習慣はなくしておく

　顔に水がかかるたびに，いちいち手で拭うもの，波がくると顔を そむけた
り，頭を高く上げようとしたりするようなくせのあるものは矯正しておかねば
ならない。このような，ちょっとした動作によって泳ぎに無理を生じ疲労を招
く結果になりやすい。

　泳ぎながら，口を開いて水を含んだり出したりする習慣も，衛生に好ましく
ないし，咽喉がからくなったり，水をのむ原因ともなるので，矯正しておくの
がよい。

　以上のような点からすれば，遠泳を行う近くになって悪いくせをなおすので
は，むしろ遅きに失するのであり，平常の練習の際に，以上のような諸点は当
然矯正されておらなければならないのである。

　C　その他の訓練

　お互の距離を一定に保ち，常に隊型整然と同じ速さで進むことが遠泳では不
可欠の条件である。ところがこれは陸上とはちがって——陸上でも遠足などの
場合はとかく隊型は長くなりがちである。——簡単なようでなかなかうまくゆ
かないものである。疲れてきたり，波の少しある時には特に困難である。

　常に前後左右のものと距離間隔を保ち，よく並んで泳ぐ練習や，同じ調子で
泳ぐ練習をあらかじめ訓練しておかねばならない。

　また，長い距離を泳ぐのであるから，できるだけゆっくりのんびりと泳ぎ，
はじめに調子をあげすぎないよう指導しておく，泳ぎの調子をかえること——
急に速くしたり遅くしたり，また泳ぎ方を変えたりすること——は一番よくな
いことである。

　また，けいれんが起った場合の処置，泳ぎながら小便のできる練習，遅れた
場合少しずつスピードを出してつめる要領など，遠泳実施に際し必要な事柄を
じゅうぶん指導し，訓練しておかねばならならない。

　（3）　遠泳に対する直接の準備

　A　樽 廻 り

水泳場の周囲に並べて浮かし，水泳場を区画するとともに，樽につかまって一寸休むこともできる空樽を廻るところからこの名称が生れた。

これによって，水泳場の外側を廻って，長く続けて泳ぐ練習をし，正しいフォーム，適当な早さで泳ぐ練習をさせることも目的としている。

この間に，指導者は各泳者の泳ぎをみてフォームを矯正指導するとともに，特に遅れる者に注意して班別の参考にする。また，特に泳力のすぐれた者を見出しておくことも必要である。

B　小遠泳

本格的な遠泳の準備として行うものであるが，単なる予備テストというだけでなく，文字通り小規模の遠泳である。同じ位の泳力の者をそろえ，本遠泳と同じような隊型で，海岸ぞいに背の立つ深さの所を $800\,\mathrm{m} \sim 1000\,\mathrm{m}$ 泳ぎ，本遠泳のための綜合的訓練を行い，自信を強めておくのである。

特に次の諸点に注意する。

①　人数に応じ，念のため必要な天馬船，ボート等を用意して安全を期する。

②　実施の結果から，本遠泳の計画や編成の改変や対策を講ずる。

C　その他の準備

（a）　助手の訓練

予め見出しておいた泳力のすぐれた者は，遠泳の際には，隊の前後や中間を泳がせ泳者の監視や，救助の際の助手の役割をさせるため必要な訓練をしておく，例えば，簡単な救助法，疲れた者に浮き身をさせたり，支持して浮かせる方法や運搬法，けいれんを起した者の処置など，遠泳に必要な事柄を特別に指導し，樽回りや小遠泳の際には助手として彼立てながら訓練しておくことも必要である。

（b）　必要な用具や携行品の準備

遠泳に必要な用具（例えば，浮袋，救助用の竿，綱，メガフォン，笛，太鼓，薬品，飲料水，氷砂糖，葡萄酒，毛布，タオルや手拭等）は，遠泳前日になって急に手に入らないことがあるかもしれないので，不便な土地に出かける時には，品名，数量を考慮にして，できるだけ早くから準備しておくようにす

る。

（4）　本遠泳の計画

A　船，船頭との交渉

船や船頭は漁村ならいつでもいくらでも間にあうというものではない。遠泳に手頃な船，経験のある船頭は案外に少いものである。特に，遠くに漁にでていなかったり，夜出漁したりする関係，他校と日程が重なったりすることがあるので，できるだけ早く交渉しておかねばならない。細部の計画ができなくても，何日頃，どんな遠泳をやりたいと話し，船や船頭の概数（いざという場合，全員が乗れるだけの船）等を交渉し，コース等について相談しておくのがよい。実施前日には，天気予報気象条況海の状態に応じて最終的に決定する。

B　参加者の決定

同じくらいの力の者をそろえて実施するのが原則であるから，希望者を全員参加させるというような方法はとるべきではないが，大体，小遠泳で実施した者を参加させることを基準にすべきであり，弱い者には別に班をつくって全然別の計画で実施するのがよい。

C　コースの研究

コースの決定には，潮流，風向，水温，波浪，水深，上陸地点の海岸の状態，水面の浮遊物の有無，船の往来等各種の条件を考慮しなければならない。

（a）　距　離

　　　　中　学　校　　　2.000m（60分）
　　　　高等学校　　　　3.000m（90分）

というような基準が一応示されてはいるが，潮流，風向等の関係で泳ぐ距離は著しく異るので，一般には，実距離よりも水泳時間による基準も用いられており，その標準は大体1時間泳げば1哩とされている。斎藤巍洋氏によれば大体，15分──500m，3時間──5,000mと示されている。

（b）　潮流と風向

指導者は潮流や風向を綿密にしらべてコースをつくることが大切であり，少し位の遠廻りでも潮に乗ってゆく方が遙かに有利である。往復する場合には，往路はこれに向って進み，復路は乗って戻るのが原則である。しかし，途中で

風向や潮流が変ることもあるので，途中でコースを変更することも考えなけれ
ばならない。また練習に際しては，風や流れ波にさからって進む練習をしてお
くことが必要である。

（c）その他

漁船がしばしば通過したり，一般の海水沿場内やヨット練習場内を泳ぐこと
はさけるべきである。

コースは天候，波，気温などを考慮して予備コースを設定しておき，実施当
日の諸状況によって計画を変更できるようにしておく。また，コースは主とし
て海岸線と平行に進むようにし，船にあがった者を逐次陸にあげるのに便にす
るとともに，いざという場合，陸に早くあがれるようにしておく，特に，開始
直後は海岸のすぐ近くを通るようにする。

D　携行品

前述の携行品は前の日に準備しておき，計画図にはどの船に何をのせるかも
明示しておく。

E　実施図

泳者，船，教官および携行品等を1枚の図に記入して各船に配置する。実施
図の1例を次に示す。（図61参照）

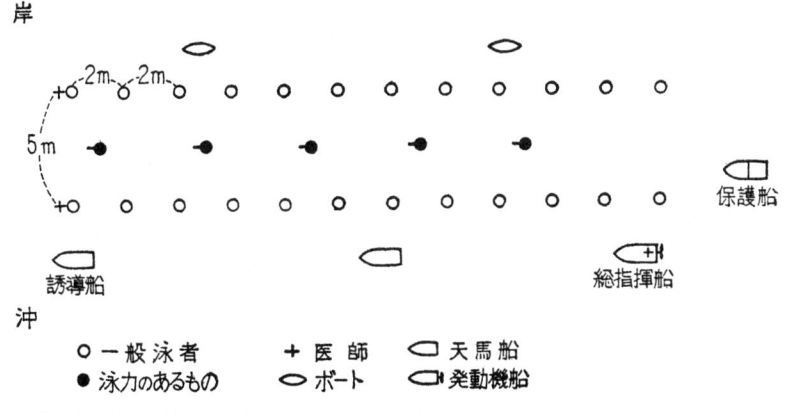

図　61
1. 各泳者，各船の乗船者は明記する。
2. 各船の携行品を明記する。
3. 人員は30〜50名を単位として行う。小人数の場合は単列で行う。
4. 船はボート，天馬船とともは発動機船を1隻必ず配置する。

F　遠泳実施の際の諸注意

①　大体2列でゆくのがよいようであるが両側の先頭は，実力十分で指揮者の意のままに泳げる者をおく。

2番目はある程度，先頭の者を補佐できるものをおく。

3番目からは未熟な者，気の弱い者を尻より順に配置する。

最後尾には，熟練習をおく。

②　20分か25分間隔に各船のもっている名簿により点呼を行う。

③　しばしば頭を水に入れさせる。特に炎天の日は，体温は水中にあるため常に低いが，頭は太陽の直射で非常に暑くなり，頭と身体の温度差が著しくなりめまい，頭痛をおこしやすいので10分間隔位で頭を冷やすようにする。

④　掛声，太鼓などを適宜に入れる。あまり連続してやるのは疲労を増すばかりで効果はない。

⑤　氷砂糖の分配などを随時行う。30分おき位が適当である。

⑥　随時全員に時間，および距離を知らせる。

G　その他の事項

①　3日間位の短時日の臨海生活などでは遠泳を実施しないのがよい。また，指導教官の中に遠泳指導の経験者がない時も実施しないのがよい。

②　天候や海の状態の悪い時には絶対に実施しないようにする。

③　計画とともに実施後の反省に従って，次年度に必要な記録を残しておく。

④　遠泳実施後あめ湯をのませる場合には早くから準備をしておく。

Ⅵ 評　　価

　水泳によって何を学習させるかの目標が明にされなければ評価することはできない。今日の段階では水泳の技能一つをとりだしても学年に応ずる客観的な目標なり，到達基準なりが明かにされうる段階ではないので，そのような目安は，各学校で実際に指導する対象に応じて立てられなければならないのである。従って，ここでは評価する際のいくつかの観点とその方法の1・2について叙述することにしよう。

1. 泳　　力

　一応，水泳能力は記録によって測定することはできるので，各種の泳法での記録を測定したり泳げる距離を測定することは一つの方法として考えられよう。しかし，より早く泳ぐということは一つの目標にはなり得ても，それが水泳における，また水泳を通じての体育の目標の全部とすることはできないのであるから，記録ですべてを律することはできないのである。そのような意味で以下の記録を参考にされたい。

（1）　東京都区立九段高校の例

	一　　　　級		二　　　　級		三　　　　級		四　　級	五　　級
クロール	100m	男1分30秒 女2分	男 女	2分 2分30秒	男 女	100m完	男女とも 二種目を 100m泳 ぐ 背泳は50 mでよい	男女とも これの一 種目100 mを泳げ る
平泳	100m	男1分50秒 女2分30秒	男 女	2分30秒 3分	男 女	100m完泳		
背泳	50m	男　50秒 女1分20秒	男 女	1分20秒 2分	男 女	50m完泳		
横泳	25m	男　12扇 女　12扇	男 女	12扇 15扇	男 女	15扇 2扇		

潜行	男	25m	男	20m	男	15m	男	10m
	女	20m	女	10m	女	なし	女	なし
飛込	男3mより逆飛込		男3mより逆飛込		男3mより立飛込		男スタート	
	女　同　上		女3mより立飛込		女　スタート		女　　なし	
遠泳	男	5哩	男	5哩	男	3哩		
	女	3哩	女	3哩	女	なし		

（2）　高等学校学習指導要領における基準

速泳　正しいフォームの速泳で50m以上泳げる。

背泳　正しいフォームの背泳で50m泳げる。

平泳　正しいフォームで100m以上泳げる。

横泳　①横泳ぎで25mを15あおり（女子20あおり）以内で泳げる。

　　　②各種の横泳ぎができる。

立泳　①立泳ぎで20秒間泳げる。②立泳ぎで移動ができる。

潜行　15m以上潜行できる。

飛込み　約3mの高さからの立飛込み，さか飛込みができる。

以上を一応標準として，これまで達し得ぬもの，この程度のもの以上のものの一段階に分けることができるであろう。

（3）　日本体育協会制定　スポーツ・バッヂ・テストに示された標準

	初　　級	中　　級	上　　級
男子	続けて50m泳ぐ	1.　100m速泳 5.　50m横泳	1.　100m速泳ぎ 2.　25m背泳 3.　30m潜行
女子	続けて25m泳ぐ	50m横泳	1.　50m横泳 2.　50m速泳

1.　初級の場合と背泳とを除いて泳ぎ始めは何れも飛込みをする。
2.　横泳は右又は左下の横体の姿勢であればどんな泳ぎ方でもよい。
3.　背泳は仰向けの姿勢であればどんなぎ泳方でもよい。
4.　流水をさけること。

（4）　ソ連における水泳ゲテオの基準

ベ　ゲ　テ　オ	ゲ　テ　オ　Ⅰ	ゲ　テ　オ　Ⅱ
男13〜14　25m—27″ 　　　　　50m泳げる 女13〜14　25m…30″ 　　　　　50m泳げる	男　　100m　　泳力 15〜30　2′20″　200m 女 15〜25　2′30″　200m	男　　100m　　泳力 17〜30　1′50″　400m 女 17〜25　2′15″　300m

各　級　水　泳　基　準

種　目　＼性別　＼級別		年　少　者　級		三　　　　級	
		25mプール	50mプール	25mプール	50mプール
速泳 100m	男　子	1′46″	1′47″	1′28″	1′29″
	女　子	2′01″	2′02″	1′44″	1′45″
平泳 100m	男　子	2′02″	2′03″	1′43″	1′44″
	女　子	2′17″	2′18″	1′57″	1′58″
バタフライ	男　子	1′56″	1′57″	1′38″	1′39″
	女　子	2′15″	2′16″	1′57″	1′58″
横　　泳	男　子	—	—	1′37″	1′38″
	女　子	—	—	1′54″	1′55″
背　　泳	男　子	1′55″	1′56″	1′37″	1′38″
	女　子	2′09″	2′10″	1′49″	1′50″

　泳力を記録や泳げる距離とはかるとともにもう一つの観点はフォームをみるということが考えられるであろう。一例を示すならば，

　速泳ぎの場合

　　足　足首はよくのびているが

　　　　足首をあげたとき水から出すぎないか

　　　　ひざがいつもまがっていないか

　　　　腰が左右にふれていないか

　　　　腰を中心にして脚全体を伸ばして水をうっているか

　腕　手が水に入る時大体肩の線で入っているか

　　　　腕は手先きから水にはいっているか

　　　　肘がおちないか

　　　　水中からぬいた時，力はぬけているか

　　　　肩が左右にふれないか

　　　　水中での水のかき方はよいか

　　　　左右の手のバランスはよいか

　その他　手と足のバランスはよいか

　　　　呼吸のため頭をまわす時，ひどくもちあげたりすることはないか

　以上をすべてについてみるというのではなくして練習の段階に応じて適宜着眼の重点を定めて，フォームの良し悪しを判定する こと も一つの方法であろう。

2.　安　　全

　はじめにも述べたように水泳の学習の一つの目的は，水の危険から自らを守り，また他人を助けることにあるから，そのための理解や技能についての評価が必要であろう。泳げること自体は，自分自身を安全に守ることになるのであるから，その点は泳力テストによってある程度見きわめることができるであろう。従って，安全の技能テストとしては，例えば　(1)自己および他人に事故のあった場合の処置　(2)接近法　(3)離脱法　(4)運搬法　(5)人工呼吸法，など救助法に関するものが方法として考えられるであろう。なお，水泳の学習を安全にするための知識の検査（例えば，水泳心得など）も含まれるべきであろう。

3.　知識の検査

　検査の作成の手順には，体育一般における知識検査の手法と同じである。従

ってここでは知識検査の一，二の実例をあげておくにとどめよう。

例1. 二者択一形式によるもの。

　次の各頃は水泳に関するものです。あなたが考えて，よいと思うほうの記号を〇でかこみなさい。

(1)　平泳では，あしで水をあおる時に $\left\{\begin{array}{l}\text{イ，両腕で水をかく}\\\text{ロ，両腕を前に出す}\end{array}\right\}$

(2)　クロールでは，腕で水をかく場合

$\left\{\begin{array}{l}\text{イ，前半より後半}\\\text{ロ，後半より前半}\end{array}\right\}$ のほうで力を入れるのがよい。

(3)　とびこみで，さかさに水にはいる場合に，両うでは頭をはさむようにそろえてのばすようにする。水にはいるしゅんかん顔は

$\left\{\begin{array}{l}\text{イ，おこして最後まで水面をみている}\\\text{ロ，あごはひいて水面はみつめていない}\end{array}\right\}$ のがよい。

例2.　再生形式による場合

　中学3年のA君とB君は，小学生6人をつれて学校の指定水泳場に泳ぎに出かけた。水泳場についてから家に帰るまでの間，両君は危険防止，または保健上，これらの小学生に対してどのような注意を払わなければならないか。もっとも大切だと思うものを2つずつ右の欄に書きなさい。

イ	水泳場についてから水にはいるまでの注意	1. 2.
ロ	水にはいるときおよび水泳中の注意	1. 2.
ハ	水泳後から，家に帰るまでの注意	1. 2.

例3.　組合せ形式による場合

　次の表の泳ぎ方は，それぞれ違った足のつかい方と，特微をもっています。

右のわくの中からそれぞれ適当なものを選んで，その記号を左の表の空欄に記入しなさい。

泳 ぎ 方	足のつかい方	特　徴
①クロール		
②横 泳 ぎ		
③平 泳 ぎ		

足のつかい方		特　　　徴
A　あおり足	イ	流れの速い川をよこぎる
B　ば た 足	ロ	速く泳ぐ
C　かえる足	ハ	物をぬらさないように運ぶ
D　ふ み 足	ニ	長い時間泳ぐ

参 考 文 献

1.	文　部　省	学習指導妥領体育篇		1951年	
2.	〃	学習指導妥領，保健体育科篇		1949年	
3.	白　山　源三郎	教え方，水泳	1949年	文川堂
4.	伊集院　　童	水泳　泳ぎ方 教え方	1948年	興栄社
5.	斉　藤　巍　洋	水　泳	1950年	旺文社
6.	松　沢　一　鶴	水上競技	1948年	朝日新聞
7.	吉　田　勝　平	水泳の指導	1952年	万有社
8.	宮　畑　虎　彦	水泳の指導	1952年	杏林書院
9.	文　部　省	水泳指導の手引	1954年	文部省
10.	ヴェ・ゲ・ポポフ 西 郷 竹 彦訳	水泳入門	1957年	ベース・ボール・マガシン社

中学校 高等学校 スポーツ指導叢書 **II** 個人スポーツ ￥760

1958年5月10日 印刷
1958年5月15日 発行

監　修　加　藤　橘　夫
　　　　前　川　峯　雄

東京都千代田区神田神保町1〜62
発行者　木　村　　誠

東京都文京区音羽町3〜19
印刷所　豊国印刷株式会社

発　行　所　株式会社　世　界　書　院　東京都千代田区神田神保町1〜62
電話東京 29)4027番・振替東京42777番

乱丁本・落丁本はお取替えいたします。

中学校・高等学校 スポーツ指導叢書
Ⅱ　個人スポーツ解説

日本体育大学助教　祖　山　　桜
日本体育大学教授　石　井　隆　憲

　昭和22（1947）年6月22日、文部省が戦前の教授要目に代わるものとして発行した『学校体育指導要綱』では、学校目標の1つに「レクリエーション的目標」が掲げられ、これは身体の発達のための体育ではなく、生活のための体育、すなわち「生活体育」を志向したものであったとされている[1]。

　その後、昭和24（1949）年9月12日には『学習指導要領 小学校体育編（試案）』が出され、昭和26（1951）年7月25日には小学校編とほぼ同じ内容の『中学校・高等学校 学習指導要領 保健体育科体育編（試案）』が公表された。その後、これら体育編は改定がおこなわれるが、昭和33（1958）年には現在のような大臣告示の形として学習指導要領が発表されることで、国家の保障のもとでの教育の普及と機会均等が担保されるようになった。

　文部省が種目別の学習内容を示したのは、昭和31（1956）年1月10日に発行された『高等学校 学習指導要領 保健体育科編』においてである。同要領では、「これは、高等学校の保健体育科の指導を計画し、実施する際の基準を示すもの」であると明記され、はじめて教育課程の基準性を強調した学習指導要領となった。

　ここでは運動の内容について、様々な運動を体育の3つの主要な目標（身体的目標、社会的目標、レクリエーション的目標）との関連を図り、「個人的種目」、「団体的種目」、「レクリエーション的種目」に類別している。具体的な種目は以下a、b、cのように、3つの運動群にまとめられている。

　a　個人的種目
　　　徒手体操・巧技・陸上競技・柔道（男）・剣道またはしない競技（男）・

　　すもう（男）

b　　団体的種目

　　バレーボール・バスケットボール・ハンドボール・サッカー（男）・
　　ラグビー（男）

c　　レクリエーション的種目

　　水泳・スキー・スケート・テニス・卓球・バドミントン・ソフトボー
　　ルまたは軟式野球・ダンス

（注）個人的種目のなかに格技系統の運動種目も含めた。

　　レクリエーション的種目については、「特に日常生活によりよく活用でき
るという立場でとりあげているので、これには一般的に個人的種目や団体的
種目のいずれかに分類できるものが含まれている」と述べられている[2]。

　　このように種目別の学習内容が示された2年後、昭和33年（1958）5月
15日に『中学校・高等学校 スポーツ指導叢書 Ⅱ 個人スポーツ』が発行さ
れた。本書において採択されたスポーツ種目は、徒手体操、巧技、陸上競技、
水泳の4種目である。左記の4種目を採択した理由について、本書の監修を
務めた加藤と前川は、「走ること、跳ぶこと、投げること、身を曲げたり捻っ
たりすること、手足をあげたり振ったりすること、物を運ぶこと、泳ぐこと
などは、明らかに運動の基本的なフォームである」とし、これらの運動は健
康の維持や体力強化のためにも必要不可欠なものであり、このような理由か
ら体操や陸上競技、水泳が近世初期までの体育種目の主流をなしていたので
はないかと推察している。しかし、如何に重要な存在理由があろうと、その
スポーツが人々の心を惹くだけの力を持つものでなければならず、そのため
には何と言ってもこれらの種目において良い指導を行うことであると指摘し
ている。これらの単純素朴な運動を、どのようにしたら興味を持つような指
導ができるのかということが体育指導者の悩みであるということから、本書
のねらいは「この悩みに答えること」としている。また、チーム・スポーツ
編と同じく、これらの指導計画に関する書物はほとんど存在していないこと
から、「この種のスポーツの技術指導に新生命を開いた」と述べている[3]。

　　教材については、多少項目に違いがあるが、種目の歴史、指導目標、指導

計画、単元の展開とその方法、評価等の内容が記載されている。その内容は、現在ではあまり耳にしない巧技という領域から示されている。

　巧技において、昭和31（1956）年の学習指導要領では懸垂、跳躍、転廻、歩行、平均、組立と分類されているが[4]、この分類をこのまま単元として取扱うことは、実際適当でないものもあるとし、ここでは鉄棒運動、転廻運動（マット運動）、組立運動、跳箱運動、平均運動の5つに分類されている。この5つの種目をそれぞれ1単元とし、指導計画案が記載されているが、単元Ⅰの鉄棒運動においては、Aコース（初心者）、Bコース（やや経験あるもの）、Cコース（経験者）と進度別の指導計画案が示されている[5]。配当時間は単元ごとに6〜9時間の指導案が作成されている。

【巧技　指導時間配当表】

単元	指導時間数		
単元Ⅰ：鉄棒運動	Aコース…9	Bコース…9	Cコース…6
単元Ⅱ：転廻運動	8		
単元Ⅲ：組立運動	4		
単元Ⅳ：跳箱運動	4		
単元Ⅴ：平均運動	6		

　また、用具と服装の留意点についても記載されている。巧技は器械体操であり、その器械に全身を委ねて運動を行うため、運動前に器械をよく点検整備し、生徒が器械を信頼してのびのびとおこなえるようにしなければならない。そのためここでは鉄棒、跳箱、平均台、マットの4つの用具について、生徒が安全、快適に運動をおこなえるよう、点検事項が示されている。服装についても用具と同様、生徒が安全、快適に運動をおこなえるよう、注意事項が提示されている[6]。

　徒手体操については、浜田靖一（日本体育大学助教授）が執筆しており、この中で徒手体操を1単元として取り扱っている学校があまりなく、体育の時間の初めと終わりに形式的に行われているところが多いと、体育授業における徒手体操の現状を述べている。浜田は、形式的惰性的作業的な体操が、毎スポーツ時に繰返されるだけで一向身についたものになってこないと指摘

し、「Ⅰ スポーツの準備運動」、「Ⅱ スポーツの補助運動、補償、矯正の運動」、「Ⅲ 運動会におけるマスゲームの作成を中心とした指導」の３つの単元における指導計画案を示している。本書では昭和31（1956）年の学習指導要領に則り、指導時間数を以下のように配当している。

【徒手体操　指導時間配当表】

単元	指導時間数
単元Ⅰ：スポーツの準備運動	7
単元Ⅱ：スポーツの補助運動、補償、矯正の運動	5
単元Ⅲ：運動会におけるマスゲームの作成を中心とした指導	6

　なお、女子の場合はなるべく女子に適した運動を用意するよう考慮すべきであり、単元Ⅲのマスゲームを男女合同で行う際には、女子の曲線的な柔らかな動きと男子の直線的な動作等のコンビを考慮すべきであるとしている[7]。
　陸上競技においては、進度別の指導計画案が男女別に示されている。その内訳はAコース（初心者…男子中学１・２年）、Bコース（男子中学３年、高校１～３年程度）、Cコース（女子中学１年程度）、Dコース（女子中学２・３年、高校１～３年）である。陸上競技の時間配当については、３年間を通じて与えられた時数が27～30時間となっていることから、各単元（コース）につき10時間、15時間配当の案が作成されている。

【陸上競技　指導時間配当表】

単元	指導時間数
Aコース：中学男子１. ２年	10、15
Bコース：中学男子３年、高校１～３年 （クラブ活動と関連付ける）	10、15
Cコース：中学女子１年	10、15
Dコース：中学女子２. ３年、高校１～３年 （クラブ活動と関連付ける）	10、15

　執筆者の久内武（順天堂大学教授）は、「男子の下級学年には導入教材を

主とし、一方女子にあっては高学年（高校2．3年）には時間配当を減らすことが望ましい」などとし、男女の特性に応じた指導を求めている[8]。

　また、久内は陸上競技の特性として、相手と競争する段階までの技術、能力の向上が困難であり、苦しいから面白味が少なく上達が長引いてしまうことを指摘している。このような人々にまず興味を起こさせ、理解を持たせるための1つの手段として、視聴覚教育の方法についても言及している[9]。

　水泳では、泳ぐということが基本目標であるが、適切な管理、指導をあやまれば取り返しのつかない事故を起こしてしまうことから、「安全」ということが大目的になる。したがってここでは、管理上の注意点について多く述べられている[10]。

　実際の指導については、生徒の能力差が著しいため、同一学年でも少なくとも3段階に分けて別々に指導しなければならないとし、初級（50m泳げないもの）、中級（初級班のテストに合格したもの）、上級（中級班のテストに合格したもの）の段階に分けている。また、指導時間数について、昭和31（1956）年の学習指導要領では、3年間を通して36〜45時間が配当されており、1年間に15時間が当てられるべき基準として提示されている。そのためここでは、各班に15時間の指導内容が示されている。

【水泳　指導時間配当表】

技能段階	指導時間数
初級：50m泳げないもの	15
中級：初級班のテストに合格したもの	15
上級：中級班のテストに合格したもの	15

　また、いざという時のために泳げる者も泳げない者も救助法を学んでおくことが必要であるということから、15時間中後半2時間が救助法に当てられている[11]。

（そやま　さくら、いしい　たかのり）

引用参考文献

1．前川峯雄編集責任『戦後学校体育の研究』不昧堂出版，1973年，p.104.

2．戦後教育改革資料研究会編「高等学校　学習指導要領　保健体育科編」『文部省　学習指導要領 全21巻 14保健体育科編(2)』日本図書センター，1980年，p.9.

3．加藤橘夫・前川峯雄監修『中学校・高等学校 スポーツ指導叢書 II 個人スポーツ』世界書院，1958年，はしがき pp.1-2.

4．文部省，前掲書，p.14.

5．加藤・前川，前掲書，pp.49-67.

6．同上，pp.52-54.

7．同上，pp.143-144.

8．同上，p.201.

9．同上，pp.307-309.

10．同上，pp.321-323.

11．同上，pp.336-386.

中学校・高等学校
スポーツ指導叢書
⑪　**個人スポーツ**
2018 年 8 月 25 日　発行

解　説　　祖山　桜・石井　隆憲
協　力　　民和文庫研究会
発行者　　椪沢　英二
発行所　　株式会社 クレス出版
　　　　　東京都中央区日本橋小伝馬町 14-5-704
　　　　　☎ 03-3808-1821　 FAX03-3808-1822
印刷所　　富士リプロ 株式会社
製本所　　東和製本 株式会社
　　　　　落丁・乱丁本はお取り替えいたします。
　　　　　ISBN 978-4-86670-034-2　C3337　￥14000E